蒂姆

Måns Mosesson
Biografin om Avicii

艾维奇
官方传记

Tim

〔瑞典〕蒙斯·莫塞松 著

赵珏 译

北京时代华文书局

图书在版编目（CIP）数据

蒂姆 / (瑞典) 蒙斯·莫塞松著；赵珏译. -- 北京:北京时代华文书局,2024.4（2024.4重印）
书名原文: Tim : Biografin om Avicii
ISBN 978-7-5699-4692-5

Ⅰ.①蒂… Ⅱ.①蒙… ②赵… Ⅲ.①蒂姆·贝里林—传记 Ⅳ.①K835.325.76

中国国家版本馆CIP数据核字(2023)第131707号

TIM － BIOGRAFIN OM AVICII (Eng. title: TIM - THE OFFICIAL BIOGRAPHY OF AVICII)
Copyright © Måns Mosesson & Avicii AB (Tim Bergling Foundation) 2021
Published by agreement with Salomonsson Agency, through The Grayhawk Agency Ltd.

北京市版权局著作权合同登记号 图字：01-2022-3560

DIMU

出 版 人：陈 涛
策划编辑：王雅观
责任编辑：王雅观
营销编辑：俞嘉慧 赵莲溪
责任校对：李一之
装帧设计：Miroslav Šokčić 迟 稳
责任印制：訾 敬

出版发行：北京时代华文书局 http://www.bjsdsj.com.cn
　　　　　北京市东城区安定门外大街138号皇城国际大厦A座8层
　　　　　邮编：100011　电话：010-64263661 64261528
印　　刷：北京盛通印刷股份有限公司
开　　本：710 mm×1000 mm 1/16　　　　成品尺寸：150 mm×233 mm
印　　张：26　插　页：32　　　　　　　字　　数：312千字
版　　次：2024年4月第1版　　　　　　印　　次：2024年4月第2次印刷
定　　价：98.00元

夜幕降临，兔子们从灌木丛中跑出来，灰色的毛发乱糟糟的，仿佛刚刚在松树林间打了一仗。不久，一只红隼静静地盘旋在空中，迎着风张开翅膀，等待合适的时机向它的猎物俯冲而下。

他从高处看到了这么多景象。

空气中弥漫着大蒜和迷迭香的味道，还混杂着一缕下面小树林里柠檬树的气味，肯定是厨师开始准备今天的晚餐了。洒水车缓缓地向池边的棕榈花洒着水，发出一阵轻轻的嘶嘶声。

三个星期过去了，蒂姆·贝里林开始重新审视自己周围的环境。护理人员帮他把一张躺椅抬到治疗中心铺着红色瓦片的屋顶上，他就坐在那儿。透过地中海的雾气，他瞥见了远处的岛屿，那曾是人们乘坐渡船前去浮潜并暂时忘记宿醉的地方，然后他们吞下晚上的第一颗药丸，重新开始。

但现在已是秋天，狂欢的游客都乘坐飞机回家了，"特权"（Privilege）、"空间"（Space）和"帕查"（Pacha）① 已经在这个季节关闭了，连蟋蟀都开始沉默了。

现在他意识到，2015 年的夏天已经在一片漆黑的迷雾中画上了句

① 这三处均为西班牙度假胜地伊维萨岛上的著名夜店。

1

号。他一直坐在伊维萨岛南部的白色别墅里，为那些混音程度还不够好的歌曲，以及唱片公司希望他去伦敦接受采访的要求而备感压力。

《故事》（*Stories*）是第一张专辑的后续。两年前的那张专辑[①]将蒂姆·贝里林从知名的俱乐部DJ[②]变成了全球流行的杰出人物。如今，第二张专辑已经逾期一年了，但蒂姆一直无法集中精力。

他的身体已经很久没有发挥应有的作用了。去年在医院做完手术后，他感到自己的胃里长出了新的东西。蒂姆很受那个肿块的困扰，他越是去想，就越能清楚地感觉到——就像那是一个在生长的肿瘤。当那个未知的东西变得越来越大时，他一直在欧洲各地参加夏季音乐节，每个星期天都会在伊维萨岛最知名的俱乐部"乌斯怀亚"（Ushuaïa）演出。

当他在本季最后一场演出结束后的下午醒来时，他决定飞回洛杉矶的家。然而事实却是，人们都聚在别墅的楼下。他的父亲克拉斯在那里，经纪人阿拉什从斯德哥尔摩飞了过来，他的哥哥戴维也在那里，巡演经理和保镖也来了。当然，还有那些被他称作"男孩帮"的童年好友，几年来，无论他走到哪儿，他们都追随着他。

他们向他表示了他们有多么担心。当每天被问及为艾维奇工作的感受时，他们已厌倦了说谎。他们感到伤心极了，不禁流下了眼泪。

最后，蒂姆同意去治疗中心，主要是为了平息他们不断的唠叨——说他多么不可靠和鲁莽。

在最初戒断的那几天，他大部分时间都在睡觉。后来，治疗主任保罗·坦纳（Paul Tanner）建议他写作。

---

① 指艾维奇在2013年发行的首张录音室专辑《真实》（*True*）。
② Disc Jockey（唱片骑师）的缩写，指选择并播放事先录好的音乐，在现场混音以制造出不同于原曲的音乐人，或者迪厅、酒吧等场所的音响师，也指电台音乐节目的主持人。

我最初的记忆是和母亲一起洗澡，或是她给我唱摇篮曲，或是当我想睡觉时，我父亲走进来，把录有不同故事的旧磁带从 A 面翻到 B 面。

这个建议对他产生了很大的影响。他在麻醉的温柔欺骗中生活了这么久，一开始是很难写出什么文字的。但他明白了一点——把这些经历写成文字，能让人们更轻松地谈论它们，帮他看清 2015 年 9 月他来到这里之前的生活。

写作一旦开始，他就发现很难停下笔来。他没有睡觉，而是坐在电脑前，以写作的方式度过夜晚。他讲述了自己的成长经历和哥哥姐姐，关于他如何发现音乐，以及他的职业生涯是如何起飞的。他写了自己与经纪人阿拉什的复杂关系，还有与女友埃米莉和拉克尔度过的时光。

下午的时间是在与治疗主任的长谈中度过的。他们讨论了应对策略和转变等概念。蒂姆像往常一样，系统性地分析了新信息。

现在他才意识到自己的忍耐有多么强烈。长期以来，他一直在强迫自己前进，以至于这已经成为一种常态。

突然间，他对事情的看法完全不同了。即使是那些他真的并不想有的不适感，那些他从小就与之抗争的情绪——紧张、焦虑、恐惧——也许它们也想发挥点积极作用呢？他开始把它们视为一个指南针，一种可以帮助他指出新方向的工具。

情绪本身可以有积极或消极的能量，但任何情绪都没有消极的意图。

这么久以来，他已经超越了自己的极限，生活在痛苦之中——既有来自胃的生理上的痛苦，也有心理上的。他不仅撞到了墙，还好几次撞破了墙。他一直处于死亡的边缘，真的有这种感觉。

他希望自己能早些听从。

我于 1989 年出生在斯德哥尔摩，有一对慈爱的父母，克拉斯和安琪。我的父亲曾自称是一个纸业商人（带着微笑），这很好地证明了瑞典社会的谦逊价值观。事实上，他拥有几家办公用品商店，很是富有。在我的成长过程中，我的母亲是一位成功的演员，我的哥哥也是如此。

烟雾从大厅天花板上悬挂着的沉重吊灯上升起。猎人的箭在空中穿梭，法师们向龙的双头投掷火球，但这个关卡的怪物是个难缠的家伙。它那锋利的牙齿在黑暗中闪闪发光，向任何敢于靠近的族人追去。

在德鲁伊、牧师和法师的帮助下，骑士"重要"（Important）经过数小时的战斗才到达这里，遇到了战斗胜利前要消灭的倒数第二只怪兽。这个部族一直很有策略，也很聪明——有时他们以一支由四十人组成的部队行动，有时他们分头行动，摧毁足够多的龙蛋，从不屈服。

现在，骑士"重要"隐藏在城堡的一面石墙后面，这座城堡位于东部王国的一座山上。他穿着火黄色的盔甲，行动坚毅又迅速。他是一名圣骑士，一个拥有神奇能力的骑士，当部族中的其他人失去生命力时，他会前来救援。

总而言之，"重要"是一个名副其实的人物。他盔甲的两个肩片上都带有刀子，他还戴着灵活的铁手套和一条腰带，这是最令人羡慕的装备。在头盔的帽檐和黑暗的斗篷之间，他的眼睛闪耀着强烈的白光。有时，这位骑士会骑着马在联盟的首都暴风城转悠，当别人看到他马匹铠甲上强大的犄角时，都会投来羡慕的目光——这清楚地表明他是一名多么敬业的战士。

十六岁的蒂姆·贝里林坐在自己的床上，背靠着墙，将"重要"准确地引向他想要去的地方。他的手指敲打着膝上的键盘，让骑士跑去营救另一个陷入困境的巫师。

他的朋友弗雷德里克·博贝里（Fredrik Boberg）——大家都叫他弗里科——坐在他旁边看着。很明显，男孩们已经玩了好几个小时了——在装着喝剩下的可口可乐的玻璃杯之间，还散落着嚼了一半的糖果、薯片碎屑和吐掉的唇烟[1]。

放学后，弗里科和其他朋友直接来到蒂姆父母位于利涅街（Linnégatan）的公寓，把他们的电脑和显示器搬到五楼，安装在蒂姆的房间。现在早已过了午夜，《魔兽世界》中的突袭仍未结束，另一个朋友几乎在他的键盘上睡着了。

在这个小房间里，蒂姆·贝里林愉快地度过了整个童年。在这里，他为自己的父母和朋友画过肖像，写过关于秋叶和他最喜欢的班上女孩的诗。他的父母给他订阅了《图解科学》（*Illustrerad Vetenskap*）杂志，他翻阅了所有能找到的关于卫星、考古挖掘和机器人的资料。蒂姆对太空特别着迷。当他还是个小男孩时，一架望远镜被发射到地球大气层外的轨道上。被称为"像垃圾桶一样"的哈勃望远镜上配备了照相机，可以在高处拍摄从垂死恒星到闪亮星系的一切清晰照片。蒂姆浏览着一张巨大气体云的特写照片，它看起来像是从令人毛骨悚然的故事书中走出来的东西——巨大的尘埃和气体柱在紫外线中发出光芒，让人想到在宇宙中号叫的怪物。那个遥远的地方可能和我们的星系刚被创造出来时差不多，但那也并不是很久以前的事。用人类发明的最快的航天器需要一亿多年才能到达那里，到达不可想象的永恒

---

[1] 唇烟（Snus），一种经过精细研磨，以类似小茶包形式销售的无烟烟品，食用时放置在上唇和牙龈之间。

之地。

当蒂姆沉浸在自己的思绪中时，他的母亲安琪通常在厨房里忙碌，在炉子右边紧闭的门后为儿子做肉丸和意大利面。

她心爱的小蒂姆在 20 世纪 80 年代的最后一个秋天，在他于 9 月出生前，大家已对他期待许久。

回忆起来，安琪想到当时自己是多么强烈地想和克拉斯拥有一个孩子，尽管他们都刚刚经历了破碎的婚姻，并且已年过四十。

蒂姆和哥哥姐姐们的年龄差距很大。当他出生时，其他三个孩子都已经十几岁了。戴维和琳达是他同父异母的哥哥姐姐，他们先搬了出去，安琪的儿子安东不久后也离开了家。现在家里只剩下三个人——安琪认为这可能是蒂姆如此谨慎和犹豫的原因之一。

蒂姆还很顽固，很坚决。在学前班时，他没有吃过意大利面或土豆饼，没有吃过水果沙拉或大黄拌奶油。蒂姆拒绝其他孩子吃的所有食物——他固执地只吃脆面包和黄油。在一年一度的圣露西亚节①游行中，老师不得不把蒂姆抱进大厅，因为他不敢在地面上行走。而当他们去马戏团游玩时，蒂姆只想待在外面。

"我不认识那个小丑。"他说道，直接拒绝走进马戏团。

有时，他需要独处，需要有自己的空间，他对此很清楚。当他和安琪为某些事情争吵时，蒂姆会把自己关在房里。他们会通过在蒂姆房门下的缝隙来回推送纸条来交流。

"好吧！我承认，"蒂姆在其中一次争吵后写道，"我做错了。我为

---

① 圣露西亚节（Saint Lucy's Day），瑞典的传统节日，时间是每年的 12 月 13 日。这一天被认为有一年中最长和最黑的夜晚，之后夜晚时间开始缩短，白昼时间渐渐增加，象征着光明。瑞典的学校和教堂都会在这一天举办游行活动，身穿白色长袍、手持蜡烛的儿童们簇拥着一位同样身着白色长袍、头戴金色蜡烛花冠的女孩，一起一边唱歌一边穿行在夜色中。

此感到抱歉。但我认为叫我‘沙发土豆’太刻薄了，你明白吗？”

“我同意你的看法，我很抱歉。”安琪回答道，把纸条推回蒂姆的房间。

然后他们又成了朋友，蒂姆也走出了房间。

也许那种谨慎、深思熟虑的特质是来自她那边的家族特质，安琪想。她是一名演员，在她的职业生涯中，她的演技一直受到好评——在蒂姆出生的前几年，她曾在奥斯卡提名影片《狗脸的岁月》中担任主角。现在，她来回穿梭于哈尔斯塔哈马①的一个拍摄工作室，在肥皂剧《朋友和敌人》（*Vänner och Fiender*）中扮演一位母亲。像戏剧舞台上的许多人一样，安琪在她生命中的大部分时间里都对自己缺少信心。她觉得自己太高了，自我意识过强，还很笨拙。当她笑的时候，她觉得自己看起来像一只矮胖的圣诞烤猪，只差嘴里那个闪亮的苹果了。

安琪·利登的生活也有分水岭。

在她十几岁时，一个陌生男人无缘无故地把她拖到树林里，试图掐死她。这件事一直伴随着她，让她变得惧怕黑暗，性格敏感。戴围巾的时候她都会感觉呼吸道受到压迫。也许这种创伤也影响了她的孩子，或者说间接影响了她的孩子？

她意识到，在任何情况下，蒂姆都有一种观望的态度。在家庭聚餐时，当他们六个人都聚集在一起，其他三个孩子可以毫无顾忌地向对方大喊大叫，玩得兴高采烈，蒂姆则安静地坐在一边，会突然说出一些特别搞笑且贴切的评论，然后露出他那奇妙又狡黠的笑容，回到自己的房间继续研究他喜欢的东西。

蒂姆的父亲拥有并经营着一家名为斯科特斯（Skottes）的公司，

---

① 哈尔斯塔哈马（Hallstahammar），瑞典中部西曼兰省的一个小城镇。

向企业销售办公用品。乍一看，克拉斯·贝里林可能会给人一种循规蹈矩的印象，特别是在讨论钢笔或打孔机的购买价格时。然而，如果从表面上看，克拉斯也有一种艺术倾向，一种渴望被看到的创造力。他是在瑞典皇家歌剧院的工作室里长大的，那里弥漫着石脑油的气味，他的父亲曾是那里的装饰主管。在家庭聚会上，他会即兴创作一些小品，在其中扮演一个狂热的电影导演或过于兴奋的推销员。在闲暇的周六上午，克拉斯常常会把卧室的音响音量调大。他会穿上浴袍，在房里跳起华尔兹，雷·查尔斯①强有力的嗓音在灰泥墙上砰砰作响。这位来自美国南方的盲人灵魂歌手的钢琴演奏具有无与伦比的摇摆节奏，他能在麦克风前咆哮或低语，使他一个人的声音听起来像一个完整的交响乐团。在克拉斯的黑胶唱片收藏中，还有很多布鲁斯音乐，通常是芝加哥音乐人的作品，像巴迪·盖伊②或弗雷迪·金③这样的吉他演奏家——心碎的男人用音乐讲述着关于不忠、嫉妒、暴力和痛苦的故事。

蒂姆的哥哥姐姐们也听过很多音乐，并尽力将他们的品味传给弟弟。琳达把华丽摇滚乐队"吻"④带入大家的生活；戴维在 MTV 电视台听了许多音乐，从嘻哈到垃圾摇滚应有尽有；安东在高中时就开始在摇滚乐队里打鼓了。

---

① 雷·查尔斯（Ray Charles, 1930—2004），美国灵魂音乐家、钢琴演奏家，节奏布鲁斯音乐的先驱，是第一批被列入摇滚名人堂的人物之一。
② 巴迪·盖伊（Buddy Guy, 1936— ），美国吉他手、歌手，芝加哥布鲁斯音乐的代表人物，对后来的吉他演奏大师产生了深远影响。
③ 弗雷迪·金（Freddie King, 1934—1976），美国布鲁斯吉他手，以其深情、有力的声音和独特的吉他演奏而闻名，对电声布鲁斯（Electric Blues）音乐和许多后来的布鲁斯吉他手产生了重大影响。
④ "吻"乐队（Kiss），成立于 1973 年的美国硬摇滚、重金属乐队，以夸张的妆容、华丽的服饰、眼花缭乱的舞台效果著称。

夏天时，一家人经常开车前往斯科讷省厄斯特伦地区的希灵厄①。他们在这个古老的渔村买下了一间砖砌的小屋。房屋破旧、潮湿，但从这儿可以看到大海。当克拉斯光着膀子弹奏电吉他时，蒂姆雕刻着小屋，或在港口学习驾驶帆船小艇。当他和朋友在十字路口组织跳蚤市场时，安琪会给儿子带去汉堡包和软饮料。

他们家与著名长号手尼尔斯·兰德格伦②是邻居。有一天，尼尔斯清理了自己的储藏室，把废弃的乐器摆在广场上售卖。蒂姆买了一台废弃的 20 世纪 70 年代末的雅马哈合成器，把它放在大厅旁边的房间里。那个夏天的大部分时间，他都在尝试了解这个新仪器。

蒂姆弹了又弹，按了又按，始终找不到逻辑，但不知怎的还是找到了正确的感觉。他对自己的人生规划知之甚少，但他觉得自己有一个创造性的头脑。安琪的前夫，当红歌手汤米·薛贝里（Tommy Körberg）就在蒂姆脑海中的某个角落——他的艺术家生涯证明了塑造适合自己生活的可能性。

回到斯德哥尔摩，父亲送给蒂姆一把六弦桃花心木芬达吉他。与合成器相比，吉他感觉更容易操作。蒂姆练习了埃里克·克莱普顿③的《泪洒天堂》（Tears in Heaven）和"动物"乐队④的《日升之屋》（House of the Rising Sun）等经典曲目。随着胸口充盈着空气，他试着唱了瑞典国歌《你古老，你自由》（Du Gamla, Du Fria）和音乐组合

---

① 希灵厄（Skillinge），瑞典南部斯科讷省（Skåne）的一个小城镇。
② 尼尔斯·兰德格伦（Nils Landgren，1956— ），瑞典节奏布鲁斯、放克与爵士长号演奏家和歌手，因其吹奏的是一把红色长号而被称为"吹红号的男人"。
③ 埃里克·克莱普顿（Eric Clapton，1945— ），英国吉他手和歌手，是 20 世纪最成功的音乐家之一，在 2011 年《滚石》杂志的"有史以来最伟大的百位吉他手"名单中排名第二。
④ "动物"乐队（The Animals），成立于 1963 年的英国节奏布鲁斯乐队。

"诺德曼"^① 的《流浪者》（Vandraren）。

蒂姆在演唱上的发挥并不稳定，但对吉他演奏他变得越来越有把握。

当母亲提出为他安排课程时，蒂姆认为这是一个几乎荒谬的想法。

他当然要自学。

---

① "诺德曼"（Nordman），成立于1993年的瑞典双人组合，他们的音乐融合了民间音乐、摇滚乐和流行音乐。

我是一个相当害羞的孩子——这并不妨碍我的生活。但毫无疑问，我有一种害羞的特质，可能遗传自我的母亲，通常情况下她总是非常敏感。

　　以前，我们每周末都会看电影，买很多的糖果。偶尔我们也会去参加聚会。

朋友们一个接一个地在客厅里醒来。他们一定是在凌晨时分睡着的，当时《魔兽世界》中的龙已被消灭，大家全都昏昏欲睡了。

少年们揉了揉眼睛。昨晚，约翰内斯·伦诺（Johannes Lönnå）和弗里科·博贝里挤在贝里林家的转角沙发上，而雅各布·利耶马克（Jakob Lilliemarck）把绿色的背垫铺在地板上当睡垫。朋友们伸展了一下僵硬的身体，向厨房走去。

蒂姆房间的门像往常一样关着，这意味着房间的主人还在睡觉，不希望被打扰。如果他们在午餐前把他叫醒，蒂姆会变得很暴躁，他们知道这一点。于是，弗里科拿出烤好的三明治，然后去拿冰箱里的香肠。朋友们各自调了一杯欧宝①，向克拉斯和安琪道了早安，然后坐在客厅里看起了电影。

"该死，我找到了一个获得更多经验的方法。"蒂姆感叹道。他终于下了床，来到了沙发上。

像往常一样，他在其他人睡觉后留在屏幕前，跳上狮鹫，在早上六点前飞到夜精灵和地精的卡利姆多大陆，寻找黑莲花。这些植物会让骑士"重要"变得更加强大，对部族的下一次突袭很有帮助。

"你明白这意味着什么吗？"他笑着说，"这真是太酷了！"

---

① 欧宝（O'Boy），瑞典的可可饮料粉品牌。

"我们应该出去走走。"弗里科回答。他确实关心自己正在玩的电脑游戏，但与他朋友关心的程度完全不在一个级别上。蒂姆是不可阻挡的顽固分子，一旦他下定决心，就没有其他选择——即便他也喜欢阳光。

少年们冲下楼梯，在利涅街右转。

弗里科也是在这里长大的，在厄斯特马尔姆①结实的石头房子中长大。他住在格拉德特（Gärdet），也就是越过广播大厦的那片地区。和蒂姆一样，他也是一个有艺术细胞的人。弗里科的父亲是一位成功的电视制作人，他曾在阿道夫·弗雷德里克音乐学校学习。弗里科希望自己有朝一日能成为一名演员。几年前，他在中学开学时认识了蒂姆，他们在对电影的共同兴趣中找到了彼此。他们现在正有目的性地观看《教父》等经典影片，以及昆汀·塔伦蒂诺和科恩兄弟的所有作品。他们可以坐下来花几个小时分析《双峰》的象征意义和情节，或者只是放松一下，看看《耶稣基督万世巨星》或《歌剧魅影》这样的音乐剧。蒂姆喜欢弗里科善良和开放的思想，他健忘又心不在焉的样子让人无法不为之着迷。他们是"男孩帮"，是兄弟。

卡尔拉普兰②周围的街区是这群朋友的生活区域。在蒂姆家和他就读的格拉德特中学（Gärdesskolan）之间是名为"悬空之地"（Fältöversten）的购物中心，体育用品商店和糕点店之间的走廊被用作休闲中心。萨比斯杂货店总是有足够试吃的陈年奶酪和冷切火腿片让男孩们吃个饱。购物中心的屋顶上是住宅楼，人们可以搭乘自动扶梯到达那里。男孩们在上面院子的花坛中嬉闹奔跑，偷偷抽烟，策划下

---

① 厄斯特马尔姆（Östermalm），位于瑞典首都斯德哥尔摩市中心的一个区。

② 卡尔拉普兰（Karlaplan），瑞典斯德哥尔摩市厄斯特马尔姆地区的一个公共公园广场区。

次谁去马克西姆剧院附近的小卖部买东西。那里的店主出售六罐装的啤酒，要价近两百克朗①，但从来不会检查购买者的身份证。那些知道暗号的人甚至还能买到走私的俄罗斯伏特加。

在千禧年之后的几年里，男孩们的生活区域以一种新的方式进入了人们的视线。瑞典的其他地区当然一直与厄斯特马尔姆有关——至少一百年来，该地区一直是繁荣富足的象征。在卡尔拉路（Karlavägen）一带，那些20世纪初的房子散发出金钱和权力的气息。住在这里的有商业领袖、外交官和皇室的朋友们，室内和外墙一样宏伟——这就是八卦小报一直以来描绘的画面。

但随着互联网的兴起，厄斯特马尔姆在21世纪初也有了自己的通讯员。名为卡特琳、亚历克斯、索菲和贝拉的博客主坐在安格莱斯酒店（Anglais）或莫科咖啡馆（Mocco）里，报道谁在哪个俱乐部里闲逛，谁和谁在约会，谁和谁已经分手。场景几乎总是在斯特尔普兰②——一片位于沉寂的卡尔拉路和嘈杂的城市之间的街区。

白天，斯特尔普兰是瑞典的金融中心，意气风发的基金经理们打着领带，腋下夹着皮革公文包。到了晚上，这片地区则成了热闹的娱乐中心，俱乐部和餐馆外面都排着长队，比如愿景夜店（Sturecompagniet）、格罗丹餐厅（Grodan）、伯恩斯酒店（Berns）和间谍酒吧（Spy Bar）。网友们对这种夜生活保持着密切的关注。在这里，人们确立起了等级制度，上演着一幕幕的争吵与和解。

---

① 瑞典的货币单位，1瑞典克朗约合0.67元人民币。
② 斯特尔普兰（Stureplan），瑞典斯德哥尔摩市中心的一个广场，位于诺尔马尔姆（Norrmalm）和厄斯特马尔姆之间。广场周围有许多银行和金融机构，一些公司的总部也坐落于此。

蒂姆的哥哥安东已成为这个世界的一部分。像他的母亲安琪一样，他曾在一部肥皂剧中出演主角，现在正和一位著名的摄影师约会，对方会在《弄臣》(*Rigoletto*)或《大赌局》(*Grand*)盛大的首映式上拍摄照片。蒂姆有时会陪同安东一起出席这些场合，但他认为这是一种相当奇怪的展示。时尚博主、演员、政治家和电视真人秀名人对着镜头露出专业的微笑，以此作为获得入场券的回报。

红毯上的蒂姆站在他哥哥的身边。照片中的他显得有些沉闷，他看上去置身事外，也可以说像是徘徊在周围世界的边缘——仿佛那些名人的热闹与他无关。

他更喜欢去厄斯特马尔姆广场的音像店，和朋友们一起买些糖果。回到蒂姆的床上后，他们可以一口气看完《指环王》三部曲，或者看丹泽尔·华盛顿①和汤姆·克鲁斯演的动作片。有一次，在全家去泰国旅行时，蒂姆买了一大堆热门作品的盗版 DVD。蒂姆和朋友们喝着软饮料，坐在散落着薯片碎屑的皱巴巴的床单上观看《办公室笑云》，这是一部由蒂姆最喜欢的喜剧演员瑞奇·热维斯②主演的系列电视剧。蒂姆喜欢这个英国人的节奏感和巧妙又机智的幽默感。朋友们被电视动画片《南方公园》深深吸引的原因也是如此：它搞笑又愚蠢，但同时具有一种睿智。埃里克·卡特曼③和这部动画片中的其他男孩极力嘲讽着美国总统小布什、虚伪的好莱坞名人和当时具有争议的其他事物。

让男孩们高兴的是，在最近一季的《南方公园》中，有一整集都是关于《魔兽世界》的。卡特曼痴迷于尝试消灭一个特别邪恶的对手，

---

① 丹泽尔·华盛顿（Denzel Washington，1954— ），美国演员，代表作有《训练日》《美国黑帮》《费城故事》《光辉岁月》等。

② 瑞奇·热维斯（Ricky Gervais，1961— ），英国演员、编剧、导演，代表作有《办公室笑云》《临时演员》《后半生》等。

③ 埃里克·卡特曼（Eric Cartman），美国动画电视剧《南方公园》的四个主要角色之一。

并试图说服他的玩伴们帮他一起战斗。

蒂姆和朋友们在床上大笑，而动画片中的卡特曼则用他命令式的声音嘶吼道："玩电脑游戏比在户外的阳光下玩耍重要得多！"

痤疮第一次进入我的生活，对我的自信心产生了巨大影响。严重的时候，我会逃课。这种情况下，我也无法在周末外出。但我还是会出门，只是在我的皮肤够"干净"时才这么做。

　　感觉没有女孩对我有兴趣。

朋友们常常会在蒂姆晚上和他们一起出去前唠叨个没完。

"我只是在弄我的头发！"他从大厅的浴室里面喊道。

"但你已经弄好了！"

"我保证，就两分钟。然后我们就出发！"

蒂姆看着镜子里自己的鼻子。他一直都不喜欢它，觉得鼻尖伸出来的样子让它看起来像个猪鼻子。现在，它也成了挤压皮肤凹坑的中心，这些凹坑爬过他的脸颊，向额头蔓延。他咒骂这些该死的疙瘩，它们总是有办法长回来。

父母带他去阿斯普顿（Aspudden）看了一位医生，在厄斯特马尔姆看了另一位医生。他试过氢化可的松软膏、遮瑕膏和凝胶，但似乎没有任何帮助。

他觉得自己很傻，对脸上的痤疮感到非常烦躁。他不喜欢这样，于是把自己封闭起来，甚至开始冒出一些灾难性的想法。在整个成长过程中，他总在担心自己会得癌症。在游戏之夜，他的某个朋友经常会在他身上摸索，以确保他的胸口没有长出毒瘤。但现在呢？毕竟，他现在到了初中的最后一年，应该可以过得更放松。不过，他的脑子里还是涌动着一些想法。当他想到自己一旦踏进门槛就会有那么多双眼睛评判他时，他几乎要瘫痪了。

就像前面说的，很傻。

"来吧，蒂姆！"

朋友们还在厨房里等着，蒂姆总是这样，他们对此感到恼火。蒂姆似乎没有时间概念，有点活在自己的世界里。他究竟知不知道时间是什么？

最后他还是屈服了，他几乎总是这样，毕竟是和伙伴们一起出门。大家向几个街区外的火黄色兵团大楼走去。绿地的边缘有一个悬崖，它就像一堵向利涅街延伸的高墙，在它后面是一片宽敞的空地。在空地的干草地中，有供人坐下的天然斜坡和台阶。对于在街上散步的成年人来说，他们几乎看不到这里的青少年。没有人能猜到，在岩层的中间，一场聚会正在如火如荼地进行着。

有人带来了一个便携式扬声器，播放斯努克（Snook）、弗龙达（Fronda）等瑞典嘻哈音乐人的歌曲，或由吉吉·达戈斯蒂诺（Gigi D'Agostino）、DJ萨托米（Satomi）等制作人制作的时髦意大利舞曲。朋友们称这种风格为青少年高科技舞曲①——他们知道这些作品有点俗气，但歌曲的节奏感让人着迷。

如果幸运的话，有人会带来一瓶椰子利口酒或半瓶伏特加。如果更幸运的话，一些法国学校的女孩会走过来，坐在岩石缝隙间的草地上哈哈大笑。

几年前，蒂姆第一次饮酒，当时他设法从父母的储藏室偷了半瓶杜松子酒。现在他似乎已经习惯了胃里的不适，以及每喝一口就会让他的脸颊更红润的温暖。随着醉意在身体里蔓延，他喜欢自己正在成为的人。他可以更自然地进入角色，变得坚定又自信，回应别人的速

---

① 高科技舞曲（Techno），又称"铁克诺音乐"，是一种电子舞曲，起源于20世纪80年代美国的底特律市。

26

度也快了起来。最重要的是，酒精帮他消除了许多该死的焦虑情绪。紧张感被消除后，他的脑袋像开了窍一般。山坡上那些和蒂姆只是泛泛之交的女孩和男孩会感到难以置信，因为就在刚才，他还疑惑地站在镜子前，但现在这个穿着连帽衫的家伙展现出了完全不同的一面。

蒂姆从干燥的草地上捡起几根棍子，把烟插在它们中间，这样一来，回家后父母就闻不到他手上有烟味。然后他吸了一口雪茄，爆发出强烈的、出乎意料的响亮的笑声。

在秘密悬崖西北方向的几个街区，东瑞尔高中（Östra Real）的砖砌建筑隐约可见。这所位于厄斯特马尔姆中部的文法学校历史悠久，从这里毕业的有主编、商业领袖，甚至还有一位瑞典首相。

十七岁的菲利普·奥克松（Filip Åkesson）坐在通往学校入口的石阶上，剔了剔自己普拉达船鞋上的污垢。奥克松知道如何通过外表辨人，例如，他意识到鳄鱼牌已经不再那么有影响力了。那些胸前印着鳄鱼商标的可怜家伙可能认为自己看起来很时髦，但实际上他们的马球衫像是父母在上次出差时在机场买的东西。相反，奥克松梳着背头，系着古驰皮带，裤子和衬衫都紧身得恰到好处。

学校里的男孩是按各自的居住地和父亲的职业来排名的。有个男孩的父亲是金融家，他们住在海滨路（Strandvägen）的顶层公寓——那里是富人聚集区。有的男孩的父亲是航空公司的财务主管，有的男孩的父亲是连锁酒店的管理者，总之都很不错。

菲利普·奥克松的父亲是一名建筑师，他们住在布罗马。情况本来可以更好。不过，奥克松觉得自己越来越接近学校的上流阶层了。他被邀请参加所有的家庭聚会，还曾用胶布把一个男孩绑在学校的楼梯间，用彩弹枪向他射击，这件事得到了朋友们的高度赞赏。奥克松

27

喜欢高谈阔论，而且想从生活中获得一些什么。具体是什么他还不清楚，但这并不重要。重要的是他展现出了自己的勇气和能量。

父母给了他一个可以存储近四千首歌曲的苹果音乐播放器。像厄斯特马尔姆的大多数人一样，奥克松以前听的是瑞典的嘻哈音乐，但在 2006 年夏天，他发现两个法国人在制作令人无法抗拒的动感舞曲。鲍勃·辛克莱（Bob Sinclar）的《世界，坚持住（天空之子）》[World, Hold On（Children of the Sky）] 和大卫·库塔 ① 的《世界是我的》(The World Is Mine) 在他的 MP3 播放器中循环播放。

一切始于菲利普·奥克松出生十年前的芝加哥，也就是弗朗基·纳克尔兹 ② 在 20 世纪 70 年代末的仓库俱乐部（The Warehouse）播放唱片之时。纳克尔兹擅于将当时的迪斯科歌曲混合在一起，形成一连串不间断的节奏，如此一来，舞池中的时间感和空间感便不复存在。他使用最新的设备，如采样器和电子鼓，来制作自己喜欢的歌曲的新版本。他逐渐调整了迪斯科音乐宏大的姿态和舒展的旋律——机器使节奏更直接，鼓声更硬朗，低音更突出。人声被缩减为暗示性的呻吟，只为加强歌曲的节奏而存在。

这种音乐以其诞生的俱乐部命名，并最终被简单地称为浩室 ③。

现在奥克松在听这些老歌时，会感觉它们听起来很古老。你可以

---

① 大卫·库塔（David Guetta, 1967— ），法国 DJ、音乐制作人。目前世界上最著名的 DJ 之一，曾数次荣获格莱美奖。

② 弗朗基·纳克尔兹（Frankie Knuckles, 1955—2014），美国 DJ、唱片制作人和混音师。他在浩室音乐的发展中扮演了重要角色。2005 年，弗朗基因其 DJ 的成就入选舞曲音乐名人堂（Dance Music Hall of Fame）。

③ 浩室音乐（House Music），于 20 世纪 80 年代沿袭自迪斯科发展出来的一种电子音乐风格，目前已发展出多种子类型。

听出磁带的嘈杂咔嚓声，还有电子鼓的机械刮擦声和沙沙声。将近三十年后，软件成为主流。奥克松耳机中的旋律是第一批真正的数字音乐，歌曲由 1 和 0 组成，声音被操纵和扭曲，人们无法在物理世界中找到它们的对应物，那是来自未来的音乐。奥克松从博客上下载了 MP3，这些博客包括"浩室天堂"（House Heaven）、"项目 1408"（Projekt 1408）、"面对音乐"（Face the Music）和"现场电音"（Living Electro），其中第一个发布意大利 DJ 贝尼·贝纳西（Benny Benassi）新混音作品的人必定会受到拥戴。

和读经济学课程的其他同学一样，菲利普·奥克松的储物柜在二楼，储物柜上方是一幅壁画，画中的托尔①正挥舞着锤子制服世界上的邪恶力量。脚步声在楼梯间回荡，奥克松跑向一楼另一间沉闷的教室，社会学课程学生们的储物柜就摆放在那里。

蒂姆·贝里林和他的伙伴们总是坐在左边的黑色木桌旁。菲利普·奥克松对蒂姆产生了兴趣，因为有传言说他的母亲是一名演员，甚至还在一部电影中拍过裸戏。当然，学校里还有其他更高层次的名人孩子——一个是电视节目主持人马丁·蒂梅尔（Martin Timell）的儿子，另一个是歌手托马斯·莱丁（Tomas Ledin）的儿子。相比之下，蒂姆的母亲显得相当朴素，而且她似乎没有用任何特别的明星特质影响到她的儿子。恰恰相反，在奥克松眼中，蒂姆和他的伙伴们只是坐在一起讨论《刀塔》《魔兽世界》或其他一些愚蠢内容的呆子。

看看他的样子就知道了——蒂姆的脸上长着疙瘩，穿着印花七分

---

① 托尔（Thor），北欧神话中主神奥丁的儿子，雷电与力量之神，司掌风暴、战争与农业。他的武器是雷神之锤。

裤和颈部带有木质纽扣的长袖衬衫。他那阿迪达斯鞋的鞋底已经干瘪发黄了。

    人们并没有立马嗅到蒂姆·贝里林身上的好莱坞气息。

在高中二年级之前的暑假期间，蒂姆、弗里科与其他一些朋友一起去了法国里维埃拉的胡安莱潘（Juan-les-Pins）。

一天晚上，他们在乐园村俱乐部（Le Village）或者威士忌摇摆俱乐部（Whisky à Gogo）聚会——不管是什么地方，他们中的一个人在回家的路上从某个人那里买了一些"手卷烟"。大伙走到水岸边后，在黑暗的掩护下，蒂姆抽了两三口"手卷烟"。

起初什么也没发生，之后也一切正常。然后，蒂姆突然感到喉咙干涸，心跳开始加速。他脑海中的轰鸣声也越来越响，就像喷气式飞机的发动机在起飞时的加速运转。每一次心跳都好像猛击着他的额头，但当他检查脉搏时，心跳的情况一切正常。

他可能真的只是在与自己的想法做斗争，但认识到这一点并没有什么帮助。难道他现在就要死了？

这种感觉过去了，蒂姆回到斯德哥尔摩的家中，忘记了这段经历，直到有一天他在电脑前连续坐了十一个小时。疲惫不堪的他从椅子上站起来，大脑又开始快速运转起来。

当他清醒过来时，他看了看床头上方架子上高高堆起的唇烟盒。旁边挂着一张装裱好的他自己的照片，桌子上方的架子上挤满了盗版DVD。无论蒂姆把目光转向哪里，那些小玩意都显得非常遥远，仿佛无法触及它们。

他以为睡一会儿就会感到好些，但第二天还是一样。他仿佛被莫名其妙地包裹起来，不再是现实世界的一部分。与对癌症的恐惧相比，这是一种不同的感觉。这是一种在胸口感受到的不适感，令人更难以捉摸。他是不是得了精神疾病？蒂姆听说"手卷烟"可能会引发精神病，在这种情况下，你很难解释现实世界，最糟糕的情况是，你会开始感到受到了迫害、听到声响，或者产生你在统治世界的想法。

担心了几天之后，蒂姆决定告诉妈妈。他一直在吸烟，现在他的脑袋出了问题。也许他已经疯了。

"这就像我置身一切之外，"蒂姆告诉安琪，"我已经与自己失去了联系。"

父母认为蒂姆带着信任和勇气告诉他们在法国发生的事情是件好事。一切都会好起来的。克拉斯试图安抚儿子，告诉他自己在蒂姆这个年龄时也有过类似的感受——一种困惑与不确定性。当他觉得现实让他失望时，夜晚会变得让人恐惧。他会通过写下自己的想法来处理这个问题。当他把思考变成文字时，困惑就会迎刃而解，生活又会回归稳定。他让蒂姆不必害怕那些不适感，只要弄清楚是什么在困扰着自己就行了。

他们联系了儿童和青少年精神病学部门，并将蒂姆带到萨巴茨堡（Sabbatsberg）医院，一位专门与年轻人交谈的心理学家给他看了病。

蒂姆带着复杂的心情离开了医院。交谈是件好事，但他不得不寻求治疗这一事实加强了他的想法，那就是他的身体出了严重的问题。

安琪对她的儿子印象深刻。她想到了自己十几岁时的情况——从未向父母透露过任何关于自己内心生活的事情。

"这件事至少有一点好处，"她告诉丈夫，"我们永远不必担心蒂姆会染上毒品。"

从表面上看，蒂姆在接下来几周的时间里几乎一切如常。在学校的走廊里，其他事情吸引了他的注意力，他在储物柜旁的桌子边放声大笑，和同学们谈论纪录片和游戏。

但当他晚上即将独自入睡时，焦虑就会悄悄冒出来。他怕关上灯时，自己的想法会再次出现。三周后，不适感非但没有消失，反而变得更加严重。现在他的思想不再围绕着在法国发生的事，而是围绕着它所引发的一切。蒂姆担心的是"他在担心"这件事，因为他不明白这种感觉从何而来。毕竟，他各方面的生活都过得很好，也很幸运，甚至被宠坏了。他在瑞典最富有的地区之一安全长大，在童年时也没遭遇过重大的创伤。

这一定意味着他自己出了问题，不是吗？那些毒害感就在他心里，就像厄斯特马尔姆的石头房子一样坚固。也许他注定会变成这样，带着一个受损的大脑，被搞得一团糟。

当他努力分析自己的处境时，各种想法在他的脑海中跳来跳去，但始终没有找到一个立足点。蒂姆在网上读到了"现实感丧失"这一概念，这是一种对周围环境感到不真实的状态。这让他想起《梦之安魂曲》中的母亲，他特别喜欢那部电影。电影中，一位中年妇女梦想有一天能出现在一个电视竞赛节目中。为了穿上最喜欢的衣服，她开始吃减肥药。然而她的疯狂行为不断升级，没过多久，坐在公寓中的她像吃糖一样咀嚼着药片。最终，整个客厅成了一个扭曲的危险之地。当她被救护人员接走时，她困惑地问他们是否会把她带到电视节目演播室。

"现实感丧失"，这听起来让人感到不适。也许这就是发生在他身上的事情。不管怎样，蒂姆已经失去了出去聚会的冲动。他觉得如果自己喝醉了，什么事都有可能发生。

33

为了寻求有类似经历之人的建议，他在瑞典最大的在线数字论坛"闪回"（Flashback）上发起了一个主题，来自全国各地的人在这里交流从园艺到药物滥用，再到名人八卦的各种想法。

蒂姆写道：

我感觉自己不能像三周前那样清晰地思考。在情绪最糟糕的时候，我感觉一切都毫无意义。

我也担心不稳定时会失去对自己的控制。以前从未遇到过这样的问题，我担心自己的焦虑会在喝醉后更加严重，我会觉得一切都不重要了，然后自杀或什么的。

随着时间的推移，蒂姆制订了一个处理自己焦虑的模式。他会直接切断这种感觉。不要再想那么多了。如果他让自己忙于其他事情，这种情况肯定会消退。

2006 年秋天，蒂姆还在考虑其他事情。整个夏天，广播中一直播放着同一首歌，它有点烦人，但又让人无法抗拒——弹跳的合成器低音、砰砰的鼓声，还有斯德哥尔摩全部的成年人似乎都听不懂的歌词。那些对电脑一无所知的人会认为这是一首关于船的歌，但事实上，《机器人安娜》（Boten Anna）讲的是一个关于聊天室主持人的数字化爱情故事，由一个自称"低频猎人"（Basshunter）的人演唱。就在几个月前，他还是一个被欺负的电脑极客，他把自己制作的歌曲作为笑话发到网上，展示给伙伴们。在几个月内，该单曲就成了斯堪的纳维亚半岛有史以来下载量最大的作品。

蒂姆认为，这首歌在各方面都很蹩脚。它对中学的书呆子来说可能有吸引力，但对一个开始上高二的人来说吸引力就没那么大了。但这首歌的旋律还挺特别的，一旦它进入你的脑海，就不会消失。

2006 年秋季学期开始的一个晚上，蒂姆收到了雅各布发来的消息，他在"油管"（YouTube）上找到了一段视频，这是一个任何人都可以发布视频片段的新网站。

蒂姆按下播放键，看到一个布满棋盘格图案的灰色电脑屏幕。最左边是一个黑白相间的键盘，数字键画得就像真的钢琴上的一样。

视频中说着哈兰 [1] 方言的声音属于"低频猎人"本人，他向大家展示自己是如何制作他的作品的。在电脑鼠标的帮助下，他在屏幕上画出了薄荷绿色的方块，七分钟后，他就完成了一首歌的基本内容。

这看起来很简单，也很有趣。蒂姆立即下载了一个盗版的"FL工作室"（FL Studio），也就是"低频猎人"使用的软件。这款比利时公司开发的软件以前被称为"果味循环"（Fruity Loops），它是彻底改变了音乐制作方式的程序之一。十年前，音乐家不得不租一间工作室或花几十万克朗购买机器和乐器，但现在，一切都可以在卧室里完成。

蒂姆已经弹了很久的吉他，因此他了解音乐的基本知识，现在他对这个软件乐此不疲。如果把绿色方块放在网格的顶部，那么音符就会很高；再往下就是低八度的音符了。蒂姆在这个程序中所要做的就是简单地画出和弦。他向上移动了一个方块，然后向下移动了另一个方块，又听了一遍。当他把绿色方块拉得很宽时，这个音符听起来就会更长。

左边是一列预先录制好的声音，有合成吉他、镲片和小提琴。有的听起来像雨滴打在卷帘窗上的羞涩声，有的像锅里的培根一样发出激烈的嘶嘶声。这些声音可以像宇宙飞船之间犹如雷电般的激烈交火，也可以像恐怖电影一样让人毛骨悚然。整个管弦乐队，不，是数百个乐队整齐地以数字形式被包装起来。

蒂姆迫不及待地试了试所有的选项，整晚都在拉动和移动各种方块和按钮。失败了，他就再试一次。

很快他就意识到，同一个和弦可以有完全不同的感觉，这取决于他从左边那一栏中选择哪个声音。在一个数字合成器中安静跳动的元

---

① 哈兰（Halland），位于瑞典西海岸的一个省份。

素，在另一个数字合成器中可能会变成愤怒的号叫。他发现了一款名为 Z3ta+ 的合成器，他可以从名为"迷幻风格""异国突袭""太空铃声""融合聚变"等声音中进行选择。现在，他找到了一个令人烦躁的音调，能使乐曲的旋律具有紧张的鼻音。

这很完美，他知道如果他做出了一首尽可能令人讨厌的歌，雅各布和弗里科以及其他人会觉得很有趣。"复仇基本俱乐部音效 2"[①]声音库中有一个急速呼啸的踩镲音效，他在自己的音乐中用它加入了一连串的点缀，还有一个录制好的尖叫音效：节拍、低音和聚会——我们开始吧！

现在，它开始像个成品了。为了着重强调这是一个滑稽的模仿，他还加了一个没完没了的声音：吧嗞！吧嗞！吧嗞！吧嗞！吧嗞！

这可能不是一首很好的作品，虽然它很烦人，但很有趣。

菲利普·奥克松从装货区爬了进去，顺着从混凝土墙壁传来振动的强烈节拍前进。当他和朋友们进入纳卡[②]工业区的破旧仓库后，空间豁然开朗，奥克松在烟雾机喷出的雾气中四处张望。

这里与东瑞尔高中的无聊课程完全不同。

绿色的激光光束在舞池中飘浮，像一张旋转的蜘蛛网；金发碧眼的女孩们穿着紧身裙，来自郊区的男孩们穿着昂贵的夹克和带着闪亮扣饰的运动鞋；电子乐刺耳的摩擦声击打着耳膜。

奥克松长久以来梦想的一幕真的发生了，他凭直觉就认出了这是他想要的。

---

① "复仇基本俱乐部音效 2"（Vengeance Essential Clubsounds Volume 2），一个知名的舞曲制作素材库。

② 纳卡（Nacka），位于瑞典斯德哥尔摩市东南部的一个岛屿区。

自从在芝加哥诞生之后，浩室音乐和它更前卫的"表亲"——高科技舞曲——被好奇的英国人吸收，他们把这种声音从美国带到了欧洲。伴着音乐的出现，派对也随之而来。菲利普·奥克松听说过 1988 年那个神话般的夏天，当时渴望跳舞的英国人在环绕伦敦的高速公路旁的田野上举行非法的狂欢派对。他知道"爱的大游行"[①]，1989 年的柏林街头聚集着庆祝自由之风和爱情平等权利的群众。

从那时起，庆祝活动一直在继续。在整个欧洲大陆破旧的工厂大楼和孤独的林地边缘，舞曲变成了现代欧洲的民间音乐。人们把各种风格拼凑在一起，或使其相互交融，因此那些音乐往往听起来很独特。

2007 年，法国的浩室是建立在经过过滤的迪斯科采样之上、飘浮在模糊的低音声部上的音乐。在英国，支离破碎的低音在海盗电台中隆隆作响，这种黏稠的风格被称为回响贝斯[②]。这种音乐规模最大、最具震撼力的现场出现在荷兰，铁斯托[③]那极具恍惚感的音乐填满了整个体育场，他的风格建立在宏大的弦乐编排和轰鸣的鼓声之上。

浩室音乐在瑞典的影响没有那么大，至少在数量上看不出来。但那些像菲利普·奥克松一样自认为是先锋的人察觉到了一些征兆。在斯德哥尔摩，一种特殊的音乐表达方式正在轰轰烈烈地发展，令人振奋。而在这个夜晚，人们从城市南部的仓库中听到了这种表达。

菲利普·奥克松让自己融入正在本能地随着低音节奏移动的人群中。就在几周前，他第一次尝试了摇头丸，他感受到这颗小药丸是如

---

① "爱的大游行"（Love Parade），始于 1989 年的德国露天电子音乐节，以音乐和舞蹈宣示爱与和平的主题。2010 年，由于发生严重的踩踏事件，该音乐节已永久停办。

② 回响贝斯（Dubstep），20 世纪 90 年代起源于英国伦敦的电子音乐风格，以其黑暗的色调、稀疏的节奏和对低音的强调著称。

③ 铁斯托（Tiësto, 1969— ），荷兰知名 DJ、唱片制作人，缔造了许多电子音乐界的纪录，被许多乐迷尊称为"电子舞曲教父"。

何让音乐在他的每块肌肉中颤动和膨胀的。旋律变得很美妙，鼓声像是额外的肢体。这一次，他们也是在一个朋友父亲家的阳台开派对，音乐冲击着奥克松的身体，让人愉悦地感到震动。这种音乐慢慢生长的方式令人有种神奇的感觉。

那些无法理解的人可能会认为这些歌曲很单调，但这也是这类音乐的一个特点。单一的曲调不断释放着强有力的跳动节奏，挑逗着每个人的感官。这个夜晚像是一片海洋，海风正慢慢酝酿着一场风暴。

当作舞台的小台阶前来了一个穿着破旧牛仔裤和 T 恤衫的人，头上还反戴着有洛杉矶道奇队标志的棒球帽。他慢慢推动滑块（Fader），播放新歌，甩掉帽子，露出一撮紧紧束着的头发。

史蒂夫·安杰洛[①]在那里。在菲利普·奥克松的眼中，这个二十四岁的年轻人是斯德哥尔摩所有浩室音乐家中最酷的。你只要看看他就能明白——安杰洛的身体语言散发着掌控一切的力量，他背部挺直，胸膛挺起，仿佛所有困难都不在话下。

瑞典的媒体太迟钝了，无法掌握正在发生的事情——在过去的几年里，安杰洛在首都创造了一个多么令人震惊的场景。不过，安杰洛的女友拥有自己的博客，这又有什么关系呢？除了分享护肤技巧和漆皮高跟鞋，她还谈到了男友在斯特尔普兰俱乐部——那是菲利普·奥克松梦想有朝一日能进入的俱乐部——表演的情景，分享了在格罗丹餐厅、F12 酒吧和拉罗伊酒店（Laroy）喝酒的八卦，并发布了阿克斯维尔[②]和塞巴斯蒂安·因格罗索[③]的照片，这两位制作人与史蒂夫·安

---

① 史蒂夫·安杰洛（Steve Angello，1982— ），希腊和瑞典双国籍 DJ、唱片制作人、混音师。

② 阿克斯维尔（Axwell，1977— ），瑞典 DJ、唱片制作人、混音师。

③ 塞巴斯蒂安·因格罗索（Sebastian Ingrosso，1983— ），瑞典 DJ、唱片制作人、混音师。

杰洛的合作越来越多。

有点幽默和讽刺意味的是，似乎是为了强调瑞典的浩室音乐场面是多么的小而杰出，他们开始把三人组称为"瑞典浩室黑手党"[①]。夏天，他们会去伊维萨岛打碟，奥克松已经知道了这个地中海上的派对小岛就是天堂。在博客的照片中，塞巴斯蒂安·因格罗索在传奇俱乐部"帕查"里拿着大杯饮料，他们在那里与明星大卫·库塔一起表演，史蒂夫·安杰洛戴着太阳帽坐在沙滩上，阅读音乐杂志《混音》（*Mixmag*）上关于自己的文章。

这是梦想中的生活。

当低音在墙壁之间弹跳时，奥克松随着强烈的合成器节奏，用双手在空中打出了一拳。

这就是他的世界，他一直在寻找的一切。

蒂姆·贝里林没有去过任何俱乐部，他对此完全不感兴趣。相反，他在电脑前全神贯注了四个月，但对自己的音乐还没有任何真正的深入理解。

当被问及如何描述他着手的音乐类型时，他犹豫了。这到底是什么音乐？"我真的不知道。"他在"工作室"论坛（Studio）上写道，这是一个在线会场，将缺少把握的新手与经验丰富的专业制作人聚在一起。"可能是青少年式简单的欧洲高科技舞曲。"他如是说。

在 2007 年 1 月下旬，他发布了一个关于如何掌握"FL 工作室"的问题：

---

① "瑞典浩室黑手党"（Swedish House Mafia），2008 年成立的瑞典电子舞曲组合，曾两度入围格莱美奖，2011 年位列《DJ 杂志》评选的百大 DJ 排行榜第十名。

我想问一下，是否有 FL 老手有额外的时间和兴趣可以帮我完成一首我比较满意的歌曲。问题是，我已经在电脑前坐了好几天，试着摆弄压缩器、低音增强器和声码器等，想让人声和低音等听起来不错，但毫无进展。我不了解压缩器，歌曲在 30% 的增益下失真得很厉害……

蒂姆接纳了别人给他的建议。他在"油管"上看了更多的视频，其他制作人解释了更多的要点和设置。

通常的做法显然是先找到能很和谐地一起演奏的鼓声和低音声部。这是基础，是一首歌的主干部分，这似乎是大家的共识。当然，还可以用一些采样或人声来调剂，但鼓声和低音才是推动音乐制作的关键。

蒂姆本能地有了不同的想法。

他从一段旋律开始。

如果它还没有出现在他的脑海中，在他配出和弦的时候就会自然而然地出现。

一旦旋律到位，下一个挑战就开始了。蒂姆找了一个合适的软件合成器，开始扭拉调试。"FL 工作室"的有趣之处在于，每个声音都可以被扭曲和变形，直到无法辨认。这个软件将乐器从它们的传统角色中解放出来，经过精细调音的弦乐器可以变成音色粗钝的节奏乐器，短而有力的小号吹奏声可以被过滤成柔和的低音。

只有当和弦听起来没问题时，蒂姆才会开始构建歌曲的其他部分。然后他听听需要什么样的鼓声，应该使用什么样的其他效果。

在"油管"上，"瑞典浩室黑手党"成员阿克斯维尔的歌曲《感受活力（直到早晨来临）》[Feel the Vibe（Til the Morning Comes）] 的视频正在疯传。蒂姆研究了这首歌前卫、流畅的制作，以及像奶油一样浓厚的滚动低音。他注意到低音声部是如何与旋律互动的，呈现出轻快而优雅的摇摆。蒂姆喜欢这首歌，它让人感到欣喜柔和，而非陈旧庸俗。那是快乐的音乐，但仍然充满力量。他很难理解阿克斯维尔是如何让声音图像变得如此饱和的。如果说蒂姆自己的节奏是用尖锐的铅笔画出来的，那么阿克斯维尔的歌曲则是用五彩斑斓的蜡笔描绘出来的。

蒂姆彻夜未眠，继续阅读资料，提出问题，就像他过去在游戏论坛上做的那样。当朋友们来访时，很明显感觉到蒂姆迷上了新事物。当他们想看电影或在游戏中发起新的突袭时，他们的这位朋友还是坐在屏幕前，几乎身处另一个世界。他们等了一两个小时，但蒂姆仿佛听不到他们的声音。

他沉浸在自己的拼图中，明白了一个单独看起来微不足道的碎片与另一个碎片结合起来会变得完全可行。这个过程有一种让人安心的逻辑。

蒂姆忘了作业，忘了吃饭，忘了痤疮。

其他的一切都消失了。

当两块、三块，甚至四块拼图终于拼合在一起时，蒂姆从椅子上蹦了起来。刚才还只有一个空网格，但现在整个节拍都在他的耳机里跳动，甚至还在摇摆！

他挥舞着双手在空中弹奏这首曲子，胸中充盈着强烈的幸福感和自豪感。

就在这时，他听到安琪下床去上厕所的声音，所以他不得不迅速关掉顶灯，以免被她发现他还没睡。

厄斯特马尔姆的青少年中正在流传一个自称"月亮男孩"的艺术家的消息。《一个盒子》（En Låda）这首歌开始在东瑞尔高中的无线扬声器中播放，传遍了学校的走廊。2007年春天，在高中二年级第二学期的一场家庭聚会上，菲利普·奥克松在厨房里再次听到了这首歌。

后来，奥克松所在的德语小组中的一个人告诉他，"月亮男孩"显然去过他们的学校。奥克松认为这听起来完全不合理。这首歌太专业了，不可能是他们这个年龄的人创作的。

什么，是E2C班的那个人？那个母亲是演员的人？那个曾经坐在储物柜旁的桌边玩电脑游戏打发时间的家伙？那个穿着鞋底发黄的破旧阿迪达斯的家伙？

"月亮男孩"就是蒂姆·贝里林吗？

菲利普·奥克松不想错过这个机会，他想认识这个自己制作节拍音乐的人，不管他的穿着有多么傻气。某个周五，在放学之后，奥克松搭父亲的车来到利涅街，乘电梯到了五楼。

"我的父母不在家，我们可以待在沙发上。"蒂姆开门后说。

虽然他们在同一所学校学习了一年半，但两人还从来没有真正地交谈过。现在他们把蒂姆的电脑搬到了客厅，把它连接到绿色沙发前那面墙的电视屏幕上。

奥克松立即开始播放他的瑞典偶像的歌曲。这是一首塞巴斯蒂安·因格罗索的混音作品，原作是阿克斯维尔隆隆作响的浩室钢琴曲。

"是不是很酷？"

"简直太酷了！"

奥克松建议他们应该尝试做一些类似于他最喜欢的歌曲的作品，比如史蒂夫·安杰洛的《挑逗查理先生》（Teasing Mr Charlie）。

蒂姆很快便投入了工作。他点击一个叫作"锯齿间距管"（Saw Dist Tube）的声音，并开始铺设组件。

奥克松坐在那里，看着薄荷绿色的方块在灰色的网格上跃动，听着旋律逐渐形成。多年来，他一直在听浩室音乐，但从未见过音乐会以这样的方式出现。

仅仅几分钟后，蒂姆就创造了一个易于循环的节奏，然后将它复制，并把它放在第一个方块下面。复制一个序列是他想出的能让音乐变得更有重量感的最好方法，他解释道。

他又加进了一个低音鼓音效和一些拍手音效。

"我们要让它变得更逗趣。"菲利普·奥克松说。

奥克松的经验发挥了作用。他对蒂姆的作品《一个盒子》印象深刻，但它还不够激动人心，它从未达到奥克松苹果音乐播放器中的歌曲那样的高潮。

渐进浩室①是一种建立在期望之上的音乐。这就是"渐进"这个词的全部意义——歌曲像春天的花朵一样慢慢绽放。它的原则就是最大限度地提高音乐的起伏性。听众常常被引诱到一种具有欺骗性的平静中——就在歌曲即将到达高潮之时，鼓声会停止跳动，取而代之的是轻柔摇摆的弦乐。然后，风暴开始加剧，变成像喷气式飞机在预热引擎时的声响。一旦节奏爆发，身体能真切感受到它的效果，一个很棒的高潮会让人产生胸口爆炸的感觉。

这就像性爱，或者至少像男孩们幻想中的性爱。

菲利普·奥克松认为他知道这种音乐每一秒的配方。刚开始时，至少会有半分钟的纯鼓声。这样一来，这首歌就可以在俱乐部里不知不觉地与另一首歌曲混合在一起。然后是旋律本身的简短预示，也许只有一两个音符，但是会让听众想要听到更多。

---

① 渐进浩室（Progressive House），又称前卫浩室，是浩室音乐的一个分支，起源于 20 世纪 90 年代的英国。该类型注重旋律和乐曲编排，以及整体情绪的推进。

蒂姆发现，遇到一个如此了解音乐规律的人是一件非常酷的事情，他完全按照奥克松的指示操作。

在整整三十秒的鼓声之后，他让旋律闪亮登场，但只有短短的一瞬。他又把它延长了十五秒，经过一分钟的耐心递进，最终引爆了整个旋律。

令人惊叹的合成器音乐和奥克松的欢呼声充满了整个客厅。

"提高音量！你真是一个天才，蒂姆！"

阿拉什·普诺里（Arash Pournouri）在海报上粘了一截胶带，再把它贴在公共汽车站上。

他搭档的母亲把自己的车借给了他们，这样他们就能在夜色的掩护下开着车在城里发布重要消息：他们的俱乐部"肮脏迪斯科"（Dirty Disco）将在 2007 年夏天接管歌剧咖啡店，后者是瑞典最具传奇色彩的夜总会之一，位于斯特尔普兰的步行范围内，这座漂亮的房子还装有彩绘天花板。

革命正是在这些街区开始的。

正是在愿景夜店，埃里克·普吕茨[1]第一次见到了塞巴斯蒂安·因格罗索，这也是"瑞典浩室黑手党"的起点。在古典餐厅格罗丹的地下室，人们向约翰·达尔斯特伦（John Dahlström）和亚当·贝耶[2]这样的瑞典音乐制作人振臂欢呼，俱乐部活动筹办组织"团体机车"（Group Locomotives）在佛列德街 12 号餐厅的露台为所有最火的名人预订了位置。

阿拉什·普诺里——认识他的人都叫他阿什——渴望再一次踏入浩室音乐的现场。

---

[1] 埃里克·普吕茨（Eric Prydz，1976— ），瑞典 DJ、唱片制作人，因 2004 年的热门单曲《呼唤我》（Call on Me）成名。

[2] 亚当·贝耶（Adam Beyer，1976— ），瑞典高科技舞曲制作人和 DJ。

五岁时，阿拉什与他的单身母亲和两个弟弟妹妹一起从伊朗来到瑞典，他们在斯德哥尔摩南部的郊区斯卡普奈克（Skarpnäck）安了新家。他很早开始就梦想成为一名艺术家。小时候，他曾以一首名为《锂锯玫瑰》（Rosor av Stål）的歌曲在当地的才艺秀上获奖。他的母亲提倡勤奋用功、努力工作，希望自己的孩子成为医生，但阿拉什一直知道自己将成为一名企业家。甚至在他知道这个词的含义之前，他就已经觉得自己是一个企业家了。

到目前为止，他的努力都是徒劳的。

这一切始于他十几岁的时候，他向斯普瑞公司（Spray）——斯德哥尔摩最成功的 IT 公司之一——提出了在移动电话中加载数字电台的想法。政治家们曾承诺加快移动网络的速度，于是阿拉什设想了一种流媒体服务，移动用户可以提前看到即将播放的歌曲，就像一台听众能对内容有更多控制的收音机。现在回想起来，他意识到当时自己太过天真、愚蠢，甚至告诉公司的律师他没有对这个想法采取保护措施。半年后，这家公司在没有阿拉什参与的情况下，用一个类似他提出的概念狠狠地赚了一笔。受到羞辱之余，他决定去读法学院——他不会再被人坑了。

在学习的同时，阿拉什开始在斯德哥尔摩和奥斯陆组织俱乐部之夜。他每周学习三天，然后在周末坐夜班车越过边境到挪威，在自己的俱乐部做 DJ。

在紧张的学习期间，他弄丢了手机，这催生了他的下一个商业想法。在线用户识别卡服务能对手机内容进行备份，因此重要的号码和笔记总能在网上得到安全保存。由于自己不会写代码，阿拉什贷款二十五万克朗，将自己的积蓄投入一个工程师团队来开发软件。该项目拖了又拖，成本越来越高。当阿拉什演示产品时，软件完全不起作用，所有的投资者都退出了。

但那都是过去的事了。现在他要让更多的斯德哥尔摩人了解浩室音乐的伟大之处。他和朋友与歌剧咖啡店的交易实际上很糟糕——咖啡店老板几乎拿走了所有的门票收入——但他们也并非空手而归。他们为 2007 年夏天预定了一些真正的大人物，包括来自荷兰的莱德巴克·卢克[①] 和英国双人组合"共济会"[②]。

现在，越来越多的人将被邀请进入他们的神奇世界。

这个群体会逐渐壮大。

蒂姆·贝里林和菲利普·奥克松这对新认识的朋友很快养成了一个习惯。他们早上在学校见面，吃点东西，然后跳过午餐后的课程，走一小段路来到利涅街。

蒂姆平躺在床上，把鼠标垫放在皱巴巴的床单上。菲利普·奥克松别无选择，只能躺在他身后，伸着脖子，视线越过蒂姆的肩膀才能看到桌上的电脑屏幕。他们蜷缩在床上，继续研究德国音乐人"塔寇迪斯科"[③] 和法国音乐人，如"蠢朋克"[④] 与若阿基姆·加罗[⑤] 的作品。

[①] 莱德巴克·卢克（Laidback Luke，1976— ），荷兰裔菲律宾 DJ 和音乐制作人，知名电子音乐厂牌"混合捣碎物唱片"（Mixmash Records）的创始人。

[②] "共济会"（Freemasons），英国双人 DJ 组合，曾为碧昂斯（Beyoncé）、惠特妮·休斯顿（Whitney Houston）等歌手的歌曲混音。

[③] "塔寇迪斯科"（Tocadisco，1974— ），德国 DJ、音乐制作人。

[④] "蠢朋克"（Daft Punk），成立于 1993 年的知名法国电子音乐双人组合，于 2021 年解散。曾多次获得格莱美奖，并于 2010 年荣获法国艺术与文学勋章。代表作有《超时空记忆》、《创：战纪》电影原声带等。

[⑤] 若阿基姆·加罗（Joachim Garraud，1968— ），法国 DJ、混音师、音乐制作人，曾与大卫·鲍伊（David Bowie）和大卫·库塔等知名音乐人合作。

他们争论的重点是低声部。奥克松想要一个隆隆作响、声势浩大的低音。如果这首歌要在俱乐部发挥作用，震撼的音效就必须从底部开始。

蒂姆对编曲本身更感兴趣。他觉得一个低音鼓就足以让这首歌底气十足，因此他想找一些更丰富、更轰鸣的东西。开放且受欢迎的旋律才会有效而直接。就像儿歌一样，你一听到就会马上记住它的旋律。

经过几个小时的工作，房间内所有的氧气仿佛都被耗尽了，蒂姆和奥克松感觉唯一呼吸到的就是对方的屁了。为了不让克拉斯或安琪发现他们逃学，他们会出门散步，在厄斯特马尔姆广场吃比萨，到了晚上再回来，假装是放学回家，然后锁在蒂姆的房间里继续工作。

蒂姆已经成了欺骗父母的好手。他会假装感冒，还经常把空闲时间归咎于总是生病的西班牙语老师。那位老师年纪很大，所以这种说法听上去很像是真的。

蒂姆的父母对自己最小的孩子相当宽容，但他们也不可能相信他的所有谎话。在无休止的讨论中，克拉斯和安琪试图让蒂姆意识到上学的重要性，但无济于事。

他们的儿子是如此令人难以置信的顽固。

正如蒂姆在学前班拒绝吃任何其他东西，只吃脆面包一样，他拒绝听从父母关于数学作业的告诫。他的优先事项几乎是不可动摇的。

随着毕业的临近，学校管理部门给蒂姆家发了一封信。由于蒂姆经常缺课，他的学费支持即将被取消。克拉斯打电话给学校班主任，想知道自己的儿子现在能做些什么来改善处境。

"好吧，他可以从回来上课开始做起。"

2007年底，蒂姆和奥克松觉得他们可能有一些足够好的曲子，可以投放到学校圈之外。

蒂姆从来没有真正喜欢过"月亮男孩"这个名字，它听起来太傻了。他和另一个朋友在维基百科上看到了一篇关于阿鼻地狱（Avīci）的文章，它指的是佛教中的地狱，是专门为最恶劣的罪人准备的，比如那些杀了自己母亲或开悟僧人的人。这些罪人被迫一次又一次地在一个地方重生，在一个无法形容的火炉中遭受折磨，时间之长令人难以想象。

"艾维奇"听起来要比"月亮男孩"震撼多了。

奥克松已经知道给自己取什么名字了，所以他俩以"艾维奇和菲尔古德"（Avici & Philgood）的名义，把《新希望》（A New Hope）这首歌通过电子邮件发给了瑞典的一些浩室音乐博客。现在他们所能做的就是希望有人觉得它够好，并愿意发布。

与此同时，蒂姆在网上发现了另一个地方，那里的讨论甚至比瑞典"工作室"论坛的讨论更有真知灼见。荷兰音乐制作人莱德巴克·卢克在其网站上有一个讨论区，逛这个网站的人都对讨论的内容相当熟悉。蒂姆在这里发布了自己的一些歌曲，包括《扳平比分先生》（Mr Equalizer）和《现在谁是伍基？！》（Who's the Wookie Now？！），并立即收到了具有建议性的反馈。

"只有前四小节的镲片给人不太好的印象。"有人说，"不过，你可以尝试某种噪音，这对我来说还挺管用的。"

"我觉得唯一不足的是在第二次高潮到来时少了一些渐进。"另一个人写道，"试着在第二次间隔后改变低音或合成器的频率。总之，这是一首非常好的歌曲。或许你可以发布这首曲子的数字版本。"

总的来说，正是在荷兰，人们发现在浩室音乐方面确实能做出一番事业。每年夏天，阿贾克斯足球俱乐部在阿姆斯特丹的主体育场都会挤满三万名派对参与者，他们都穿着白色服装。在这个名为"感觉"[①]的电音派对上，铁斯托就是国王。顺便说一下，他的影响力席卷全国，被称为"教父"。他那充满氛围感的迷幻曲风建立在宏伟的合成器编排和激烈的鼓声之上，使他成为整个欧洲的超级明星。四年前，铁斯托在雅典奥运会开幕式上为数百万电视观众表演。在他的祖国，甚至有一种特别的郁金香以他的名字命名，女王还授予了他一枚皇家勋章。

莱德巴克·卢克、艾佛杰克[②]和查基[③]等都是仅次于"教父"的荷兰音乐人——卢克正在成长为超级明星。

有一天，当蒂姆登录论坛时，他收到了一条醒目的私信，那是来自莱德巴克·卢克本人的评论。

蒂姆没敢打开消息。

"菲利普，你能看看这个吗？"

事实证明，他的担心是没有根据的。这位制作人给了蒂姆坦率且友好的评论，他认为这个瑞典人应该放弃尝试硬核电子音乐，而应该专注于他明显有巨大天赋的部分——旋律。

这是一段深入接触的开始，这位明星仔细聆听了蒂姆发送的每一首歌，并就如何使低音鼓效果更丰富或合成器循环更清晰等情况提出了个人建议。莱德巴克·卢克说他自己有一家名为"混合捣碎物"的唱片公司，如果蒂姆继续以这种节奏发展，没准有一天他会和艾维奇一起发行一首歌。

---

① "感觉"（Sensation），起源于荷兰阿姆斯特丹的室内电子舞曲活动。所有参加派对的人，包括观众和音乐人都必须穿着白色衣物，派对的场景布置也以白色为主。

② 艾佛杰克（Afrojack，1987—），荷兰 DJ、音乐制作人。在《DJ 杂志》发布的百大DJ 排行榜中，艾佛杰克经常位列前十名。

③ 查基（Chuckie，1978—），南美洲国家苏里南 DJ、音乐制作人和混音师，荷兰浩室音乐的代表人物之一。

现在，英国也投来了关注的目光。电台风云人物皮特·唐①从 20 世纪 90 年代初开始就在他的英国广播公司（BBC）电台节目中播放最热门的浩室乐曲。2008 年 4 月，他宣布为年轻的制作人举办一场比赛。

蒂姆提交了他的歌曲《人人》（Manman）。令他惊讶不已的是，这首歌被听众们评为了冠军。

几周后，蒂姆和菲利普·奥克松来到位于厄斯特马尔姆的莫科咖啡馆，这里常常是博客女孩和推着婴儿车的慵懒妈妈们的聚集地。他们来此会见俱乐部组织者阿拉什·普诺里。

仅仅从外表和举止，男孩们就可以看出他的老练世故。阿拉什留着十分整齐的胡子，运动鞋也干净闪亮。他是一个二十六岁的成年人。

阿拉什通过"脸书"（Facebook）发来一条消息，说他在博客上听到了蒂姆的一些歌曲，想和他碰个面，看看他们是否能以某种方式合作。蒂姆觉得独自一人去城里见一个陌生人挺可怕的，所以带上奥克松给他打气。

当他们在餐桌前坐下后，阿拉什解释说他在蒂姆的曲子里听到了一些东西。许多其他的浩室制作人靠的是他们肆无忌惮的音乐强度，但蒂姆的歌有一种不同的特质，虽然到目前为止还很原始、没有方向感，但那些歌能从纯粹的形式中展现一些新意。

"瑞典的浩室潮流正在兴起，"阿拉什说，"你可以利用这一时机。我有合适的人脉，可以助你一臂之力。"

阿拉什承诺，在一年内，他会让蒂姆比瑞典的大多数人更成功。

---

① 皮特·唐（Pete Tong, 1960— ），BBC 广播一台的音乐节目主持人，被称为"全球电子音乐大使"。

在创业失败后，他充满了复仇的渴望。他再也不想被别人欺骗，也不会再依赖其他人。凭借自己的专长，他可以在短时间内带着"艾维奇和菲尔古德"攀上顶峰。

"你们必须做好准备，这是一份全职工作。"阿拉什告诉这两个十八岁的孩子，"如果你有一份固定工作，那么你每天只需要工作八或十个小时。但如果你想在这个行业取得成功，那么每天至少要工作十六个小时。"

蒂姆和奥克松只是点了点头，对未来的各种可能性感到茫然。

与阿什的第一次见面很顺利。开始时他只是
为我提供帮助，但最终促成了我们之间的第一份
管理合约。我记得他说，他要让我成为世界上最
成功的DJ，他知道如何做到这一点。

　　我很高兴，觉得在十八岁时就有一个经纪人
是件很酷的事情，所以我在没有任何工作经验的
情况下就去做了。

当蒂姆醒来时，太阳正炙烤着他的脸，黑色锡皮屋顶几乎要被点着了。他抬起头，可以望见斯德哥尔摩市中心成片的屋顶。正前方是圣克拉拉教堂的尖顶，右边是北火车站广场，可以看到游客们在女王街（Drottninggatan）的购物区域穿梭。

毕业后，就在遇到阿拉什的几周之后，蒂姆就搬出了家，搬到了他哥哥安东位于市中心卡玛卡尔街（Kammakargatan）的旧居所。

他有一年的时间。在此期间，蒂姆的父母会支付他的生活费，而他则会尝试音乐是否是一条可行的生存之道。他已经找到了完美的策略。晚上他会熬夜创作，如果早上无法保持清醒，他就会爬上屋顶，躺在小窗台上，这样他既能睡觉又能晒太阳。虽然皮肤可能会被晒得通红，但他发现痤疮随着炙热感消失了。

现在，他通过一个出口爬下来，沿着墙上的梯子回到大楼的阁楼上。几级楼梯之下是一间单人房，那儿杂乱地摆放着没洗的盘子、罐装唇烟和可刻录的 CD 盘。床本来是要靠墙折叠起来的，但蒂姆从来没有精力去整理床铺，它几乎占满了整个房间，此外还有一个装满可口可乐和现成比萨的冰箱。

蒂姆走到窗边，在写字台前坐下，继续工作。父母给了他钱，让他为自己组装的电脑购买部件。这台电脑有快速处理器、随机存取存储器和一个可以处理大量数据的硬盘。名为"破坏王巨蚁"的鼠标垫覆盖着一层金属，使鼠标能在屏幕上快速移动，玩《魔兽世界》的话会更痛快，制作和弦时也更得心应手。

好消息是，阿拉什·普诺里有一个计划。他已经解释了一部分关于音乐产业如何运作的事情，现在他在想一些枯燥的事项，比如分配、定位和营销策略。

这个策略非常实用。凭借阿拉什作为 DJ 和俱乐部组织者的经验，他已经拥有了业内人士的电子邮件地址和电话号码。于是，他很快就找到了一群比较知名的艺人，提议让几个年轻有为的瑞典人为他们的歌曲进行混音，并使他们对此感兴趣。蒂姆和奥克松不必在每次制作中从头开始，他们还可以免费获得这些知名艺人的署名。如果他们每月能完成一首混音曲目，他们的名声就会在博客上建立起来，并持续输出高质量的作品。

阿拉什已经获得了第一个项目——德国音乐人弗朗西斯科·迪亚兹（Francesco Diaz）希望为他的歌曲《当我想起你时》（When I'm Thinking of You）进行正式混音。

蒂姆坐在窗户和乱糟糟的床铺之间，任凭思绪蔓延，完全不考虑创意是否酷炫或古怪。他想制作属于自己的瑞典 20 世纪 80 年代的"特工部"乐队①、"杜兰杜兰"乐队②或欧洲舞曲艺术家——如"双人无极"③和"切割和移动"④——的版本。

---

① "特工部"乐队（Secret Service），成立于 1979 年的瑞典迪斯科、新浪潮乐队。

② "杜兰杜兰"乐队（Duran Duran），成立于 1978 年的英国新浪潮乐队，他们的音乐巧妙融合了后朋克与迪斯科的流行乐风，在 20 世纪 80 年代红遍大西洋两岸。

③ "双人无极"（2 Unlimited），成立于 1991 年的双人舞曲组合，在全球范围内已售出一千八百万张唱片。

④ "切割和移动"（Cut' N' Move），成立于 20 世纪 90 年代初的丹麦舞曲、嘻哈组合，是丹麦最早制作欧洲舞曲的组合之一。

阿拉什觉得这些想法还不够好。如果说蒂姆完全是凭直觉行事，那么经纪人则更注重分析。他称赞自己有这种设身处地为听众着想的能力。阿拉什在家里、在车里都戴着耳机，不断试着分析不同的听众会对歌曲作何反应。

他整理出对蒂姆歌曲评论的要点，通过电子邮件发送出去，其中可能会有一长串要修改的内容，比如某个高潮需要加强，某个采样需要提前切割，某个镲片音效的速度需要更快。

他们一起对歌曲进行改进，从一个节拍中删除一个元素可能与增加一个元素同样有效。这是一个对声音进行精简和改进的问题。留在大众脑中的不是那些花哨的东西，而是歌曲的本质。

有一件事很重要：阿拉什想要完全掌控业务。在他之前的项目流产之后，阿拉什再也不想失去自己的控制权。没有人像他那样拼命工作，但当他把责任转交给别人的时候，却都以失败告终。如果蒂姆不相信阿拉什能让他的歌成为世界级流行现象，他们最好就不要一起工作。

作为回报，蒂姆可以专注于他想做的事情，坐在新买的二十四英寸屏幕前，点击鼠标制作乐曲。对蒂姆来说，这听起来是一个完美的安排。

毕业后，菲利普·奥克松在卡尔拉普兰附近的一家杂货店找到了一份售货员的工作。他感到自己的发展已经落后于他的朋友了，蒂姆每周都在音乐方面有很大的进步，但不是每个人的父母都愿意资助自己的儿子从事浩室音乐家这样一个不确定的职业。奥克松必须工作，下班后他会赶到卡玛卡尔街，看看蒂姆在白天取得的成就。

一天晚上，奥克松比约定的时间晚到了几个小时，因为他跑去办了一件事。恩格尔布雷克特学校（Engelbrektsskolan）有一个人在出售

0.25 盎司的强效"手卷烟"。

奥克松跨进门时,蒂姆已经很生气了。蒂姆解释说,问题不在于这位朋友迟到了,而在于他花了他们宝贵的时间去买"手卷烟"。

他们现在有机会做一些大事,阿拉什已经与澳大利亚的"凶猛节奏"(Vicious Grooves)厂牌取得了联系,莱德巴克·卢克仍然渴望发行一些作品,他只是在等待合适的歌曲。

此外,抽"手卷烟"是一件愚蠢的事。蒂姆谈到了他几年前在法国的经历,以及它所引发的一切。

与现实失去联系的感觉。

"去你的!"奥克松喊道,"别这么胆小!"

蒂姆的嗓音高了起来,第一次对他的朋友感到愤怒。

"如果你继续这样做,我不想和你有任何瓜葛!"

有一天,阿拉什带着几箱旧设备来到卡玛卡尔街。他们在露玛混音器的两边设置了两台 CD 机。

在他们第一次见面时,阿拉什就已经解释过,在外演出才能赚大钱。直到他们有一些世界性的大热作品,他们才会靠歌曲赚钱。人们已经习惯于免费下载文件,所以音乐更像是一种启动工具,一种让他们的名字为人所知的方式,而商机蕴含在现场演出中。

阿拉什展示了电缆的位置,介绍了主要的按钮和混音器控制乐曲交叉淡入淡出的基本原理。他们很快就能掌握技术,这并不是最难的部分。最关键的是学习如何读懂室内的氛围,这是阿拉什在奥斯陆打碟时学到的。只要稍加练习,他们就能学会分辨后方的女孩们是真的还是假装在跳舞,以及靠墙的家伙们是否已经准备好迎接更强烈的节奏。

你可以把一个 DJ 的节目分为三个不同的阶段,阿拉什解释说。首先，你必须为观众预热，让他们随着音乐摆动，敢于走向舞池。然后是让他们兴奋起来，演奏更多更激烈的歌曲。最后，到了高潮阶段，俱乐部里的每个人都会准备好完全释放自己。届时，一个好的 DJ 能将舞池掌握在自己手中，像熟练的电影导演一样控制人群的注意力。当蒂姆和奥克松到达高潮阶段时，他们几乎什么都能演奏，能最好地发挥他们最强大的能力。

阿拉什安排了第一场演出。舞会将在卡尔松学校（Carlssons Skola）举行，这所学校离蒂姆父母家只有几步之遥，那里将为九年级的学生举办舞会。

舞会前的那天下午，蒂姆和奥克松坐在折叠床上，把他们和"塔寇迪斯科"、埃里克·普吕茨和大卫·库塔混音的歌曲刻录在 CD 上。蒂姆用脚在地板上敲打着，用手拍打着膝盖，还站起来，绕着圈子走来走去。

"我可以放这个吗？"

"当然啦，伙计，它超带感的！"

"你确定我可以放吗？"

奥克松也很紧张，但蒂姆似乎被吓坏了。他身上的每一块肌肉都紧绷着，一连串的话语从他嘴里蹦了出来。

他们在一起的时间越长，菲利普·奥克松就越明白，蒂姆会担心很多事情。他有点强迫症，会拉四次门把手，还必须把冰箱里的可口可乐罐以特殊的方式排列起来。他会毫无征兆地出现胸痛，并想让奥克松检查一下那里是否长出了肿瘤。但这一次他的紧张程度达到了新层次。

过了一会儿，奥克松厌倦了这种唠叨。这并没有什么好多想的，不是吗？奥克松从小就有这样的想法——生活很艰难，你必须咬紧牙

61

关，渡过难关，要有进取心。没有人可以解决你的问题，那些认为能解决你的问题的人是社会民主党人，他们不在厄斯特马尔姆。

"我可以用这个收尾吗？"蒂姆问道。

"当然可以。妈的，振作起来吧！集中精力，然后给我打电话。"

演出将在学校楼下的一个大厅里举行。令蒂姆欣慰的是，事实证明，相比听他在不同的歌曲之间切换，学生们对找人亲热更感兴趣。

2008 年夏天，蒂姆和奥克松开始参与更多的现场表演。"舒适"（Cozy）是位于瑟德马尔姆（Södermalm）的一家晚间咖啡馆，这里也许不是大家会主动寻找的地方，但它位于一个繁忙的十字路口，人们在购物后会顺便去吃一块馅饼。

蒂姆和奥克松不得不把他们的设备放在通往厨房的过道里，紧挨着收银机。实际上，这家咖啡馆是练习技巧的好地方，因为真正随着音乐摇摆的只有这里的老板，也就是阿拉什的一个熟人，他一直要求播放德国浩室双人组"布卡阴影"（Booka Shade）的《身体语言》（Body Language）。

但在一首歌的中间，蒂姆突然按下暂停键，音乐停止了。

扬声器发出咔嚓咔嚓的声音，奥克松等待着蒂姆再次按下播放键。

然而什么也没发生。蒂姆呆呆地站在那儿，因羞耻而不知所措。奥克松不得不探过他朋友的身体，继续播放音乐。

这几乎是一件难以察觉的事情，只有十秒钟的时间，反正晚上的大多数食客都不会注意到。但对蒂姆来说，这是一个关键性错误，是一个羞辱的时刻。

他不想在"舒适"咖啡馆继续表演了。

几个月后，这种情景再度重演。

阿拉什还有一个朋友在"年轻08"（Ung08）工作，这是一个由斯德哥尔摩市政府为城市青少年组织的节日。庆祝活动的核心区域是国王花园，这是一个位于市中心的公园。几天来，这里搭满了帐篷，政府雇员试图教那些激素旺盛的年轻人如何使用避孕套以及如何应对火灾。

阿拉什为蒂姆安排了周五晚上的闭幕演出，他将与迈阿密说唱歌手佛罗·里达①和牙买加双人组"砖块与蕾丝"②在五千名孩子面前同台表演，这是最棒的事情。

蒂姆扭动着身体。

他说："炫酷的家伙才不会去呢。这是给小孩子举办的活动。"

菲利普·奥克松明白，这与观众的年龄无关，而是人数的问题。人头攒动的国王花园与瑟德马尔姆的咖啡馆完全不同，蒂姆将不再是一个默默无闻的混音师，现在有人会大声叫他上台。

蒂姆拒绝了。他有八百个理由，但都归结为一件事：他不打算在那个星期五晚上表演。

"菲尔古德"不得不替他出场。

蒂姆不仅很难适应作为一个 DJ 的感觉，而且他在电脑前工作的时候也会很紧张。当一首歌快要完成时，三个人会坐上阿拉什的车兜一圈，感受音乐混合的程度，声音是否被压缩，节奏是否足够紧凑，能否在广播中展现应有的效果。

蒂姆和奥克松发现位于尼布罗街（Nybrogatan）的莫宁顿酒店有

---

① 佛罗·里达（Flo Rida，1979— ），美国说唱歌手，多次获得格莱美奖提名。

② "砖块与蕾丝"（Brick & Lace），牙买加舞场雷鬼、节奏布鲁斯双人组。

一家时常闲置的健身房，可以在那里将手机接入音响系统，调高安装在墙上的扬声器音量。在健身球和杠铃铁片支架间，他们评估了蒂姆最新歌曲《流》（Ryu）猛烈的低音声部。

这首电子音乐作品是一个小小的突破。莱德巴克·卢克认为《流》和《螺母》（Strutnut）足以让他想起自己的"混合捣碎物"唱片公司发行的第一批歌曲。

而这还不是全部。卢克还想邀请蒂姆、奥克松和阿拉什在 2009 年 3 月到大西洋另一端的美国参加庆祝发行的首场演出。

卢克组织的派对将在迈阿密一家豪华酒店的地下室举行。除了蒂姆，表演名单上还包括几名荷兰艺人：老牌双人组合"巧克力美洲狮"[①]和哈德威尔[②]，还有一个与蒂姆同龄的家伙，他也经常在卢克的在线论坛上闲逛。

如果说在美国有什么地方可以看到浩室制作人，那就是 3 月的迈阿密。

起初，冬季音乐大会（Winter Music Conference）是在一个会议酒店举行的传统行业聚会。千禧年前后，在举办会议的同时，人们还会在大会期间组织狂欢派对，这个派对逐渐发展为现在的"超世代音乐节"（Ultra Music Festival）。这两个活动相互促进：冬季音乐大会为唱片公司高管、预定代理和经理举办研讨会和小组座谈会，到了周末，超世代音乐节拉开帷幕，吸引成千上万活力四射的学生在爆炸性的节奏和激光表演中尽情狂欢。一年前，瑞典人埃里克·普吕茨首次在美

---

① "巧克力美洲狮"（Chocolate Puma），20 世纪 90 年代成立的荷兰 DJ 和音乐制作双人组。
② 哈德威尔（Hardwell，1988— ），原名为罗伯特·范德科尔皮，荷兰 DJ、唱片制作人和混音师，2013 年和 2014 年连续名列《DJ 杂志》百大 DJ 排行榜第一名。

国的超世代音乐节上亮相。"嘎嘎小姐"①也来过这里，当时她还是个名不见经传的歌手，而现在，她的歌曲《扑克脸》（Poker Face）有望成为 2009 年最畅销的单曲。

如果没有这个音乐节，舞曲在美国就有点被边缘化了。虽然浩室音乐和高科技舞曲在英国、德国和荷兰已经成为主流，但它们在这里还是亚文化。当然，也有突然火爆或现场被点燃的时刻——最近的一次是在 20 世纪 90 年代末，如英国的"神童"乐队②、"化学兄弟"③和"流线胖小子"④均在排行榜上取得了成功。但与此同时，政治家们已经注意到了这种文化，并开始打击在全国各地的仓库和森林中举行的狂欢派对。随着摇头丸缉获量的增加，舞曲被视为一种对年轻人的威胁，是政治家们争相打击的对象。2002 年，参议员乔·拜登⑤开始致力于推动一项名为"锐舞"⑥的法案，全称为"减少摇头丸对美国人的易感性"（Reducing Americans' Vulnerability to Ecstasy）。有人批评该法案管得过于宽泛，使用荧光棒也能作为警察叫停派对的充分理由，甚至连按摩油也被看作嗑药的标志。

到了这一法案通过的时候，事态有所缓和，但浩室音乐的发源地

---

① "嘎嘎小姐"（Lady Gaga，1986— ），美国流行歌手、作曲家、演员、活动家，曾多次获得格莱美奖和 MTV 音乐录影带大奖等奖项，唱片销量预估超过 1.7 亿张，是世界上唱片最畅销的音乐人之一。

② "神童"乐队（The Prodigy），成立于 1990 年的英国电子舞曲乐队，被认为是大节拍（Big Beat）音乐的先锋。

③ "化学兄弟"（The Chemical Brothers），成立于 1989 年的英国电子音乐双人组，世界上最知名的电子音乐及舞曲组合之一。

④ "流线胖小子"（Fatboy Slim，1963— ），英国音乐家、DJ、唱片制作人、混音师。他的音乐在 20 世纪 90 年代人气极高，普及了大节拍音乐的流行。

⑤ 乔·拜登（Joe Biden，1942— ），美国政治家，2021 年就任美国第四十六任总统。

⑥ 从 Rave 一词音译而来，本意是咆哮、胡言乱语，如今多用来指代以电音舞曲为主的派对现象及次文化。

芝加哥仍然成了全美第一个必须有许可证才能举办狂欢派对的城市。从那时起，一些夜间警察大张旗鼓的镇压行动大大削弱了派对现场的氛围。

美国的广播电台也从来没有真正了解过缺乏传统流行结构的音乐是如何制作的。在美国，想要以一首缺乏主歌、副歌和桥段的歌曲取得突破，几乎是不可能的。

当然，情况也出现了一些变化的迹象。法国人大卫·库塔刚刚发布了几首歌曲，开始在美国电台频繁播放。《当爱占领一切》（When Love Takes Over）由美国超级组合"天命真女"[①]的前成员凯莉·罗兰（Kelly Rowland）演唱，而《我有一种感觉》（I Gotta Feeling）是洛杉矶组合"黑眼豆豆"[②]的派对神曲，库塔从中提炼了重复性的弹跳节奏，使它在法国广受欢迎。这似乎是他找到的一个神奇的公式——将欧洲浩室音乐的能量与最伟大的美国流行歌手相结合。

经过长时间的飞行，蒂姆倚靠在前方的座位上，拍打着自己的膝盖。他眺望着机翼，看到它们在强风中上下倾斜。他早就知道会是这样的结果。他讨厌飞行，每次乘坐飞机的时候，着陆都是最不愉快的部分。他想，就算是训练有素的飞行员，降落飞机也肯定是个挑战，尤其是在这样的急速气流中。他们已经在迈阿密机场上空盘旋了半个多小时。

"蒂姆，我们可能会死掉。"

菲利普·奥克松在一旁的座位上对着蒂姆·贝里林哈哈大笑，他向蒂姆的父亲借了钱，一起跟着来了。

---

① "天命真女"（Destiny's Child），成立于 1990 年的美国节奏布鲁斯女子组合。

② "黑眼豆豆"（Black Eyed Peas），美国流行嘻哈音乐团体。

"我们要坠毁了，蒂姆！"

"去你的，你这家伙！"

蒂姆利落地在奥克松的肩膀上打了一拳，暂时打消了焦虑。

　　他们在南海滩的一家寿司店碰面。当蒂姆向莱德巴克·卢克打招呼时，他的手因紧张而颤抖着。

　　"事实上，我对明天的演出有点紧张。我没有在那么大的场合表演过，我对混音面板也不是很熟悉。"

　　卢卡斯·范舍平根（Lucas van Scheppingen）是卢克的真名，他清楚地知道蒂姆正在经历的事情。他刚满三十一岁，长期以来一直有焦虑和自我怀疑的问题，尽管原因与蒂姆恰恰相反。

　　卢克在表演方面没有问题，他喜欢舞台。在他的论坛中，他可以用夸张的强度和技术来宣扬对音乐的赞美。然而，在电脑前，事情早就不同了。20 世纪 90 年代末，当传奇人物卡尔·考克斯[1]开始播放卢克制作的一首歌曲时，他才不过是蒂姆现在的年龄。他在阿姆斯特丹唱片店里一排排的音乐杂志上突然看到了自己的名字。这正是卢克想做的事，想过的生活。他已经奋斗了这么久，现在他只需要证明自己值得居于前列。

　　压倒性的精神封锁开始了。卢克在他位于阿尔斯梅尔[2]家中的客房里建了一个小工作室，但无论他如何努力地制作《潜行者》（The Stalker）的续作，都没有任何进展。整个下午和晚上，他都在摆弄低音鼓的声音，然后将它舍弃。他调高音量，直到感觉耳朵在流血，然

---

① 　卡尔·考克斯（Carl Cox，1962—），英国浩室、高科技舞曲唱片制作人和俱乐部 DJ。

② 　阿尔斯梅尔（Aalsmeer），位于荷兰首都阿姆斯特丹西南方的一个市镇。

而他却听不清那是什么声音。一段时间后，他不再与自己的朋友见面，也根本不出门。当一个朋友打来电话时，卢克告诉他自己整个星期都在工作室工作。事实上，他已经开始在床上度日了，并在傲慢和自我厌恶之间摇摆不定。

这么多人都梦想着这个机会，为什么他不抓住呢？但想到卡尔·考克斯无论如何都会播放他的歌，这就意味着他真的成了大人物！

有一天，当他在沙发上舒展身体，想休息一会儿时，他的身体开始刺痛。起初几乎是难以察觉的痛感，很快就变得强烈起来。卢克毫无征兆地发现自己呼吸困难，喘气时仿佛有人用手按住了他的喉咙。他试图喊叫，但无法吸入足够的氧气。

过了一会儿，卢卡斯意识到，这可能是他第一次发作恐慌性焦虑，但他不打算告诉任何人。他是一个男人，强壮又有能力，而焦虑是懦夫才会有的。他将肩负重任，全力以赴，继续工作。

十二年后，寿司店中的卢克尽可能地保持平静，想给他的瑞典客人传递一些勇气。

他告诉蒂姆·贝里林："只要试着放松，注意房间里的气氛。如果你能感觉到舞池需要什么，一切都会好起来的。"

一到晚上，蒂姆就早早地开始表演，莱德巴克·卢克举办的活动相当轻松。在美国，很少有人知道这个瑞典人是谁，也没人特意去听他的音乐。酒吧里的人继续喝酒，而蒂姆可以安静地打磨他的节拍混音。

在迈阿密的一周很快就过去了，菲利普·奥克松认为是时候放松一下了。蒂姆和阿拉什一直在说，集中精力对他们来说有多么重要，他们在这里是为了建立联系和学习，这可不是假期。但现在他们已经完成了所有这些重要的事情，奥克松有两个来自斯德哥尔摩的熟人，两人已经将他们的酒店房间安排妥当。奥克松从未尝试过可卡因，他感到期待的兴奋感在胃里滋生。

"别这么做。这可不是什么体面的事。"

在酒店的床上，蒂姆坐在他身边，继续平静地讲述自己在法国的经历，语气中充满了鼓励。他没有放弃，直到让他的朋友保证在晚上不会服用任何东西。

"别做傻事，菲利普，你会后悔的。"

几个小时后，他们在海滩边的一家俱乐部再次相见。奥克松感到醉意迷蒙，他想知道别人是否能注意到他的异样。他走进俱乐部的厕所，又倒了一排可卡因粉末。三秒钟后，门被踢开了。

保安将奥克松摁倒在地，强迫他把双手放在背后，并将他带到一个僻静的房间，将他推到地上。

"你的身份证在哪儿？"

"在我后面的口袋里。"奥克松回答。一只膝盖压在他背上，使得肾上腺素冲击着他的太阳穴。

不过他现在的处境还挺酷的，不如继续下去。

"口袋里还有一些钱。"他决定冒险一搏。

保安掏出钞票，默默地数了起来。

"一百七十美元。我想这足够了。"

震惊之余，奥克松跌跌撞撞地走出了小房间。到底发生了什么？他刚刚成功贿赂了一个美国夜总会的保安吗？他觉得自己真是太厉害了。

第二天，这种感觉变成了焦虑。

在回家的飞机上，蒂姆戴着耳机，鼻子贴在屏幕上，独自坐在那里。当他们在俱乐部的人群中再次找到对方后，奥克松向他讲述了保安的事，蒂姆只感到失望。他们一直争论到早上。蒂姆认为奥克松违背了他的承诺，而且他错过了机会——想想阿拉什为他们做的一切吧！

蒂姆显然不感兴趣，他正坐在座位上制作一个节拍。

奥克松想，只有一个办法能处理这种紧张的局面，于是他向空姐又要了一杯威士忌。

阿拉什引用了艾勒比①的一首嘻哈歌曲来评论这种情况，在这首歌中，说唱歌手和他的亲信们吹嘘着他们放肆的豪饮。

现在，蒂姆容光焕发。突然间，他为自己正在创作的这首歌找到了合适的名字——《酒鬼》（Alcoholic）。

---

① 艾勒比（Xzibit，1974— ），美国说唱歌手、演员、电视节目主持人。

发件人：蒂姆·贝里林
收件人：克拉斯·贝里林
日期：2009 年 3 月 21 日

　　你们能不能和医生预约一下？我没有出现任何问题，你们知道我是怎样的人，如果能最后检查一次，那就最好了。
　　我感觉很好，一点也不焦虑，但真的只想绝对安全！
　　亲亲
　　蒂姆

发件人：克拉斯·贝里林
收件人：蒂姆·贝里林
日期：2009 年 3 月 22 日

　　嗨，蒂姆。
　　你不是唯一一个有疑病症的人，我也经常有疑病症，特别是在年轻的时候。这其实是相当自然的事，所以没什么可羞愧的，也不用认为自己很奇怪。我会预约周一的医生。
　　亲吻和拥抱
　　爸爸和妈妈

在位于利涅街的蒂姆童年时期的房间里，克拉斯·贝里林站在熨衣板前，摆弄着他在儿子的一个口袋里找到的一张皱巴巴的纸条。

蒂姆之前在管理方面一团糟。大多数时候，他根本就不会记得索要任何收据，而那些他收集的收据会被他立即揉成一团，塞进口袋。熨斗被调在低档，克拉斯整理了可刻录光盘、声卡和火车票的购买收据。

在过去一年里，一切都变化得如此之快。有一天，阿拉什刚坐在厨房的桌子旁，蒂姆就与普诺里的初创管理公司"夜间"（At Night）签订了一份合同。现在，蒂姆有了一个可以去谈判、预定和宣传自己的人，这对他来说很幸运。

父亲克拉斯已经六十四岁了，他卖掉了自己的办公用品公司，安顿下来过着平静的退休生活，除了近几年来做的一点副业外，他没有太多的工作。克拉斯从他前姐夫在亚历山大市的瓷器厂进口材料制造家具，包括带有陶瓷桌面的锻造桌子。

但这家叫作埃及货仓的公司很快就有了新的核心业务，克拉斯也成了一个不领工资的管理人员。他每月向艾维奇支付两万五千克朗的工资——音乐网站"我的空间"（Myspace）上已经有了一个艾维奇（Avici），所以蒂姆在他的艺名后面加了一个字母"i"。

他们已经开始发展一种新的关系，即蒂姆和克拉斯——一个娱乐业的小型家族企业。2009 年春天，蒂姆寄来了一份收入报表：

第一首单曲 1000 美元

混音费 500 欧元

混音费 800 美元

混音费 500 欧元

两场演出约 3000 克朗

　　当然，克拉斯并不认识与他儿子合作的任何艺人的名字。蒂姆曾为一个叫罗曼·扎尔策（Roman Salzger）的德国人混音，又为一个叫戴维·托尔特（David Tort）的西班牙人混音。他自己曾制作了一首名为《此刻的声音》（Sound of Now）的歌曲，显然做得很好。另一首歌是略显奇怪的《街头舞者》（Street Dancer），混合了 20 世纪 80 年代中期的霹雳舞曲、数字合成器和欢欣鼓舞的笛子音效。蒂姆的作品被收录在一张名为《2009 年俱乐部爱好者指南》（Clubbers Guide to 2009）的合辑中，艾维奇在该合辑中与塞巴斯蒂安·因格罗索和莱德巴克·卢克一起出现，蒂姆显然对此感到自豪。

　　在迈阿密第一次尝到甜头后，更多的海外演出随之而来，如在苏黎世和图卢兹。

　　值得注意的是，随着行程的临近，蒂姆的情绪也变得紧张起来。压力似乎在他的胃里生了根。最近，蒂姆一直在抱怨自己很痛苦，想接受检查。然而，医生们没有发现他有任何问题。

　　焦虑也会以其他形式出现。2009 年 5 月，当父母送蒂姆去机场时，安琪发现儿子躺在大厅的地板上，浑身散发着酒气，他的背包被半压在一个破旅行箱里。在办理登机手续时，蒂姆发现电脑被落在了车上，克拉斯不得不匆匆赶去取。

　　出现这种情况的部分原因可能是由于蒂姆对飞行的恐惧，但克拉斯认为儿子的压力是一个更基本的信号。蒂姆只是对离开斯德哥尔摩安全的街区感到紧张，对被挤出混乱公寓中的安心泡沫感到焦虑。他知道自己很快就会暴露在明亮的聚光灯下，更不用说担心大家会看到他的痤疮。

但另一方面，一旦蒂姆上台热身，事情总会变得容易起来。事后，他会很自豪，还会表现出夸夸其谈的可爱一面。

对克拉斯来说，蒂姆很明显从音乐中获得了一种联系。不仅仅是阿拉什相信这一点，蒂姆也相信。克拉斯想让儿子成长，所以根本不拒绝他的任何需求。

蒂姆的目标是攀上顶峰，而不是处于低位。

2009 年夏末，蒂姆·贝里林独自坐在卡玛卡尔街公寓中的电脑前。在他身后的黑暗中，毛毯被堆在还没铺好的床上，走廊上的厕所门虚掩着。他穿着皱巴巴的衬衫，看起来刚刚睡醒。

要读的只有几句简短的句子，但现在他已经录了十多遍录像。

"嘿，我是艾维奇。我将在 9 月 19 日星期六在巴黎举行的高科技舞曲游行（Techno Parade）中表演……"

他停了下来，面带尴尬地对着相机镜头。他提醒自己不要看起来过于高兴。几天前，他曾试着朗读话稿，但阿拉什发现那些录像完全不能用。蒂姆用手指做了一个表示和平的手势，这显然是不允许再次出现的事情。噘起嘴唇或眨一只眼睛也不行。阿拉什说，这看起来很幼稚，就好像蒂姆只有十四岁。

关注度正逐月提升。蒂姆和菲利普·奥克松一起制作的歌曲《酒鬼》刚刚在"乔雅"（Joia）发行，这是一家由塞巴斯蒂安·因格罗索的叔叔经营的瑞典唱片公司，随后歌曲开始在网上传播。澳大利亚厂牌"凶猛节奏"发行了《穆贾》（Muja）和《破纪录者》（Record

Breaker），蒂姆为"南方粗口"①制作了混音歌曲《我们是》（We Are），还与法国制作人塞巴斯蒂安·德拉姆斯（Sebastien Drums）进行了合作。他接受了一份法国报刊的首次采访。"还不到 20 岁，这个年轻的瑞典人已经在他所有的演出中引起了轰动，不管有没有他的伙伴'菲尔古德'。"《仅供电音》（Only for DJ's）如是写道，"2009 年夏季无疑将见证这位电音天才的潜力。"

蒂姆现在正在前往巴黎的路上，他将在一辆沿着大道缓慢行驶的卡车上表演，周围是跳舞和亲热的年轻人。

对阿拉什来说，情况很清楚——开始建立品牌的时候到了，而新兴的社交媒体就是为它而生的。企业家不再需要等待记者带着摄影师前来，在报纸上为他的产品留出半页的位置。

在网上，你就是自己的推广者。开始关注你的读者和观众做出了主动的选择，由此就能建立起特别强大的忠诚度。

脸书和"推特"（Twitter）最关键的一点是，这里不是无声的单向沟通。艾维奇需要被打造成一个明星，但又不会让人觉得高不可攀。偶像的背后是一个谦逊的人，一个乐于接受粉丝帮助的人——这就是需要传达的印象。社交媒体提供了一个与观众互动的独特机会，当脸书上的追随者竞相为《酒鬼》制作官方视频时，回报也会随之而来。

粉丝们既展示了创意，也展示了手艺。一个瑞士人打扮成一只沮丧的狐狸，拍摄了自己在瑞士圣加仑的街道上喝酒的状况，但获胜者是一个斯德哥尔摩人，他在路灯的照耀下，记录了一个醉生梦死的夜晚。获奖者可以作为 VIP（贵宾）客人一起前往法国，评论区的讨论正是阿拉什想要的。

---

① "南方粗口"（Dirty South，1978— ），塞尔维亚裔澳大利亚 DJ、唱片制作人、混音师。

超棒的视频！！！

让人难以置信。

了不起的剪辑。

你会得到什么奖品？会有一首以你的名字命名的歌曲吗？你能见到艾维奇吗？

是的，我有机会和艾维奇一起在法国度过一整个周末，还有两场演出！这真是太棒了！

蒂姆觉得很幸运，阿拉什懂得如何建设品牌，因为他自己其实并不适合做这项工作。

而在音乐方面，他继续突飞猛进地发展着。2010年1月下旬，他坐在"FL 工作室"的组件前，觉得自己想出了一些特别的东西。这是一项需要时间的创意。横扫千军般的厚重和弦席卷天空。他精雕细琢着，找到了数字马林巴琴，这是一种类似西非木琴的乐器，为音乐注入了一种略带加勒比风情的愉快音调。

蒂姆感觉这首歌有可能成为很棒的超级单曲。他给阿拉什发了电子邮件，希望他帮助自己再进一步。

现在看来，首先是在歌段的马林巴琴，非常平和，听起来有点像起伏的高潮，然后我想要的是，正如我脑子里想的那样，迅速切换到那些快速、激烈的弦乐等音效，创造出很棒的吸引力，所以这首歌的亮点应该在于以某种方式快速变幻。

寂静的氛围被一些非常厚重的合成器重复旋律打破，蒂姆认为它们让他想起了阿克斯维尔在"电视摇滚"[①]的歌曲《在空中》（In the Air）的混音中使用的那些效果。正是刚与柔的相互碰撞造就了这首歌，这种碰撞让人感受到了音乐的魅力。这首作品创作时的名称是《兄弟》（Bro）。"请相信这个旋律的魅力，"蒂姆写道，"当我播放这首歌时，你会看到人们对它的反应，他们从没听过这样的曲子！"

总体而言，很多事情在 2010 年初开始步入正轨，从蒂姆创作的低音声部与旋律互动的方式中就显而易见，在一层层的结构中，所有元素都十分协调。两年前，阿拉什·普诺里在他们合作之初曾谈到蒂姆的音乐缺乏方向感，但现在这一问题已经消失了。现在他的音乐有了一种清晰的旋律语言，这在蒂姆为法国制作人鲍勃·辛克莱混音的歌曲《新新新》（New New New）或与荷兰兄妹组合"谢尔曼学说"（Shermanology）合作的《祝福》（Blessed）中就有所体现。

蒂姆在屏幕前工作所感受到的满足感反映在他歌曲欢快的旋律中。所有数字音符都在互相嬉戏，冲刷着他的兴奋感被注入充满趣味的节拍中，起伏的曲调翻滚着飘向天空。

艾维奇已经开始听起来像艾维奇了。

与此同时，恰好"教父"本人也在斯德哥尔摩买了一套公寓，就在莱斯特马卡街（Lästmakargatan）靠近斯特尔普兰的拐角处。当这位全球最伟大的 DJ 无须辗转于世界各地时，他就在此度过自己的自由时光。

泰斯·费尔韦斯特（Tijs Verwest）——这是铁斯托的真名——有

---

① "电视摇滚"（TV Rock），澳大利亚双人舞曲组合。

点不确定他的生活将走向何方。不知不觉中，他已年近四十，朋友们都有了家庭和孩子，而他却还在一年中的近三百天里四处飘荡。他曾计划与女友结婚，但由于行程不断，婚礼被推迟，两人的关系也破裂了。

铁斯托也厌倦了阿姆斯特丹，厌倦了荷兰的浩室音乐，因为它在最近几年变得非常粗野和烦躁。那是一种咄咄逼人、声嘶力竭的风格，一段时间后就会让人疲惫不堪。然而，他被斯德哥尔摩涌现的舞曲吸引，这些舞曲的音调更加包容和温暖。

那是一个有渊源的场景。

当然，在早期有"阿巴"乐队①，这个四人乐队将柔和的瑞典民间音乐与细致的和声和优美的和弦进行②结合在一起，诞生了《舞蹈皇后》（Dancing Queen）和《给我一次机会》（Take a Chance on Me）等世界名曲。20世纪70年代时，许多人认为这个乐队不怎么样，但历史证明他们作品中的精确成分都是对的。

当舞曲在20世纪90年代初席卷欧洲时，"瑞混"③一直在制作具有类似流行感的俱乐部歌曲——"石桥"④曾以其为罗宾·S⑤制作的混音歌曲《示爱》（Show Me Love）在全球范围内大获成功，丹尼兹·波普⑥为"爱司基地"⑦制作了作品，其热门歌曲《征兆》（The Sign）曾在美国排行榜上占据数周之久。

---

① "阿巴"乐队（ABBA），成立于1972年的瑞典流行音乐组合。
② 和弦进行（Chord Progression），指的是和弦的连接方式和走向。
③ "瑞混"（Swemix），成立于1985年，是一个由众多瑞典DJ组成的团体，这些顶级DJ的创新型混音作品在全世界引起了反响，为瑞典舞曲的出口铺平了道路。
④ "石桥"（Stonebridge，1961— ），瑞典DJ和唱片制作人，"瑞混"的创始人。
⑤ 罗宾·S（Robin S，1962— ），美国歌手和词曲作者。
⑥ 丹尼兹·波普（Denniz Pop，1963—1998），瑞典DJ、音乐制作人和词曲作者。
⑦ "爱司基地"（Ace of Base），成立于1990年的瑞典流行音乐组合。

到了千禧年之交，和丹尼兹·波普相熟的同行马克斯·马丁①在几年内定义了世界流行音乐。在他们共同的工作室"谢龙"（Cheiron），马丁为"后街男孩"②、布兰妮·斯皮尔斯③和"超级男孩"④制作了热门歌曲，他有条不紊地打造出流行音乐的旋律，并加入美国的布鲁斯元素，歌词则遵循歌曲的和谐感，而非英语语法。《别再让我用真心和你玩游戏》[Quit Playing Games (With My Heart)]、《宝贝，再来一次》（ Baby One More Time ）、《我想要那样》（ I Want It That Way ）、《将会是我》（ It's Gonna Be Me ）——这么多的合唱歌曲从国王岛⑤的小工作室出发，传遍全世界。

现在，在 21 世纪第二个十年开始时，音乐人罗宾带来了时尚的电音，"瑞典浩室黑手党"带来了他们的爆发力，但在他们曲目浮华的背后是严谨的制作。

他们可以在斯德哥尔摩轻松地制作出热门作品，铁斯托发现这个城市干净、整洁得令人吃惊。居民们整齐地穿戴着最新的潮流服饰，还散发出美妙的香气。同样井然的效率也出现在音乐中，对于一个几乎把个人生活搞得支离破碎的人来说，这是一种让人感觉极其需要的秩序。

---

① 马克斯·马丁（Max Martin，1971— ），瑞典唱片制作人、作曲家。在创作出百强单曲榜冠军单曲的数量上，是排名第三的词曲作者，仅次于保罗·麦卡特尼和约翰·列侬。

② "后街男孩"（Backstreet Boys），成立于 1993 年的美国流行音乐团体，音乐史上专辑最畅销的男子组合之一，2013 年被选入好莱坞星光大道，以纪念他们对音乐事业的贡献。

③ 布兰妮·斯皮尔斯（Britney Spears，1981— ），即"小甜甜布兰妮"，美国知名歌手，被认为影响了 20 世纪 90 年代末和 21 世纪初青少年流行音乐的复兴。

④ "超级男孩"（'NSYNC），美国男子演唱组合，音乐风格为青少年流行乐、流行舞曲、抒情民谣。

⑤ 国王岛（Kungsholmen），位于瑞典斯德哥尔摩中部梅拉伦湖中的一座岛屿，也是斯德哥尔摩市政厅的所在地。

铁斯托得到了"瑞典浩室黑手党"成员塞巴斯蒂安·因格罗索的帮助，在斯德哥尔摩的夜生活中找到了自己的方向。2010年2月，他在伯恩斯酒店俱乐部碰到了阿拉什·普诺里，阿拉什给了他一个装有艾维奇最新歌曲的优盘。铁斯托当然知道这个年轻的瑞典人，曾饶有兴趣地看过他的表演，他感受到了这个优盘中的第五首曲子有些不同寻常。

铁斯托本人也有过混音的历史。他的突破之作是"狂喜"组合[①]的《沉默》(Silence)和塞缪尔·巴伯[②]的《弦乐柔板》(Adagio for Strings)的混音版本。他从小就对磁带进行剪贴，循环播放，将一个采样叠加在另一个采样之上，总有一个模板供他挑选。起初他只能在听到和弦时对其进行模仿，当他成为唱机转盘后面的明星，并需要扩充自己的曲目时，他才开始制作自己的歌曲。

很明显，蒂姆·贝里林与他的方向正好相反。铁斯托属于舞台，而艾维奇则是一个成为 DJ 的作曲家。

铁斯托听着这首带有振动的马林巴琴声的歌曲，感觉像是悬浮在空中一般。艾维奇的音乐显然有一种空间感、轻盈感和一种纤柔的感知度，这使他与众不同。我们很容易感觉到与音乐背后之人的联系，就像蒂姆·贝里林的内心与他的指尖直接接触一样。

铁斯托对《兄弟情》(Bromance)(优盘上的这首歌最终被称为这个名字)印象深刻，他邀请蒂姆来到这座已经成为欧洲俱乐部文化中心的岛屿。

---

① "狂喜"(Delerium)，成立于 1987 年的加拿大双人组，其音乐融合了电子音乐、氛围音乐、新世纪音乐等多种风格。

② 塞缪尔·巴伯(Samuel Barber，1910—1981)，美国作曲家、钢琴家、指挥家，其作品富有浪漫主义风格。《弦乐柔板》是他写的弦乐四重奏的第二乐章，也是他最知名的作品。

几十年前，伊维萨岛还是地中海中一个不起眼的地方，人们只能从西班牙大陆乘船前往这个贫穷的农业社区。"垮掉的一代"[①]青年、波希米亚人、抵抗战争的美国人和西班牙同性恋者聚集在这里，在橄榄树丛中寻找逃离佛朗哥[②]军事政权的庇护。在与世隔绝的情况下，这里诞生了一种享乐主义的俱乐部文化，领头人是阿根廷 DJ 阿尔弗雷多（Alfredo），他在"失忆症"俱乐部（Amnesia）成为众人关注的焦点。

20 世纪 80 年代末，一群英国朋友来到这座岛上庆祝生日。英国人的神经系统因摇头丸的作用而欣喜若狂，他们随着阿尔弗雷多融合了意大利迪斯科音乐、美国浩室音乐和尼日利亚放克音乐的神奇歌曲彻夜舞蹈。回到伦敦后，他们经营起相同风格的俱乐部，为新一代的英国人带来了舞曲和小岛上的聚会。

如今，这里的基础设施已经顺畅地运转了很久。

直到早上六点，专门的巴士把游客送到俱乐部。2010 年夏天，大卫·库塔定期在"帕查"俱乐部演出，莱德巴克·卢克每周四都在"失忆症"俱乐部演出，而英国人卡尔·考克斯照例是最厉害的，他在"空间"俱乐部的演出长达八个小时，堪称传奇。

每周一凌晨三点到六点之间，铁斯托在岛上最大的俱乐部表演。将"特权"称为俱乐部本身就是一种轻描淡写的说法。这间旧澡堂有曲棍球场那么大，可以容纳一万人。在破旧的跳台后面矗立着一个脚手架，空中狭窄的走廊上摆放了几块散发着下水道臭味的地毯和一张

---

① "垮掉的一代"（Beat Generation），指第二次世界大战之后由一群美国作家开启的文学运动，这一名称最早是由作家杰克·凯鲁亚克于 1948 年前后提出的。这一群体主张进行精神探索，反对一切世俗陈规，反对物质主义，笃信自由主义信念，对后世的西方文化产生了深远的影响。

② 弗朗西斯科·佛朗哥（Francisco Franco，1892—1975），曾任西班牙首相，自 1936 年开始到 1975 年，对西班牙实行独裁统治长达三十多年。

沙发。

蒂姆·贝里林坐在那里，等待着上台。

这真的很不可思议。

在他向一些瑞典博客发送他的第一首歌曲后不到两年，蒂姆将连续几个星期一，在伊维萨岛为著名的铁斯托做热场表演。

蒂姆笑着干杯，而赤裸着胸膛的女孩们则在舞台上为自己的舞蹈节目热身。在他旁边散发着尿臭味的沙发上坐着另一名瑞典年轻人，有趣的是，他也曾在东瑞尔高中就读，也有着和"菲尔古德"一样的名字。

菲利普·霍尔姆（Filip Holm）比蒂姆小一岁，但他已经自认为是俱乐部领域的老手。他的父亲为 EMA 泰事达（EMA Telstar）订票公司工作，因此他从小就在体育场里跑来跑去，脖子上挂着层层叠叠的 VIP 徽章。从东瑞尔高中毕业后没多久，菲利普·霍尔姆就在斯德哥尔摩的夜生活中崭露头角，在拉罗伊酒店、F12 酒吧和歌剧咖啡店经营浩室俱乐部。有一天晚上，他在一家俱乐部外面意外撞见了铁斯托，他们抽了几根雪茄，讨论了一会儿音乐，仅此而已。现在，这位 20 岁的瑞典人与铁斯托成了忘年交。

"太疯狂了，我从来没有在东瑞尔见过你。"霍尔姆在他们相互认识时对蒂姆说。

"因为我从来没去上过学，所以这并不奇怪。"蒂姆笑着回应。

一车车的游客涌入"旧澡堂"。音乐让脚手架摇晃起来，沙发也随之震动。这里的低音听起来沉闷又猛烈，即使蒂姆和霍尔姆互相喊叫，也几乎听不到对方在说什么。于是，他们喝起了野格利口酒。事实证明，铁斯托喜欢这种深色的德国利口酒。蒂姆·贝里林又给自己倒了一杯。

现在是认真的，表演时间到了，是时候平复一下紧张的情绪了。

蒂姆在座位上继续喝着烈酒和气泡酒。有几个晚上他是真的喝醉了，但偶尔错过一个过渡性节目其实并不重要——游客们来到这座岛是为了聚会，很少有人关心完美的节拍混音。

之后，在黎明时分，他们沿着两边贴满了印有铁斯托脸部照片的巨幅海报的道路行驶。一条沙土路在圣乔治（Sant Jordi）的山坡蜿蜒而上，一扇大门被推到一边，露出被红色岩石包围的鲑鱼粉色石头别墅。这是铁斯托的房子，在这里举行的余兴聚会才算得上是真正的重头戏。

底部贴着海豚图案瓷砖的游泳池上方有一个露台，那里摆放着几台混音器。当来自巴塞罗那的早班渡轮在地平线上变得清晰可见时，蒂姆、铁斯托和其他客人轮流演奏歌曲。有瀑布的石墙前是一个酒吧，女孩们在脱衣舞杆前跳舞，激光灯将客厅的墙壁染成了霓虹效果。

在新认识的朋友的包围下，蒂姆终于能够放松下来，他喝得越多，就越高兴。他笑着把印有雄鹿①的绿色瓶子传给大家，煽动周围的人都喝上一口。他似乎想分享自己的经验，想让他看到的每个人都进入同样的迷蒙状态。

到了午餐时间，他基本上只能倚靠着，但仍在继续喝酒。然后他跌跌撞撞地经过蕨类植物丛和无花果树，在游泳池下方的一间客房里打起了瞌睡。

然而，在某个这样的早晨，蒂姆不得不继续旅行。当时是八点左右，聚会正如火如荼地进行。铁斯托的巡演经理曾承诺让这位客人去斯德哥尔摩演出。

---

① 雄鹿是野格利口酒的标志图案。

"蒂姆，你得走了！"

"我不想去。"

"你必须去。"

当蒂姆挣脱着跑开时，他恰巧踩到了一个酒杯。一块碎片扎进了他的脚底，血液喷涌在石铺地面上。

在伊维萨岛的医院待了半天后，蒂姆在机场见到了菲利普·霍尔姆。受伤的脚被纱布包裹着，里面还有一小块玻璃，斯德哥尔摩的一位医生将会把它取出来。宿醉后的蒂姆很高兴，奇妙般地恢复了活力。

"到底发生了什么事？"霍尔姆问道。

"哦，我踩到了一块玻璃。"

"我们需要找一辆轮椅或其他东西。"

"不用，拿一辆那种行李车，我坐在上面就好。"

那年夏天，唱片公司主管佩尔·松丁（Per Sundin）坐在"帕查"俱乐部里，这是一座位于伊维萨岛港口地区的多层白色石头建筑。几十年来，这家俱乐部一直是欧洲派对生活的主阵地——甚至在机场的入境大厅，松丁经过一家纪念品商店，那里都摆满了印有这家俱乐部著名樱桃图案的卫衣和烟灰缸。2010年夏天，来自瑞典北方的佩尔·松丁还是一名摇滚乐手，对舞曲知之甚少。但现在，他有一个朋友要满40岁了，他想看"瑞典浩室黑手党"的表演来庆祝生日，这是一个来自瑞典的三人组合，据说他们能呈现烟雾缭绕的壮观场面。

松丁是斯堪的纳维亚音乐发展史中最重要的人物之一，虽然过去几年的故事并非特别愉快。唱片业因非法下载而锐气大减，松丁的公司被迫解雇了两百多人。当首相都在电视辩论中对下载音乐的孩子表示理解时，松丁的母亲曾打电话求儿子转行。

然而，现在他升任为环球唱片公司的负责人，并尽力使自己摆脱危机。佩尔·松丁在他的职业生涯中有一个目标，说起来容易，实现起来却很难——在他位于瑞典的办公室里培养一位瑞典音乐人，他最终将登上美国公告牌排行榜的首位。这是一个瑞典唱片公司主管所能达到的极限。

但今晚很难实现这一梦想。

庆生的人们从午餐开始就一直在喝酒，现在正坐在"帕查"俱乐部的一个露台上，等待着一场似乎永远不会开始的表演。在这座岛上，一天的时间显然是颠倒的——晚餐算是早餐，午餐是在午夜，俱乐部里的人们吞下药丸，直接在手背上倒出细长形的粉末。在流行音乐女王凯莉·米洛①终于在凌晨两点三十分左右登台之前，佩尔·松丁努力保持着清醒。

那是一场带有羽饰和闪光的精彩表演。这位唱片公司主管想知道，三个瑞典人如何能在几台电脑屏幕前超越这一切。

当"瑞典浩室黑手党"组合终于以迅雷不及掩耳之势来到表演台时，就像将一记重拳打在肚子上。一团干冰烟雾从天花板喷射而出，人群高举双臂为《一》（One）鼓掌，这首激烈的电子舞曲是该组合的最新单曲。

天哪，这是多么强烈的震撼力。

这位唱片公司主管走到舞池边研究起人群。与他的预期相反，人们来这儿不是为了跳舞，而是为了崇拜一个组合。这种情况令人很熟

---

① 凯莉·米洛（Kylie Minogue，1968— ），澳大利亚歌手、词曲作者和演员，全球乐坛中成就最高的澳大利亚歌手之一。

85

悉，就像"酷玩"乐队 ① 或"金属"乐队 ② 的演出，或者松丁喜欢的布鲁斯·斯普林斯汀 ③ 的演出。不谦虚地说，这些音乐人都卖出了不少唱片。

佩尔·松丁走进晨曦中，手臂上起了鸡皮疙瘩，脑海中有了一个启示。

他要找到一位新的瑞典音乐人，就像"瑞典浩室黑手党"一样。

当佩尔·松丁回到家，并在唱片公司打听时，他得到了有关《兄弟情》这首歌的消息，作者是一位自称蒂姆·贝里（Tim Berg）的音乐人。

蒂姆·贝里也用艾维奇的名字表演，而艾维奇有时也自称汤姆·汉斯（Tom Hangs），这似乎有点取决于歌曲的表达方式，松丁不太明白其中的差别。当他与阿拉什·普诺里联系时，他立即被这位经纪人骄傲的自信打动。阿拉什似乎真的相信，这个沉默寡言、长着痤疮的瑞典人将接管世界，而能够参与这一旅程的唱片公司将对此感激不尽。

现在，松丁骑着自行车从环球公司的办公室出发，不远处就是斯蒂尔曼街（Styrmansgatan），这是一条通向海湾的倾斜街道，蓝色水面

---

① "酷玩"乐队（Coldplay），成立于 1996 年的英国摇滚乐队，音乐史上唱片最畅销的乐队之一，职业生涯中赢得了多项音乐大奖。

② "金属"乐队（Metallica），成立于 1981 年的美国重金属乐队，金属乐界的先驱，尤其对激流金属（Thrash Metal）的发展与普及有极大贡献。

③ 布鲁斯·斯普林斯汀（Bruce Springsteen，1949— ），美国摇滚巨星、词曲作者。在跨越六十年的职业生涯中，他以其充满诗意和社会意识的歌词以及冗长而充满活力的舞台表演而闻名。2004 年，《滚石》杂志将其评选为"有史以来百位最伟大的艺术家"第二十三名，2016 年荣获总统自由勋章。

的另一边是郁郁葱葱、熠熠发光的皇家狩猎岛①。在这里，阿拉什·普诺里为他的管理公司设立了一个办公室，取名为"夜间"。正是从厄斯特马尔姆这里开始，艾维奇将横空出世，与众星抗衡。

这个地址听起来富丽堂皇，但要到达"夜间"的所在地，松丁必须沿着一条长长的石廊前进，然后展现在他面前的是一个被漆成白色的房间。

他环顾地下室，这里摆放着亮红色的地毯和红色的皮革扶手椅，可能是为了给这个地方带来温暖气候下的豪华休息室的感觉，但与浅色的墙壁相结合，使这个房间看起来更像一家廉价的美容院。

"脱掉你的鞋子！"

阿拉什的鼻音在小房间里回荡。远处角落的办公桌后面，他坐在一张使他看起来很矮小的扶手椅上。在参观这里之前，松丁不得不优雅地脱掉长裤外的鞋子。

有点特别的是，这个国家最有影响力的唱片公司主管应该出现在音乐人的家里，而不是这儿。但这似乎是阿拉什·普诺里整个态度的一部分，他想表明的是，如果环球公司有兴趣，可以来找他。

松丁被这种狂妄的态度吸引了。

"你想听一听吗？"阿拉什问道。

佩尔·松丁在一张红色皮革扶手椅上坐下，阿拉什调高了扬声器的音量，播放起一首又一首的歌曲。

松丁想发布的第一首单曲已经确定了。艾维奇应该采取"瑞典浩室黑手党"对《一》所做的方式——三人组邀请了明星法瑞尔·威廉

---

① 皇家狩猎岛（Djurgården），位于瑞典斯德哥尔摩中部的一座岛屿，汇集了众多历史建筑、纪念碑、博物馆和画廊。

姆斯①来演唱这首歌，并以《一（你的名字）》[One (Your Name)] 为名重新发布了这首歌。如果《兄弟情》能加入一个美妙的人声，它甚至可能会流行到浩室以外的圈子。

更新版本的准备工作已经完成。法国双人组"阿尔维恩和法国人"（Alviin & Da Frenchy）将蒂姆的节拍与意大利 DJ 萨缪尔·萨蒂尼（Samuele Sartini）的歌曲《你寻找的爱》（Love U Seek）中的人声混合在一起。蒂姆在夏天演奏过带人声的版本，效果不错，所以很容易在同样的想法上有所发展。歌手阿曼达·威尔逊②需要再次演唱相同的歌词，以便它们更加适合蒂姆的制作。

新版本被认为是艾维奇重新混合了蒂姆·伯格的歌曲，因此被赋予了一个相当累赘的标题——《寻找兄弟情（艾维奇人声版本）》[Seek Bromance（Avicii Vocal Edit）]。佩尔·松丁与阿拉什和蒂姆签订了第一份合同，环球公司将在瑞典、挪威和芬兰发行这首歌曲。

《寻找兄弟情》的确迅速火了起来，在挪威、丹麦、匈牙利、波兰、英国，甚至在 2010 年秋季的美国排行榜上获得了攀升。马不停蹄的节奏进一步加快了。在推特上，粉丝们可以看到蒂姆在酒店房间里刻录 CD，许多天里他只睡三个小时，还有玻璃事故发生后他拄着拐杖在各大洲来回演出的热闹场面。

在这个世界里就应该是这样的。老一代的摇滚乐队可能有一个可预测的常规安排，他们一年录制一张唱片，下一年进行巡演，然后回

---

① 法瑞尔·威廉姆斯（Pharrell Williams，1973— ），美国说唱歌手、唱片制作人、词曲作者、时装设计师。
② 阿曼达·威尔逊（Amanda Wilson，1980— ），英国歌手，英国双人 DJ 组合"共济会"的成员。

到录音室。行程表中是整齐划一的行程和航班。但对于一个 DJ 来说，则是完全不同的文化。浩室音乐建立在源源不断的新单曲的基础上，很少有歌迷关心专辑，如果你足够知名，世界上总有一场需要华丽音乐的派对。当卡尔·考克斯第一次在澳大利亚的一个新年派对上表演时，他已经成为业界的英雄，然后他上飞机飞过不同的时区，来到夏威夷的一个新派对，在那里的新年烟火中表演。

在一个晚上经历两次午夜，这就是真正的 DJ 的工作方式。

蒂姆也开始了双预约模式——2010 年 8 月底，他在荷兰的一个音乐节上做了一次傍晚的演出，同一天晚上又去了德国的一家俱乐部。在每个场地都有伏特加和红牛、香槟和红牛，以及蒂姆对歌曲是否足够好的永恒怀疑。

"它的效果如何？"他问菲利普·霍尔姆。

他们正在前往荷兰欢欣音乐节^①后台区的路上。

菲利普·霍尔姆已经开始在"夜间"为阿拉什工作，这位东瑞尔高中的校友作为巡演经理与蒂姆一起旅行。现在，霍尔姆是音乐人、预定者和组织者之间的纽带，在演出期间，他蹲在表演台下与蒂姆做伴。

在乌得勒支的舞台上，蒂姆刚刚展示了他对"舞韵"乐队^②经典歌曲《甜蜜的梦》（Sweet Dreams）的演绎，他不确定观众会作何反应。

"哦，你在开玩笑吗？人们都爱死它了！"菲利普·霍尔姆说。

"不，我完全没有这种感觉。"

---

① 欢欣音乐节（Lief Festival），始于 2006 年荷兰乌得勒支的电子音乐节，在每年 9 月的第一个星期六举行。

② "舞韵"乐队（Eurythmics），成立于 1980 年的英国流行摇滚、合成器流行、新浪潮乐队。

"你在说什么呢？他们都疯了！"

霍尔姆展示了他在DJ台下拍摄的一段视频，在其中一个扬声器旁，意大利制作人贝尼·贝纳西正为他喝彩。

"看，连他都喜欢！蒂姆，这太了不起了！"

"是的。天哪，你这样拍的时候看起来很不错。"

这样的讨论总是反复出现。蒂姆的自我批判性是如此令人难以置信，如果观众不喜欢他做的事，那一切都毫无意义。

这就是为什么他一直在工作。

蒂姆总是将自己的演出准备到最后一分钟，而且往往很早就开始准备。他用"唱片盒"（Rekordbox）助自己一臂之力，这是先锋公司（Pioneer）最近推出的一个计算机程序。在这个程序中，他把已经混合好的歌曲分成三或四块，形成一个复合模块。这样，他就有了现成的过渡，能安全且简洁地用在大多数素材中。但他仍然希望有所变化，这样就不会出现有人听两次相同演出的风险——每场演出都被数百台移动摄像机拍摄下来，并最终出现在"油管"上，每个节目单都会被粉丝们仔细剖析。

他夜以继日地尝试，在所谓的私制唱片（Bootlegs）中不断添加乐器上的新的声乐层次，这种突破性的组合方式开始为人所熟知。一些改编反映了他在利涅街长大时所听的音乐，比如对"史摩基·罗宾逊和奇迹"[1]1965年的灵魂民谣《我的泪痕》（The Tracks of My Tears）的诠释，或是对"诱惑"合唱团[2]的《爸爸是一块滚石》（Papa Was a Rollin' Stone）进行改编的动感电子乐版本。但蒂姆也对嘻哈组合"野

---

[1] "史摩基·罗宾逊和奇迹"（Smokey Robinson & The Miracles），活跃于20世纪60年代的美国节奏布鲁斯声乐团体。

[2] "诱惑"合唱团（The Temptations），成立于1960年的美国灵魂乐合唱组合。

兽男孩"①和经典摇滚乐队"大门"②的歌曲制作了属于自己的浩室版本，在尝试独立流行音乐的同时，将自己高亢的感叹声"哇哦"与"里昂王族"乐队③的号叫声混为一体。

摄影师马库斯·林德格伦（Marcus Lindgren）将自己的相机对准了酒店房间中的黑暗。蒂姆倚靠着桌子，全神贯注于一些细小的鼓声，甚至观众中没有人会听到。

"你当时打算几点开始表演？"马库斯问道。

"午夜零点。"蒂姆愉快地回答。

马库斯拍摄了时钟收音机上的绿色数字。

上面显示为 00：26。

这些画面放在"油管"上会很完美。

马库斯·林德格伦是"夜间"的另一名成员，这个二十四岁的年轻人可以用自己便利的佳能相机拍摄高质量的影片。

阿拉什·普诺里看到了在脸书上为粉丝发布精彩视频的价值，马库斯很快就学会了这些技巧。通过拉近观众的距离，他在视频中营造了夜店的氛围，即使舞池里有稀疏的空地，现场也有一种人满为患的感觉。随着特写镜头的激烈切换，不断增长的成功感建立起来了。站在人群中间是最佳视角，这使马库斯能够拍摄到舞台上蒂姆的动作，同时捕捉到人群崇拜艾维奇的感觉。前景是一位专注的 DJ 在挥手致意，凝视着他的朝拜者。

---

① "野兽男孩"（Beastie Boys），成立于 1981 年的美国嘻哈音乐团体。

② "大门"乐队（The Doors），成立于 1965 年的美国摇滚乐队，乐风融合了车库摇滚、布鲁斯与迷幻摇滚，被广泛认为是那个时代反主流文化的重要组成部分。"大门"乐队于 1973 年解散。

③ "里昂王族"乐队（Kings of Leon），成立于 1999 年的美国摇滚乐队。

在2010年接近尾声时，蒂姆在这一年里已经进行了三百多场演出，这个日程安排甚至连卡尔·考克斯都难以企及。

他通过阅读来抑制自己对飞行的恐惧。在一次旅行中，他深深沉浸在《尘土》（*The Dirt*）中，这是尼尔·施特劳斯[①]写的关于重金属乐队"克鲁小丑"[②]的传记。这个四人乐队经历了致命的车祸、吸毒过量和内讧，但在十年后，他们解雇了自己的经纪人——少数几个能忍受这些愚蠢争吵的人之一。他们曾为钱争吵，与贪婪的律师会面，他们的第七张专辑最后变成了一个混乱的混合物，他们中没有人能够忍受。

蒂姆从书中抬起头来。

"我永远也不会换经纪人！"

毫无疑问，阿拉什·普诺里的表现让人满意。到2010年圣诞节，《寻找兄弟情》在"油管"上有一千六百万次浏览，并在英国BBC电台上大量播放。蒂姆曾在"感觉"电音派对上表演，并为"蠢朋克"的歌曲进行混音。法国人鲍勃·辛克莱曾跪在他面前，查基在《DJ杂志》上称他为年度突破者。他买了一块用蓝宝石水晶和黄金制成的二手劳力士手表，表盘上有八颗钻石，而公司账户上还有二十多万克朗。

然而，对蒂姆本人来说，最重要的是他终于开始获得一种对他的痤疮真正有效的治疗。

这种药名为赖甲环素（Tetralysal），这种红黄色的胶囊含有一种抗生素，可以抑制皮肤毛孔中的细菌生长。当然，它也有潜在的副作用，可能会破坏人体的菌群，而且不应空腹服用，服用后可能会出现头痛

[①] 尼尔·施特劳斯（Neil Strauss, 1969— ），美国作家、记者，《滚石》杂志的特约编辑，也经常为《纽约时报》撰稿。
[②] "克鲁小丑"乐队（Mötley Crüe），成立于1981年的美国重金属乐队。

或感到恶心。在极少数情况下，这种治疗可能导致胰腺发炎。但在短短几周后，蒂姆已经看到了效果。

侵略者撤退了，停止了对他脸部的攻击。

事情开始真正地顺利起来。

在斯蒂尔曼街的"夜间"地下室的尽头，有一个狭长的房间，里面有一个录音棚，被漆成白色的石墙上覆盖着薄毯，可以稍微消减声音。桌子上有一台电脑和扬声器，地板上的支架上放着键盘。

2011年2月的一天，一个头发卷曲的纤瘦身影走进了蒂姆的小工作室。塞勒姆·法基尔（Salem Al Fakir）比蒂姆大八岁，但他有一种源源不断的能量，让他看上去比实际年龄更年轻。

自从五年前塞勒姆取得突破以来，蒂姆一直在关注他。高兴的记者们不厌其烦地讲述着塞勒姆的故事：他在一个钢琴数量几乎和兄弟姐妹一样多的家庭中长大，三岁时便叫嚷着要拉小提琴，在学前班时就会自己写曲。十二岁时，他开始在俄罗斯跟随一位音乐教授学习，很快就作为音乐会小提琴手和神童进行巡演。十六岁时，他厌倦了这种方式，转而开始创作独特的流行音乐。

到现在，这位二十九岁的年轻人已经发行了三张专辑，赢得了四项瑞典格莱美奖①，并在瑞典音乐界熠熠生辉。女王储②在半年前结婚时，塞勒姆·法基尔在庆典上为这对王室夫妇演唱了一首特别创作的

---

① 瑞典格莱美奖（Swedish Grammy Award），设立于1969年，每年颁发给瑞典音乐人和词曲作者的音乐奖项，是瑞典最重要的音乐奖，与美国的格莱美奖类似。

② 指瑞典王储维多利亚·英格丽·爱丽丝·德西蕾（Victoria Ingrid Alice Désirée, 1977— ），瑞典王位第一顺位继承人，若她继承王位，将会成为瑞典史上的第四位女王。

歌曲。

塞勒姆真的不知道在地下室的工作室里会发生什么，艾维奇的音乐在他听来就像炫技的电脑游戏音乐。但他们的联合出版商一直唠叨着要他们一起做一些史诗般的惊人之作。

"我认为这种声音很酷。"蒂姆一边说，一边打开屏幕上的数字合成器，工作室里充满了低沉的怒吼声。

"你觉得这个如何？你喜欢吗？"

塞勒姆在墙边的键盘上即兴创作，从一个简单的大和弦开始，富有节奏的踩踏声慢慢变大。

当塞勒姆的无名指滑到一个意外的音调时，蒂姆立即做出了反应。

"那里！你在那里做了什么？"

塞勒姆让自己的手指再一次做出相同的动作。

"是的，没错！是这个！该死，这个音调太勾人了！"

他们——一个受过古典音乐理论训练的乐器演奏家和一个凡事都凭感觉的自学成才者——就这样相遇了。蒂姆能闪电般地捕捉到一个个闪闪发光的音符，塞勒姆对他的这种能力印象深刻。即使是简单的作品也需要多样性和生命力，而蒂姆似乎对赋予歌曲动态的小变化有绝对的耳力。而且，一个能对传统结构进行如此自由和反叛发挥的人也很有趣。

现在，蒂姆在电脑前创作出了一个高潮，对通常以 4/4 拍形成的架构不屑一顾。他拉长了序列，把它远远地拉到了第一节拍之外，这种方法违背了所有浩室音乐的传统创作方式。可以看出蒂姆没有受过学校教育，但也可以看出他对自己正在做的事情有十足的把握。

蒂姆羡慕塞勒姆对乐器的掌握。他只把键盘当作一台构思的机器，以获得对声音和旋律的感觉。然后他画出相应的和弦，用电脑鼠标更精确地控制细微差别。塞勒姆的手指似乎能够驾驭地球上的每一件乐器，不管是琴弦、键盘还是放在他面前的石块。

这就是蒂姆想前往的方向。在塞勒姆这样的音乐家的帮助下，他将能制作一些歌曲，即使将来放在雷·查尔斯、尼娜·西蒙娜[①]或希灵厄的黑胶唱片架上那些他父亲最爱的其他作品旁边，这些歌曲也不会黯然失色。

蒂姆在给阿拉什写信时按捺不住地兴奋。

"该死，这简直太棒了！"

他们创作了一首多么棒的歌曲。用时也很短，好像只花了三个小时的时间。当他们分别时，基本上已经有了一首成品，塞勒姆答应回家会好好写出歌词。这首歌曲将被叫作《剪影》（Silhouettes）。

"我们必须让他也爱上浩室音乐，这样我们才能一起做一千件事情！"

在工作室外，在地下室的办公室里，工作日夜不停地进行着。在阿拉什的黑色扶手椅周围，其他人都坐在宜家的折叠椅上。

现在，"夜间"的主力团队已经形成。卡尔·韦尔纳松（Carl Vernersson）在初中和高中时都与蒂姆在同一所学校上学。韦尔纳松和来自哥德堡的俱乐部发起人帕诺斯·阿亚索特里斯（Panos Ayassotelis）一起，不停地预定演出，而影片制作人马库斯·林德格伦主要负责在脸书和"油管"的视频剪辑中展现艾维奇。

菲利普·霍尔姆现在也是办公室中的一员，他减少了巡演，开始担任阿拉什的助理。

---

① 尼娜·西蒙娜（Nina Simone，1933—2003），美国歌手、作曲家、钢琴表演家。

菲利普·霍尔姆着迷地看着他老板的操作。阿拉什·普诺里具备推销员的全部本事，在需要的时候，他可以显示出坚定的自信，而且具有说服力；在时机成熟时，他可以变得冷酷而有心计。他的对手是一个要被打败的敌人，竞争是无情的。

霍尔姆也学到了不少。他们会通过电子邮件进行所有的谈判，并且总是让对方先出价。他们不会回答艾维奇一个晚上的费用是多少，而是会问组织者的预算是多少。组织者的报价要么比实际价格高，要么报价过低，以至于他们可以立即回绝。组织者暴露了自己，而"夜间"却避免了亮出自己的底牌。

在 2011 年初，他们可以为一些演出收取近十万克朗的费用，而且价格还在快速上涨。

当有要事发生时，办公室里的每个人都要二十四小时待命。如果他们的目标是接管世界，就需要在多个时区同时工作。阿拉什本人也比任何人都要努力工作。他经常在晚上开车回家，与女友和女儿共进晚餐，但几个小时后他又回到地下室，一直待到深夜。

"你知道这将是多么棒（Mode）的事情吗？"马库斯·林德格伦说。他正坐在办公桌前，制作一段新视频。

这些表达方式来自塞巴斯蒂安·因格罗索。用英语发音的 Mode 表示某样东西不错、美好、强大。另一方面，Meich 表示差劲或者无聊，Pagir[①] 是钱的意思，而 Sönder[②] 和 Värst[③] 都表示词义的最高级。

现在有很多事情都是最棒的。马库斯在周二完成了一些内容的编辑，到了周四，有数十万人看到了它。

---

① Pagir，瑞典语单词 Pengar（钱）的变体。

② Sönder，在瑞典语中是"破损"的意思。

③ Värst，在瑞典语中是"最糟糕"的意思。

在最新的一段视频中，蒂姆对阿拉什哼唱道："嘟，嘟，嘟，嘟，嘟，嘟，嘟。"这是在去哥德堡演出的火车上拍摄的。

蒂姆制作了一个新的调子，一个感觉能调动气氛的美妙曲调。他将七八个合成器音效和原声钢琴的和弦层层叠加，直到获得一种既丰富又独特的声音——湿答答的手指啪啪作响声、尖叫的警报声和翻滚的低音被融合在一起。

"该死的，太酷了。"蒂姆说。

"是的，真酷。"阿拉什说。

蒂姆有一个采样，可能适合在这个旋律上使用。这首歌差不多是五十年前由他父亲最喜欢的艺术家之一在 1962 年录制的。原曲是一首名为《有种感觉紧紧萦绕着我》（Something's Got a Hold on Me）的情歌，布鲁斯歌手埃塔·詹姆斯 [①] 在其中诠释了新恋情让她感到的幸福和愉悦。几年前，音乐制作双人组"漂亮灯光" [②] 在《终于动起来了》（Finally Moving）这首歌中使用了相同的部分，蒂姆就是这样发现这个采样的。

"哦……"

"你在干什么？"阿拉什问道。

"试着把它放在正确的音调上。"

当蒂姆绽放出微笑时，埃塔·詹姆斯粗犷的嗓音在火车上回荡：

"哦，有时候……我有一种美好的感觉！"

[①] 埃塔·詹姆斯（Etta James，1938—2012），美国歌手，风格涵盖布鲁斯、灵魂乐、摇滚乐、爵士乐。

[②] "漂亮灯光"（Pretty Lights），最初是由美国电子音乐制作人德里克·文森特·史密斯（Derek Vincent Smith）和迈克尔·梅纳特（Michal Menert）组成的音乐组合。在第一张专辑发行后，迈克尔就离开了，德里克则继续沿用团体名称作为艺名。

埃米莉·戈德伯格（Emily Goldberg）轻快地行走在晨光中。最近她在乔治·华盛顿大学学习的课程很有趣。现在是 2011 年的春天，几个月后她就要毕业了，将获得艺术史学士学位。这个无忧无虑、思想开放的二十一岁女孩正像踩着舞步般去听下一场讲座。她的耳机里响起了斯克里莱克斯[①]的《可怕的怪物与可爱的精灵》（Scary Monsters and Nice Sprites），这首高亢的歌曲是新事物的标志。斯克里莱克斯是一位来自洛杉矶的 DJ，他把起源自伦敦的回响贝斯的阴沉风格变得更加充满力量且怪异。正如音乐杂志《旋转》（Spin）在一篇关于当时美国发生之事的报道中所写的，轻轻荡漾开来的恍惚旋律被雷鸣般的低音撕裂，音乐像流沙中的电锯一样颤抖。

　　音乐中有一股力量在升腾，这是毫无疑问的。如果说几年前大卫·库塔和"瑞典浩室黑手党"通过与美国流行歌星合作打开了欧洲浩室的大门，那么现在这扇门正大大地敞开着。蕾哈娜[②]曾邀请苏格兰音乐人卡尔文·哈里斯[③]为她的热门单曲《我们发现爱》（We Found

---

① 斯克里莱克斯（Skrillex，1988— ），美国 DJ 和音乐制作人。
② 蕾哈娜（Rihanna，1988— ），巴巴多斯流行歌手、演员，曾多次获得格莱美奖等音乐大奖，是全球唱片销量最多的艺人之一。
③ 卡尔文·哈里斯（Calvin Harris，1984— ），英国苏格兰创作歌手、音乐制作人、DJ，曾为凯莉·米洛、蕾哈娜、谢丽尔·科尔（Cheryl Ann Tweedy）等许多其他歌手写歌并担任制作人。

Love）注入恰如其分的跃动高潮，甚至布兰妮·斯皮尔斯也曾用一连串闪亮的回响贝斯制作了一首歌曲。

不知怎的，埃米莉觉得这首乐曲很适合自己——它有点捕捉到了她是谁，或许是她想成为的人。

在这个时期迈入成年的美国青年们前途未卜。几年前开始出现了一场严重的金融危机，银行业已经崩溃。经济学家认为，该国正在经历自 20 世纪 20 年代大萧条以来最深刻的危机。三年内，长期失业者的数量从略低于二百万上升到六百多万。成年的意义与其说意味着一份安稳的工作，似乎不如说是一份糟糕的薪水。埃米莉的同龄人没有购置自己的房子，而是用快速贷款支付分租公寓的房租。

此刻似乎出现了中断，一个发展中的停顿。现在长大的人是否会比前几代人过得更拮据？

但当时的浩室音乐充满了活力，正活在属于它的时代。"刀党"组合 ① 的《网络朋友》(Internet Friends) 是一首关于当有人不再是你脸书上的朋友时，你想杀死这个白痴的歌曲。在斯克里莱克斯的热门作品中，他曾对"油管"上一个来自波特兰的年轻女孩在成功完成平衡放置杯子的技巧后的喜悦叫声进行采样。

埃米莉喜欢播放浩室音乐的俱乐部和音乐节中温暖、友好的氛围。汗水淋漓、氛围原始，虽然有很多人沉浸在摇头丸的作用中，但气氛是温柔舒适的。保安获得的是顾客的握手和自制的手镯，而不是威胁。

也许没有人像艾维奇那样充满希望和兴奋感，这个来自瑞典的年轻人的音乐总是带着一切都会顺利的许诺。

---

① "刀党"(Knife Party)，澳大利亚电子音乐双人组，曾与"瑞典浩室黑手党"组合有过合作。

例如，在艾维奇那首《剪影》中，短短几句歌词像是一部乐观的世代小说：

因此，我们将永远无法回到
回到母校
回到旧时光，一切都是关于新发现的
我们是新生儿，世界知道我们的一切
我们是未来，我们会一直在这儿

也许最重要的并不是歌词。摇滚一代痴迷于文字和符号，痴迷于破解音乐的含义——描述越是枯燥无味，人们就认为越重要。自怜和忧郁都是好品质。

埃米莉·戈德伯格对此丝毫不感兴趣。对她而言，重要的是这些歌曲的感觉，以及给她的身体带来的影响，她的胸口感受到了愉快的震动。

她刚刚发现了艾维奇的最新歌曲——几个月前，皮特·唐在 BBC 播出的混音中收录了这首歌。这首名为《层次》（Levels）的歌曲是对幸福的提炼，其中的重复段旋律是如此直接，无法从她的脑海中消失。然后是那个古老的布鲁斯曲调，粗犷、浑厚的嗓音唱响副歌，唱出你能感觉到的美妙。

埃米莉·戈德伯格发现艾维奇在美国的演出越来越多，还发现 2011 年夏天，他将在华盛顿特区一个能容纳三千人的俱乐部演出。

埃米莉与这场活动的组织者很熟悉，所以她可以提前到达现场。在更衣室闲逛时，她曾与这位瑞典明星握手，但后者表现得似乎既疏远又尴尬。

现在她和自己最好的朋友在楼座上，艾维奇正在播放由"瑞典浩室黑手党"私制的一首"赶时髦"乐队 [①] 的歌曲。

埃米莉望着下方舞池中汗流浃背的人群。女孩们骑在男友的肩上，四处弥漫着香水、汗水和酒水的味道。

演出进行到四分之三时，大家翘首以待的歌曲——这首在"油管"上被广泛播放的歌曲——终于登场了。整个俱乐部都在随着《层次》的合成器重复段尖叫。

"嘟，嘟，嘟，嘟，嘟，嘟，嘟嘟，嘟，嘟嘟，嘟！嘟，嘟，嘟，嘟，嘟，嘟，嘟嘟，嘟，嘟嘟，嘟！"

在埃塔·詹姆斯的副歌之后，弦乐充满了整个房间。埃米莉闭上眼睛，不由自主地把右臂抬到胸前，就像在拉小提琴一样。当她再次低头时，艾维奇已经把他的手臂举到了空中，他看起来是那么令人难以置信的快乐。当合成器再次咆哮时，聚光灯向上移动，艾维奇看向楼座，似乎是在直视埃米莉，她感觉自己的胸口快要爆炸了。

一分钟后，当蒂姆开始表演阿黛尔 [②] 的《坠入深渊》（Rolling in the Deep）时，这位明星的巡演经理走了过来。他带着女孩们走下楼梯，穿过舞池中的人群。一根红绳被移到一边，突然间，埃米莉出现在舞台中央，紧挨着这个瑞典人跳舞。蒂姆过渡到他自己的歌曲《对你的感觉》（My Feelings for You），并递给埃米莉一杯酒。

几个小时后，他们坐在多诺万酒店的一间套房里。有人打翻了一瓶唐培里侬香槟（Dom Perignon），然后跑去拿毛巾。

---

① "赶时髦"乐队（Depeche Mode），成立于 1980 年的英国电子乐队。

② 阿黛尔（Adele，1988— ），英国歌手、词曲作者，世界上唱片最畅销的歌手之一，曾多次获得格莱美奖、全英音乐奖等多项音乐大奖。

"你可以当'毛巾'（Towelie）。"蒂姆用尖锐的声音笑着说。

他指的是《南方公园》中的一个人物，一块会说话的毛巾，它唯一的兴趣是尽可能不停地吸食药品。房间里的其他人似乎都没有注意到这个出处，但埃米莉用假声喊出了"毛巾"的经典台词：

"伙计们，你们想嗨起来吗？"

蒂姆对埃米莉深深地点了点头。他朝她坐得更近一些，开始大声讨论《南方公园》的哪一集是有史以来最棒的。

到了中午，就在蒂姆在沙发上打瞌睡之前，他和埃米莉交换了手机号码，并答应他们很快会再联系。

席卷美国的浩室音乐浪潮正慢慢被成熟的音乐杂志关注，这千真万确。但如果你想近距离关注事态的发展，就得去网上看看。诸如"我们给你带来锐舞派对"（We Rave You）和"舞蹈宇航员"（Dancing Astronaut）这样的新兴网站以一种新鲜、主动的方式讲述了音乐在作者身体里产生的冲击波。根据网上杂志的说法，几乎每一首歌都是史诗般宏大的震撼之作。像艾佛杰克、查基和哈德威尔这样的荷兰人被描述为他们这个时代伟大的大师，而当"瑞典浩室黑手党"在麦迪逊广场花园①演出的门票在九分钟内就销售一空时，这似乎是人类史上的一场胜利。

"舞蹈宇航员"在拉斯维加斯的派遣员报告说，在某个周末，整座城市的每一个泳池派对都能听到《层次》这首新歌。"艾维奇是一个神。"他写道。他说当自己听到这个瑞典人的歌时，他感到快乐的身体

---

① 麦迪逊广场花园（Madison Square Garden），美国纽约市曼哈顿中城的一座体育场，是许多大型体育比赛、演唱会和政治活动的举办地。

不知如何是好。"我是否应该拥抱我身边的人？因为我抑制不住地高兴，我必须与大家分享这一刻。"他犹豫不决，最后做出了另一个举动——把啤酒喷到他周围所有人的身上。

拉斯维加斯也许是美国舞曲流行度上升最明显的地方。这座"赌城"正迅速发生着改变，从星光黯淡的音乐明星结束自己职业生涯的地方，变成了一个新兴的青年文化中心。

2011年6月底，数以万计的年轻人涌向城市北部的一个赛车场。他们来自全国各地，乘坐大巴、房车或妈妈的"福特探险者"来到这里。女孩们在霓虹服装上缝上了蝴蝶翅膀，在胸罩上粘上羽毛；男孩们的胸前用颜料画着图画，头发上插着荧光棒作为花环。其他人则穿戴着熊猫帽子、狐狸尾巴和发光的薄纱蓬蓬裙。在场地内搭建的舞台旁，过山车和旋转秋千闪烁着彩虹般的颜色，杂技演员们踩着高跷，喷着火。

每天约有七万人来到雏菊电音嘉年华①，人们在迷幻的喧嚣中近距离感受焰火下的"瑞典浩室黑手党"，并在莱德巴克·卢克、大卫·库塔、铁斯托和尼基·罗梅罗②等欧洲明星的带动下举起双手。从许多方面来看，这就像1988年在伦敦郊外田野上举行的那个狂欢派对的升级版——相同的头晕目眩之感，现实变得似乎比真实的生活更美好。组织者意识到"锐舞"这个词在美国已经无法使用了，但当他们雇用了足够多的保安人员，并把这个场面称为"音乐节"时，这一切在政治上就变得可行了。

---

① 雏菊电音嘉年华（Electric Daisy Carnival），北美最大的电子舞曲音乐节之一，于20世纪90年代开始举行。该音乐节以电子舞曲制作人和DJ的演出为特色，凭借无与伦比的现场音乐体验和嘉年华级别的游乐设施享誉全球。

② 尼基·罗梅罗（Nicky Romero，1989— ），荷兰DJ、唱片制作人和混音师。

蒂姆在第三天，也就是音乐节的最后一晚走上舞台。他从打碟机后面的位置看着眼前这个美好又疯狂的景象。从这里看出去，不可能看清任何一张脸，分散的人群就像在海底摇曳的闪亮珊瑚礁。我们很容易想到，如此巨大的场面会让人的神经受到考验。但实际上，相比法国或德国某个小俱乐部中审视的目光，在这里演出要愉快得多。在由发光的手机摄像头组成的海洋中，你不可能分辨出是否有人在怀疑地盯着你，或者发现你在音乐的高潮部分去了吧台。这里的防暴栅栏及其与观众之间的距离带来了安全感。此外，蒂姆已经制订了一套完备的方案，他自己也知道。除了一些尼基·罗梅罗的混音，一首"南方粗口"的乐曲和瑞典音乐人亨里克·B[①]的歌曲之外，他还将在一小时二十分钟内表演只属于他自己的歌曲。

坚实的节奏在蒂姆·贝里林抖动的双腿中跳跃。他那被汗水打湿的上半身在打碟机边晃动着，身后是近百个屏幕，上面闪烁着紫色和绿松石色的"AVICII"字样。蒂姆转入一首雄壮的赞美诗，他称之为《伊多姆》（Edom）——简单来说就是 Mode 颠倒过来的拼写方式——然后望着在红、白、蓝色灯光中喧闹的人群。他们仿佛已经变成一个单一的身体，做出同步的反应，飘浮在一种独特的状态中。

如果说有一个时刻代表艾维奇征服了美国，那可能就是此时——2011 年 6 月 26 日。蒂姆没再多想，他只是举起右臂，在空中弹出了《层次》的和弦。

拉斯维加斯快速变化的幕后推手之一是杰西·韦茨（Jesse Waits），一个有着闪亮白牙的三十六岁年轻人，他负责运营 XS——沙漠中最新

---

① 亨里克·B（Henrik B，1977— ），瑞典 DJ、唱片制作人和混音师。

出现的一家巨型俱乐部——的夜晚活动。在一个星期五的下午，他带着蒂姆穿过一间墙上贴着金色纺织品的豪华门厅，来到一个形似月牙的房间，室内柔软的金褐色沙发散落在闪亮舞池周围的平台上。这些饮酒包间是商业模式的基础——百分之八十的收入来自隐蔽的私人场所的酒类销售。在这里，一瓶普通的伏特加可以卖到五千克朗，用陈年香槟和白兰地调制的饮料则要花费近八万克朗。最厉害的大人物们拿着跟幼儿一样大的香槟酒瓶，用平均月薪购买装满冰桶的烈酒和格洛格酒[1]。

在浩室音乐上，杰西·韦茨也是个新手。他曾去巴黎拜访过著名的同性恋俱乐部——皇后俱乐部（Le Queen），以及大卫·库塔经营的夜总会。这个美国人爱上了那种令人飘飘欲仙的曲调，那些使音乐听起来像在水下翻滚的过滤效果。回到家中的韦茨在宿醉后获得了灵感——如果浩室音乐在欧洲行之有效，铁斯托的演出票在半小时内就售罄，还受到了女王的嘉奖，那么为什么在美国就不可行呢？

2011年春天，杰西·韦茨预定了加拿大DJ"电子鼠"[2]的演出，除了前卫的节拍外，后者还因为总是戴着笨重、圆润的老鼠头套表演而闻名。在证明浩室音乐能吸引大量消费者方面，韦茨得到了意想不到的帮助。当时一位臭名昭著的扑克玩家出价一百多万克朗让他播放乔恩·邦·乔维[3]的《活在祈祷中》（Livin'on a Prayer），并随着这首歌的旋律在舞台上跳动，现场观众都羞于表达对这首歌的喜爱。有"电子鼠"表演的舞台吸引了比平时多三倍的客人，并在一个晚上带来了

---

[1] 格洛格酒是用朗姆酒兑水制成的烈酒。

[2] "电子鼠"（Deadmau5，1981— ），加拿大电子音乐制作人和DJ，他制作的音乐风格以渐进浩室为主。

[3] 乔恩·邦·乔维（Jon Bon Jovi，1962— ），美国歌手、词曲作者、吉他手和演员，也是著名摇滚乐队"邦·乔维"（Bon Jovi）的创始人和主唱。

五十万克朗的收入，这促使韦茨的老板一掷千金，要求他邀请更多的浩室音乐人。艾维奇是名单上的既定人选，对杰西·韦茨来说这是必须的——《层次》这首歌仿佛正在统治一切。

当韦茨在机场接蒂姆时，他注意到这个瑞典人异常紧张。派对策划者决定试着让他的客人放松下来，于是他在自己最喜欢的餐厅点了一条鳎鱼，并试着和蒂姆聊天。韦茨有点疑惑地看着蒂姆那油腻上翘的头发，他看上去似乎有一个多星期没有洗澡了，但韦茨本能地觉得自己喜欢这个瑞典人。蒂姆看起来不以为意，而且很真诚——不是每个人都能给人这种感觉的，尤其是在这座城市。也许韦茨觉得与蒂姆有一种特殊的亲切感，因为他认为自己从根本上也是一个局外人。当然，从表面上看，韦茨是这个城市的夜总会之王，是那个在时尚报道中摆弄姿势、炫耀自己的路易威登鞋子和汽车的人。

然而，很少有人知道杰西·韦茨的背景，他不想让别人为自己感到遗憾，因此他避免谈论在夏威夷最荒凉的岛屿之一长大的情况。那里遍布丛林，共有八座房子。他的母亲、父亲和叔叔都曾是年轻漂亮的冲浪者，他们离开加利福尼亚来到夏威夷，尽情地演奏音乐。但很快，自由自在的生活脱轨了，一切陷入黑暗中。韦茨的父亲开始滥用药物，他的母亲在他还是个小男孩时就自杀了。他对母亲唯一的记忆是几张照片和四盘磁带，她在磁带上录制了对自己的些许感想。但韦茨没有心思去听那些录音，他不敢去听母亲的声音。

在表象之下的深处，他带着一种敏感，他在蒂姆·贝里林身上也看到了这种敏感。

发件人: 克拉斯 · 贝里林
收件人: 蒂姆 · 贝里林
日期: 2011 年 9 月 29 日

嗨，蒂姆。

你还好吗？

我刚刚到希灵厄，和大家一起玩扑克很有意思。今夜星光灿烂，秋高气爽。当离开很长时间后来到这里，感觉总是一样——这儿真不错，能轻易地让人忘记烦恼之事。

我非常想你，希望你的灵感足以应对这次每天都有表演的大型巡回演出。

我不认为这有多好，你需要休息和放松，但这是你的选择。

亲吻和拥抱，祝你玩得非常愉快。

老爸

在没有唱片公司正式发行的情况下，2011 年秋天，《层次》在"油管"上有近两千万的浏览量。艾维奇在脸书上有十余万粉丝，而且每晚都有更多的粉丝加入。蒂姆 · 贝里林则在美国的大学城巡演——那是属于年轻人的地方。

在这个国家，一切都要趁热打铁，这是歌手比约恩·斯基夫斯①四十年前的经历。20世纪70年代中期，他因翻唱《魂牵梦绕》（Hooked on a Feeling）成为有史以来第一个登上美国单曲榜榜首的瑞典人，然而却因瑞典式的愚蠢搞砸了。当时这位音乐人正站在化妆间里化妆，唱片公司从大西洋另一端打来电话，咆哮着说这首歌即将登顶排行榜——在美国！嘿，取消一切，坐上飞机过来吧！斯基夫斯解释说这是不可能的，因为他要在韦斯特罗斯②上演的一部音乐剧中扮演一个小丑。当他和他的"蓝色瑞典人"乐队（Blue Swede）去美国的时候，人气已经大减，错失了在那儿发展职业的机会。

艾维奇不打算犯这种错误，他将利用《层次》所创造的势头进行密集的巡演。马利克·阿杜尼（Malik Adunni）和费利克斯·阿方索（Felix Alfonso）是两个美国人，他们分别担任巡演经理和制作经理③，以提高行程效率。这帮人以"之"字形的方式穿越大陆，速度飞快，昼夜不分。就拿2011年10月的一周来说，周一他们在肯塔基州的卡温顿，然后他们前往佛罗里达州的盖恩斯维尔，接着飞越整个国家来到圣迭戈，在拉斯维加斯杰西·韦茨的俱乐部停留，最后在印第安纳州的布卢明顿结束行程，蒂姆刚刚在那里举行了周六晚上的第一场演出，现在他们正前往新泽西州的一个场地举行当晚的第二场演出。

蒂姆像往常一样沉浸在自己的屏幕中，用一个塑料杯喝着香槟。

他开始频繁地和埃米莉聊天，这个女孩是他几个月前在华盛顿特区遇到的。通过即时通信软件WhatsApp，他们发送电视剧《发展受阻》

---

① 比约恩·斯基夫斯（Björn Skifs，1947—），瑞典歌手、词曲作者、演员和编剧。

② 韦斯特罗斯（Västerås），瑞典中部城市，西曼兰省的首府。

③ 制作经理（Production Manager），在巡演中，负责为灯光、音响、卡车运输、装备、巴士、餐饮等服务签订合同，并监督巡演中的所有工作人员。制作经理与巡演经理携手合作，确保巡演顺利进行。

中的名言，分享可爱的树懒照片，讨论小说《权力的游戏》，还对迪士尼的电影开起了玩笑。一个网络趣事到另一个网络趣事，他们谈论的话题从未停止，一切都既热烈又有趣。他们来自不同的大陆，但蒂姆感觉像是找到了另一个自己。埃米莉不仅幽默，品位也很好，当她向他推荐电视剧《间谍亚契》时，蒂姆立即就下载了。

与此同时，不幸的是工作从未结束。至少菲利普·霍尔姆在发送所有新任务的电子邮件时有一种幽默感。

"采访任务，编号7888444，紧急。"

这个任务是接受另一份学生报刊的采访。蒂姆并不是不想谈论他的音乐，但一遍又一遍地回答同样的十五个问题，感觉比在斯蒂尔曼街工作时更累。

你喝咖啡时加不加牛奶？你滑雪吗？你打扫卫生时最喜欢放的歌曲是什么？这些问题虽然毫无意义，至少是不同的。但大多数问题都大同小异：

你是否料到会如此成功？

你想要与"瑞典浩室黑手党"合作吗？

你在俱乐部表演什么音乐？

最后这个问题是一份斯洛文尼亚的报刊提出的。

"见鬼，他们应该知道答案的。"蒂姆写信给霍尔姆。他们连基本情况都不知道，为什么还要写他呢？

你在上场前有什么习惯吗？

"我总是在上场前喝上一杯野格利口酒。我得感谢铁斯托的这种仪式！"

煎饼、华夫饼或可丽饼，选一个吧！

"可丽饼。"

是什么让一个派对变得完美？

"我会说是好的音乐、好的观众和野格利口酒。"

艾维奇这个名字是什么意思？

"这个问题让人无语，答案在谷歌上已经有五千条了。"

在波士顿的一个星期天，制作经理费利克斯·阿方索第一次了解到，身处名人身份中的蒂姆是多么不自在。在当晚的演出之前，他们决定去电影院看最新的《变形金刚》电影。

费利克斯注意到，当他们走向休息室时，蒂姆表现得不同以往。他有点不在谈话状态，盯着地面安静地走着。

"怎么了，兄弟，你还好吗？"

蒂姆从帽子下面探出头来。

"一切都很好。我只是感到担心。有这么多人，感觉每个人都在盯着我看。"

费利克斯怔住了，不知道该说什么。当然，也有人看到那是艾维奇——他穿的衣服和媒体照片上的一模一样，同样的"美国服饰"品牌的 T 恤，同样的格子衬衫和帽子。

"没有人会认出你的。"费利克斯试着说，"继续走吧，没事的，兄弟。"

在售票处，人们挤在一起。

此刻，蒂姆感觉胸部收紧，他的整个身体都紧绷着。他试图说服自己不会发生什么糟糕的事，他只是和朋友一起外出了几个小时而已。他试图把注意力放在平稳的深呼吸上。

但空气无法到达他的喉咙。空气太稀薄了，让人无法呼吸。他不得不坐下来。

"我想这是恐慌性焦虑。"他说。

佩尔·松丁在远处关注着浩室音乐在美国的兴起。《层次》改变了蒂姆的一切，正如在"油管"上看到的那样，在一家又一家的俱乐部里，快乐的人们随着合成器的旋律尖叫着。这位唱片公司主管从春天开始就一直在纠缠阿拉什·普诺里，想买下这首歌的发行权——在这位经纪人三十岁的生日聚会上，松丁甚至同意让一些滑稽戏舞女打他的屁股，试图赢得这场交易。

2011年初秋，他和阿拉什再次通了电话。阿拉什说，伦敦的维京百代公司也对这首歌感兴趣，而且这家参与竞争的唱片公司向他提出了一个令人无法拒绝的报价。

他们报价五十万欧元。

佩尔·松丁感到万分震惊。预付款大约五百万克朗？对一首歌曲来说，这是一个耸人听闻的金额，而且这个提议违背了行业的惯例。

唱片公司基本上是风险投资者。他们评估一个音乐人的潜力并进行投资，希望获得良好的回报。在瑞典，常见的预付款约为五十万克朗，这指的是整张专辑的费用。此外，唱片公司还会获得再发行两张专辑的优先权。即使首张专辑的表现不如预期，他们也会有很多年的时间将音乐人打造成明星。这次显然没有包括这样的选项。

佩尔·松丁意识到，在实践中，这意味着权力的完全转移。如此大额的预付款会迫使任何唱片公司为了收回投资而加倍努力工作，如果进展顺利，该公司将帮助艾维奇建立起品牌，下一首歌曲时其他人也可以争夺这个品牌。

他们很快就结束了通话，佩尔·松丁把电话狠狠地摔在桌子上。他坐在自己的行政办公室里，周围都是金唱片，他试着评估自己刚刚听到的内容。当然，这显然是围绕艾维奇展开的。为了蒂姆最新歌曲《隐没在黑暗中》（Fade into Darkness）的发行权，松丁已经支付了大约十万克朗，现在阿拉什想要五百万。哪有人会傻到在没有选择权的情况下就出价五百万？

同时，松丁知道伦敦维京百代公司的子厂牌中有个叫贾森·埃利斯（Jason Ellis）的人，他曾经签下了"瑞典浩室黑手党"组合。也许埃利斯在艾维奇身上看到了比瑞典三人组还要大的潜力？

"夜间"公司的办公室弥漫着强烈的兴奋感。事实上，阿拉什从没收到过他声称的那么高的报价，但这又有什么关系呢？他甚至不认为这是一个骗局。他可以得到这笔钱，理由是这个金额只是反映了他认为《层次》这首歌在欧洲的价值。

阿拉什站在斯蒂尔曼街的厨房里讲述着他的大胆举动。

"我用《层次》狠狠地逼迫别人，我是说狠狠地逼迫！我就像一个诈骗者。"他笑着说。

菲利普·霍尔姆发现这是在"夜间"工作时最令人振奋的感觉之一。没有人关心任何约束，因为他们之前都没有做过这样的事情。如果你不知道规则，一切做起来都会容易得多。

佩尔·松丁则继续苦恼着。现在，他已经向环球公司的同事们推销艾维奇好几个月了——这就是那个连唱片公司主管都会为之心动的音乐人。然后，突然间一切化为泡影。松丁感到羞愧又愤怒，他开始给欧洲各地的主管打电话，解释他已经输掉了这场交易。

令松丁惊讶的是，他在管理界的同僚们似乎已经准备好来拯救他了，尤其是比利时"老将"帕特里克·布斯克茨（Patrick Busschots），他说他们不能失去这位音乐人。看看现在美国的浩室现场发生了什么吧，那里真是火得冒泡！

阿拉什只给了松丁一个很短的期限来改变想法，所以环球公司很快就制订了一个解决方案，瑞典、德国、英国和美国公司将各承担《层次》这首歌四分之一的费用。

感到羞愧又松了一口气，环球公司确认他们可以赢得一个实际上并不存在的竞价。

阿拉什·普诺里已经将这个唱片公司巨头收入囊中，这正是他想要的。现在，不仅仅是佩尔·松丁和瑞典公司不得不努力工作以避免在这首歌上亏损，欧洲和美国的公司也是如此。如果他们无法兑现，阿拉什完全有权利带着下一首歌去找另一家公司。

处于困境的是唱片公司，而不是他。

菲利普·奥克松走在日落大道①的人行道上。

这个时候的交通很安静，在路灯的晕染下，弥漫着沙尘的秋日早晨将出租车的车顶染成了黄粉色。

他以"菲尔古德"的身份在海德日落餐厅（Hyde Sunset）的 DJ 表演台度过了一晚，这家餐厅镶嵌着华丽的木板，顾客散发着过于浓烈的香水味——典型的好莱坞场景。

奥克松搬到了洛杉矶，决心靠自己成为一名音乐家。几年前，迈阿密那一夜的混乱让他和蒂姆产生了第一个芥蒂。后来奥克松在法国喝醉，也使得情况没有好转——正确地说，他站在图卢兹某处的院子里，不知道要如何赶上早上的航班，他甚至不知道机场在哪里。

双人组"艾维奇和菲尔古德"已经死了，奥克松也乘飞机离开了斯德哥尔摩。他有人脉，擅长演奏贝斯和鼓，与蒂姆在一起的几年让他对制作音乐有了感觉——现在，美国将看到艾维奇阴影之外的"菲尔古德"。五年内，他将登上超世代音乐节的最大舞台，然后他会在好莱坞的山上购置一座三层豪宅，就是那些现在隐藏在他身后晨雾中的山坡上的房子。在那里，他将举办铁斯托级别的派对，女孩们来来往往，酒水横流——也许他最终会娶一个用硅胶隆胸的

---

① 日落大道（Sunset Boulevard），美国加利福尼亚州洛杉矶中西部的一条大道。

小妞。

但现实立刻把菲利普·奥克松的期望撞得粉碎。他在洛杉矶前三个月租的路虎揽胜汽车已经被收回了。他发布过的几首歌曲无人问津。他没有像自己预估的那样每月赚取十万克朗，而且目前打碟的收入只是预期的四分之一。在这座城市，他只是个无名小卒。

在艾维奇成功之后，2011 年秋天，同属斯德哥尔摩一代的另一群人出现了，而且他们发展迅猛。

奥托·耶特曼[①]也曾在东瑞尔高中就读，课间时分，他也曾坐在奥克松坐过的同一级石阶上。他将"奥托·诺尔斯"（Otto Knows）作为自己的艺名，以此制作了《百万个声音》（Million Voices）和其他几首歌曲，蒂姆已经在自己的节目中播放了。"瑞典浩室黑手党"创造了一个稳定的音乐家小团体，其中风头最劲的是艾利索[②]。这位来自斯德哥尔摩的二十岁年轻人在"瑞典浩室黑手党"的大型演出中获得了热身的机会，他的歌曲《召唤》（Calling）即将成为大热作品。AN21 是另一名越来越火的 DJ，他的真名叫安托万（Antoine），是"瑞典浩室黑手党"组合成员史蒂夫·安杰洛的弟弟。斯德哥尔摩双人组"达达生活"[③]以其喧闹的表演而闻名，他们向观众扔充气香蕉，还鼓励观众展开枕头大战。总之，到了 2011 年，瑞典人已经开始带头入侵美国，但绝对没有人谈论"菲尔古德"。

菲利普·奥克松踩着滑板从日落大道出发。像往常一样，在表演台上喝了一晚的免费酒水后，他很兴奋，急于想做些什么。他爬上一

[①] 奥托·耶特曼（Otto Jettman，1989— ），瑞典 DJ、唱片制作人和混音师。

[②] 艾利索（Alesso，1991— ），瑞典 DJ 和音乐制作人。2015 年，位列《DJ 杂志》百大 DJ 排行榜第十三名。

[③] "达达生活"（Dada Life），成立于 2006 年的瑞典 DJ 双人组。

堵小墙，想借此获得加速度跳上人行道，但从另一边摔了下来，直接从三米的高处掉到了灌木丛里。

第二天他去看医生，医生发现他扭伤了半月板，膝盖里充满了液体，疗养可能漫长而艰辛。

心灰意冷的奥克松拄着一根拐杖，带着一罐止痛药，一瘸一拐地走进了他那间简陋邋遢的公寓。

他从未见过这种药片。橙黄色罐子上的标签写着奥施康定（OxyContin）。他每天服用的剂量不能超过两片，需要持续服用五天，然后医生会评估愈合的情况。

菲利普·奥克松轻轻地坐在棕色沙发上，吞下一颗药片，他慢慢感觉到蝴蝶开始在自己的胃里飞舞。

它们轻柔地飞向他的腿和胳膊，带来一股几乎令人瘫痪的温暖。

奥施康定是一种相对较新的药物，在美国推出的时间刚刚超过十年。但是它的活性成分，也就是使药片令人舒适和危险的成分，则有更长的历史。

早在我们这个时代之前，人类就了解到可以将罂粟的种子压碎，将其粉末与水混合，形成一种对身体有镇静作用的溶液。这种混合物能够刺激大脑中对性、运动和笑声等事物有反应的相同受体，因而具有兴奋作用，可以放松肌肉、缓解疼痛。

19世纪初，一位德国药剂师分离出了罂粟种子中的活性成分，创造了一种强大的物质，并以希腊神话中的睡眠和梦境之神摩尔甫斯为其命名。吗啡在美国上层阶级中流行起来，医生会为有诸如痛经等常见问题的人开出这种强力止痛剂。但在美国内战之后，其弊端开始显现——当血液中的成分消耗完，数以万计的老兵在回家后会出现发烧和腹泻的症状。事实证明，戒断症状比这更广泛。在药效消失后，戒断的人很快会出现心悸、发冷、焦虑和恐惧之感。身体会渴望更多的药物，在最糟糕的情况下，可能会导致用药过量和死亡。

从那时起，除了那些刚做完手术、已经处于生命最后阶段或患有急性疼痛疾病的病人之外，医生们在给病人开吗啡方面一直有所限制。

人们对这类药物继续进行研究，目的是生产一种拥有镇痛的优点，但不会使病人陷入依赖和戒断状态的阿片类药物。

其中一个尝试是羟考酮。于是羟考酮开始被用于一系列药品，如扑热息痛（Percocet）和复方羟考酮（Percodan）。更多的非处方药物中混有五毫克的羟考酮，如对乙酰氨基酚或乙酰水杨酸。

奥施康定，也就是菲利普·奥克松带回家的药——过去十年在美国医生中越来越受欢迎——则完全是另一回事。

这种药的成分只含有羟考酮。最强烈的能含有一百六十毫克。尽管这些活性成分很强烈，但新药背后的公司普渡制药（Perdue Pharma）声称，其产品比竞争对手的产品更不容易上瘾，而且他们已经开发出一种独特的缓释配方，能延缓药物的效应。据说该配方具有两个革命性的特点：缓解疼痛的时效比以前更长，而且缓慢的起效会让药片成为乏味的麻醉剂。

普渡制药公司邀请医生们参加豪华旅行，而数百名销售人员则在医院巡回宣传这种药物的广泛用途。最重要的是，该公司将产品推销给美国的农村，那里的许多人在煤矿或汽车厂从事了几十年的体力劳动后都有慢性疼痛的问题。

最终，他们成功地改变了美国医生的态度——自千禧年以来，美国的阿片类药物处方数量已经翻了四倍。

房间的轮廓变得柔和起来，奥克松向后靠了靠，把腿搁在咖啡桌的一个盒子上。

愉悦的感觉温暖又轻柔。

别管钱了，也别管失败的 DJ 生涯了，一切都会好起来的。

不，会比这更好。一切都已经很好了。

电视上播放着昨晚的篮球比赛。菲利普·奥克松把头转向窗户，听着屏幕上激烈的比赛评论，什么都不去想了。

2011 年 11 月，在征服美国的过程中，蒂姆曾忙碌地辗转于新西兰、澳大利亚和亚洲。不到一个月的时间里，他在奥克兰、悉尼、珀斯、墨尔本、阿德莱德、布里斯班、北京、香港、新加坡、德里、浦那和孟买等地举行了二十三场演出。

在曼谷，他几乎崩溃了，早上拒绝离开酒店房间。巡演经理不得不给马尼拉一位恼怒的预定者打电话，将菲律宾的演出推迟了一天。

除夕夜，他在加拿大尼亚加拉大瀑布演出。在庆祝的午夜之前，他跑下舞台，急忙前往布法罗，乘飞机到新泽西，之后一辆汽车把他送到一架直升机上，再由直升机把他送到曼哈顿。到俱乐部的最后一段距离要坐的车停在人行道上，然后及时地把他送到目的地。在纽约的新年演出取得了成功，在烟火中表演的歌曲似乎永远不会结束。

现在，蒂姆斜躺在巴士后方的床上，车辆正向美国的下一个城市驶去。

巴士后方是一个私人房间，这里已经成为他和埃米莉·戈德伯格在漫长旅途中的庇护所。这个来自华盛顿特区的学生在秋季成了他的女朋友，每当埃米莉从学习中获得几天的自由，她就会加入这个巡演团队。在装饰有卡通狮子的床罩上，蒂姆为他和埃米莉搭建了一个可以相互依偎的靠垫棚屋。

他正在用电子邮件与父亲进行讨论。克拉斯·贝里林用收到的钱帮儿子在卡尔拉路买了一间阁楼公寓，离蒂姆长大的公寓只有一个街区之遥。房间布置已经被拆掉了，正在进行装修，父亲和儿子互相发送了木材和家电等物品的照片。蒂姆爱上了黑色的镶木地板，还认为橱柜的门应该与厨房台面上的石料相匹配。

与克拉斯谈论工作以外的事情是很轻松的。但是，和自己的父亲做同事并不完全是一件简单的事情。当克拉斯有压力时，他可能会变得神经质，写长长的电子邮件，内容涉及工资税、财务，以及记录支出与收入的重要性，而蒂姆认为这些内容一个比一个无聊。

"你真是小题大做，"蒂姆会尖酸地写道，"很显然我必须要更多地参与公司的工作，但我几乎什么都不懂，所以就算你给出解释，对我来说也还是很难。"

而关于哪个淋浴头最好看、他们的浴室会不会有磨砂玻璃的问题则更有趣，这些都是审美者蒂姆喜欢思考的事情。《DJ 杂志》刚刚把他选为全球最佳 DJ 第六位，他认为自己应该有一套公寓，一个可以回家休息的场所。

如果他真的可以回家。现在看来，情况并非如此。

自纽约的新年演出后，蒂姆的工作一直没停下：底特律、明尼阿波利斯、密尔沃基、匹兹堡、汉诺威、圣路易斯、堪萨斯城、博尔德、里诺，图森和菲尼克斯的演出则是在同一天，还有奥斯汀、圣安东尼奥、埃尔帕索、休斯敦、达拉斯……

这场被称为"给饥饿者的浩室"[①] 的巡演将持续到 2012 年 1 月。当然，这是阿拉什给出的概念。在"油管"上的一个宣传视频中，这位

---

① "给饥饿者的浩室"（House for Hunger），这个巡演名称也可翻译为"给饥饿者的房屋"，House 一词在此有双关含义。

经纪人解释说，二十六天内，艾维奇将在全美二十五个场地演出，他们不会保留任何收益。相反，他们与"喂养美国"（Feeding America）组织合作，该组织为无家可归者提供施食处和庇护所。

该慈善机构很快与其他目标结合起来。服装公司拉尔夫·劳伦（Ralph Lauren）提出希望在一个在线活动中使用蒂姆的一首歌曲。阿拉什立即了解到与世界上最大的时装公司之一合作的价值，并不遗余力地说服拉尔夫·劳伦公司，他们的合作范围应该比在线活动更大。浩室音乐是一场不断发展的青年运动——DJ 能为令人向往的客户群提供完美的曝光。

阿拉什谈成了与"丹宁和补给"（Denim & Supply）的合作，这是拉尔夫·劳伦公司新推出的波希米亚牛仔裤和预洗外衣系列。很快，他们就一起设计了一款胸针，同时它也是一个装满浩室音乐的 MP3 播放器。该系列将在梅西百货商店销售，宣传语是"醒目地戴上它——喂养世界"，广告中的细小文字写道，虽然购买并不会影响向慈善机构捐赠的金额，但佩戴这款胸针表明了你对饥饿者的关注。

这是慈善事业和商业的甜蜜结合。

"你们好，我是艾维奇，我的电台是 NRJ[①]。你们好，这里是 NRJ 的艾维奇。我是艾维奇，我所有的新歌都会第一时间传到 NRJ。"

蒂姆在旅行中也会为各类电台录制广告词。巡演经理马利克·阿杜尼正在处理各种"废话"——蒂姆将为铁斯托的播客录制生日贺词、为瑞典 P3 金奖[②]晚会做感谢演讲，以及很多的电子邮件采访。

---

① NRJ，一家总部位于法国巴黎的广播电台。
② P3 金奖（P3 Guld），由瑞典广播电台 P3 设立的独立音乐奖。

"嗨，这里是艾维奇，您正在收听的是 FG 电台 [1] 由塔拉·麦克唐纳 [2] 带来的《闭嘴，起舞》！我最喜欢的瑞典城市是斯德哥尔摩。我最喜欢的瑞典菜？我必须得说是瑞典肉丸。"

蒂姆没有告诉旅行的同伴，但他开始担心了。几个月前在波士顿的惊恐发作不知为何还与他如影随形。蒂姆越来越感到一种令人不快的烦躁不安在悄悄逼近他，就像他喝了八罐红牛，反应没有变得更敏锐，反而身体感到紧张且疲惫不堪。

有几次他哭了起来，却不明白为什么，泪水就是涌了出来。

两年多来，他一直持续生活在焦虑之中。六百多场演出，总是准备着继续前进，从来没有时间停下来看一眼周围的风景。收拾好帽子，新的俱乐部活动策划者要来敬酒，新的粉丝要自拍，还有采访要做。但蒂姆奋力向前，忍下泪水，想着这种紧急状态很快就会结束。

"我现在感觉每天都会晕倒，"他写给阿拉什·普诺里，"不仅仅是今天和这次巡演，而是从我第一次提出觉得透支了的时候……这种感觉挺频繁的，但我把不适都压了下去，一直不想把事情挑明，因为我对此无能为力。"

在加拿大边境的大学城罗切斯特，蒂姆忘了关酒店房间的门。在他打盹的时候，有人偷偷溜进来，偷走了他的行李箱。里面有他的电脑，仅这一点就是一场灾难——电脑里有新歌的草稿，还有在"唱片盒"软件中预设好的组件。

---

[1] FG 电台，始创于 1981 年的法国电子音乐电台，是法国第一家播放深浩室舞曲（Deep House）和电气浩室（Electro House）的广播电台。

[2] 塔拉·麦克唐纳（Tara McDonald，1976— ），英国创作歌手，舞曲广播节目《闭嘴，起舞》（*Shut Up and Dance*）的主持人。

但对蒂姆来说，最糟糕的是他丢失了红黄色的胶囊。很快，他们就将前往波多黎各，而他不知道该如何设法在那里获得更多的痤疮药物。

这个小偷原来是一名粉丝，他发邮件说他很乐意把电脑还给蒂姆，只要他能和偶像合影。制作经理费利克斯·阿方索在回复时假装自己是蒂姆，但来回折腾了很久之后，这个白痴就不再回复信息，而且消失得无影无踪了。人们到底出了什么问题？

第二天，当他们抵达奥兰多时，一群青少年正在抵达大厅等待着。他们跑上来围住蒂姆，又叫又嚷，最糟糕的是有一个人带来了一大摞照片，直到蒂姆在每张照片上都签了名才肯罢休。

费利克斯挤进人群，对着粉丝叫喊，让他们后退。当那个拿着照片的家伙开始嘲笑他们时，费利克斯推了推他的胸口，那人向后趔趄了一下。这个做法并不是很好，但粉丝的行为不应该有所节制吗？难道他们看不出蒂姆感觉很糟糕吗？

他们继续前往波多黎各。当蒂姆回到美国时，他终于再次获得了痤疮药物。

他已经好几天没有服用痤疮药物了，为了安全起见，他立刻服用了三天的剂量。

蒂姆打电话来时，埃米莉·戈德伯格刚从华盛顿特区的学校上完讲述文艺复兴时期艺术家的课。他躺在纽约苏豪区的一个酒店房间里，抱怨胃疼，感觉身体里的器官就像打了结一样，疼痛感向他的后背辐射开来。他问埃米莉是否知道美国有哪些止痛药是最好的，几个小时后他就要去罗得岛了，如果想要撑过当晚的演出，他就需要服用一些非常有效的药物。

埃米莉听得出蒂姆的痛苦越发严重。他说现在一直在疼，胃部上方是最疼的。

她让他把电话交给巡演团队的一位工作人员。

"蒂姆需要去医院，"埃米莉说，"他刚才对着电话大喊大叫！"

"我不能这么做，"电话那头的人说，"今晚他有一场演出。"

"我才不管呢！他是我的男朋友！"

埃米莉听到蒂姆拿起电话，开了免提，这样他也能听到。

"蒂姆，你躺在地板上，"她说，"会没事的。你要冷静地呼吸。"

过了一会儿，蒂姆没有再回答，他只是呜呜地呻吟着。埃米莉非常生气，她对着听筒嘶吼起来。

"叫救护车！就现在！"

当巡演经理马利克·阿杜尼到达曼哈顿下城的长老会医院时，蒂姆已经入院，并住进了单人病房——404-2。

马利克看着他二十二岁的雇主。蒂姆正戴着帽子，躺在病床上睡觉，身上挂着静脉注射器和一堆其他管子与设备，马利克并不清楚它们的用途。

毫无疑问，"给饥饿者的浩室"的最后几场演出无论如何都无法举行了。

想象一下，他们竟然会如此收场，情况已经发展到了这种地步。蒂姆一醒来就疼得龇牙咧嘴，医生给他注射了一种液体吗啡药物，以缓解他胃部的痉挛。他暂时不能吃固体食物，所以为了保持他的胃部功能运作正常，他吃了几片薄薄的冰块。

埃米莉·戈德伯格已经抵达纽约，她正在大厅里踱步，回复蒂姆母亲发来的表示担心的电子邮件。蒂姆的父亲每天都会打好几次电话，他忧心忡忡，坐立不安，想知道如果蒂姆回到瑞典接受治疗是不是会更好。

斯蒂尔曼街的公司员工认为他们有必要让观众了解最新情况，所以蒂姆在推特上发布了一张照片，他的左手腕上还挂着滴管。

"这是我过去三天待的地方。"他写道。在推特和脸书上，他都沐浴在粉丝们的关爱中。

早日康复，蒂姆！ ♥

保重，健康第一 :)

希望很快在特拉维夫见到你。

等你感觉好了再来宾夕法尼亚州吧！

照顾好自己。你的粉丝可以等待 ;)

我们爱你，早日康复，蒂姆。

疼痛反反复复。只要给蒂姆服用止痛药，他就感觉很好，但当麻醉剂的药效消失后，他的胃马上又会受到冲击。

奇怪的是，蒂姆看起来一点也不沮丧。

相反，他让费利克斯和埃米莉出去给他买了一台新电脑。即将在以色列、奥地利和意大利举行的演出被取消了，电子邮件的收件箱也稍稍安静了下来，他可以问心无愧地尝试暴雪娱乐公司的新游戏了。

差不多过了一个星期，埃米莉打开了挂在病房墙上的旧电视。那个星期天晚上，电视正在播放美国橄榄球联盟年度的最后一场比赛——超级碗。这场比赛是每年世界上最盛大的体育赛事之一，此刻正有一亿多美国人坐着观看纽约巨人队对阵新英格兰爱国者队的比赛。

让医院的这些人感兴趣的是另一件事。

在比赛的第一个广告休息时间，蒂姆对着身边的护士嘘了一声，所有人都转向了小屏幕。首先是几个汽车广告和一个软饮料广告，然后是他们翘首以待的广告。

梳妆整齐的上班族站在通风的房间里，参加一个安静的公司聚会。镜头转到摩天大楼的黑暗窗口，窗口处站着面带微笑的艾维奇，他的打碟机在播放《层次》。

一个月前，蒂姆为百威啤酒新的低卡路里啤酒拍摄了广告。这花了一整天的时间，他讨厌拍摄的每一分钟，但现在已经完成了。几乎没有什么能比这支广告产生更大的影响力——毕竟，全美有三分之一的人口都在观看这一节目。

之后，埃米莉爬上蒂姆那张窄窄的床，他们紧紧依偎在一起睡着了。当麻醉剂的药效消失后，蒂姆又在可怕的疼痛中醒来。

发件人：安琪·利登
收件人：埃米莉·戈德伯格
日期：2012 年 2 月 2 日

　　嗨，我收到了蒂姆的照片，还有你和蒂姆的照片，看到他还有你在身边，真是太好了。你知道他做了 X 光检查吗？发烧吗？他还好吗？也许你现在正在睡觉。你住在哪里？能待多久？我有很多问题……你们俩都要好好照顾自己，再亲亲他！

　　安琪

发件人：埃米莉·戈德伯格
收件人：安琪·利登
日期：2012 年 2 月 2 日

　　嗨，安琪。

　　蒂姆感觉好多了，精神也不错。昨天他们做了 CT 扫描，证实他有严重的胰腺炎症。医生说他至少应该再住院一两天。昨天他有一点发烧，但过了一会儿就退烧了。现在他感觉好多了，疼痛感也没那么厉害了。

　　我会及时告诉你最新情况。

　　埃米莉

安琪·利登在马尔默①漫无目的地走着。她近期正在市内的一家私人剧院参演一部关于一个芥末酱制造商和他私生子的滑稽戏，但当她的小蒂姆躺在世界另一端的病床上时，她不可能专注于舞台上搞笑的纠葛和误解。

这种让人感到不真实的处境已经延续了很长一段时间。曾经会拒绝离开自己房间的蒂姆，如今每晚都站在数以万计的新面孔前。高高在上，受人崇拜，并因此孤独。

蒂姆有时会在晚上打来电话，有点骄傲地讲述自己已经知道如何应对这些在明亮聚光灯下的时刻了。重要的是，不要与任何人对视。只需眺望一波又一波的人潮，目光向着尽头望去。而且要看起来很开心，经常露出笑容。当他跟着模拟歌唱并真正清晰地唱出歌词时，观众似乎很高兴。自拍、接受采访、与俱乐部老板共进晚餐，这些让人感觉很难受，但必须表现得友好且平易近人。这样，每个组织者都会想邀请他去餐厅，然后进行自己的小采访，以推广他们的俱乐部或庆祝活动。

安琪曾试图提醒他，可以对事情说"不"，下次有人走过来想拍照时，他可以说自己正在去参加一个重要会议的路上。当她在城市中被人认出来时，她就这么做过。

安琪走在人行道上，她想知道蒂姆在医院那边的情况如何。实际上，她只是想取消一切，打车去机场，然后坐飞机去纽约。但她的儿子并不希望如此。他觉得父母完全没有必要飞过来。他目前很好——他终于可以休息几天，也可能随时出院。

现在医生们知道了问题所在。诊断结果是胰腺发炎，用医学术语

---

① 马尔默（Malmö），瑞典南部省份斯科讷的首府，是瑞典的第三大城市。

来说，就是胰腺炎。

胰腺位于腹部上方，会分泌一种帮助身体分解食物的物质。大量和连续摄入酒精可能使它产生炎症，并导致有害的酶开始损害器官。此外，蒂姆的医生解释说，除了酒精外，他的痤疮药物可能也起了副作用。蒂姆在住院前摄入的三天剂量可能就是诱因。

为了使炎症有机会痊愈，蒂姆至少需要戒酒六个月，或者更久。如果现在他的胃不能恢复正常，可能就会造成永久性的损伤。如果是这样，蒂姆就有可能在慢性疼痛中度过余生。

安琪最后来到特里安格伦（Triangeln）购物中心的麦当劳，在高中生和婴儿车中间排队。在麦当劳点餐时，她听到了自己熟悉的钢琴声。这是蒂姆的新歌《隐没在黑暗中》，一首关于远离黑暗、奔向光明的歌曲。

"我儿子写了这首了不起的歌！"

这是安琪想在马尔默这个闷热的日子对整个餐厅、对休育儿假的母亲和流着鼻涕的蹒跚学步的孩子喊出的话。

"嘿，是不是让人难以置信？"

但她克制住了，安静地嚼着汉堡。她可以变得很焦虑，很情绪化，但她不想这样。不过令人欣慰的是，蒂姆在医院看起来还不错，而且埃米莉、费利克斯和马利克都在他身边。蒂姆的北美经纪人戴维·布雷迪（David Brady）也从多伦多赶到了那里。

医生给蒂姆开了一种止痛药。安琪并不确定那是什么药物，但有帮助总是好的。

在医院的日子是过去六年中我最不焦虑、最没有压力的时候，那是我真正的假期，尽管这听起来很令人沮丧。从极度疼痛到疼痛完全消失，知道其他人对你除了等待（这是治疗胰腺炎的唯一方法）不抱任何期望，然后康复，这是一种巨大的解脱。鉴于我在那之前疯狂的日程安排，这是一种极度的解脱。

"你爱我吗？"

"我告诉你，我爱你比你爱我要更多！"

"不可能。"

蒂姆躺在卡尔拉路大街公寓的黑色皮沙发上，给仍在美国的女友发短信。疼痛并不像在医院时那么严重，但依旧在持续。蒂姆一醒过来，他的胃就痉挛了。然后，疼痛就像他身体里无休止的隆隆声，只要他一动就会痛。

但能回到斯德哥尔摩的家真好。浴室需要贴瓷砖，新的厨房台面还没有到位。但不管怎样，克拉斯做得很好，旧阁楼的装修几乎完全是按照蒂姆的要求来做的。闪亮的黑色表面，具有极简主义的现代感。蒂姆想知道内置于墙面的酒柜是否是一个好主意。他还想要一个塑料壁炉，那种总是发着热光的壁炉。

他在沙发上休息，寻找他和埃米莉在圣巴泰勒米（Saint-Barthélemy）度假旅行期间可以租住的地方。在马尔默和奥斯陆的几场演出已经从日程表上划掉了，他终于可以离开几天，就只是躺在加勒比的海滩上晒晒太阳。

背景中的电视正在播放瑞典格莱美奖颁奖典礼，当年的瑞典最佳音乐人和制作人正在领奖。令唱片公司懊恼的是，蒂姆拒绝了参加颁奖典礼的机会，只是躺在家里看着自己被授予"年度音乐人"称号，而《层次》被评为了 2011 年最佳歌曲。

"我的甜心,"埃米莉·戈德伯格写道,"你赢了吗？？？"

"得了两个奖项,亲爱的。"蒂姆回答。

"我的宝贝是一个明星！！！你就像布拉德·皮特！"

蒂姆和他的父亲一起去斯德哥尔摩的一位医生那里进行后续的胃部检查,结果却不太令人振奋。他不能再吃像比萨和汉堡这样的食物了,油腻的食物会引发胃部炎症,而且还得戒酒几个月。为了减轻他的痛苦,医生给他开了更多的止痛药。

蒂姆思索着。他在纽约的医院得到的阿片类药物是羟考酮和扑热息痛的混合物,但这些新药片似乎只含有羟考酮。他想,它们只含有一种成分,这会不会使药效变弱？

他通过 WhatsApp 问埃米莉,但她也不太清楚。

"但是要小心,"女友写道,"那东西很容易上瘾。"

"不,亲爱的。"蒂姆回答。他描述了这种药物正在创造的奇迹——胃痉挛完全消失了,而且仿佛有蝴蝶飞过他的身体,让他感到舒适。

现在他没有什么需要做的,除了在加勒比找一个真正舒服的住所,还有和埃米莉聊天。

"我爱你,宝贝。"

"我非常爱你,宝贝。"

他意犹未尽地写下这些文字。

"我希望我们能永远在一起。"

过了一会儿,他的女友反应了过来。

"你不爱我,"她调侃道,"你只有在吃下药片,高兴起来的时候才会跟我说话。"

"我确实爱你。这些药片还没起作用。我的胃没那么疼了,吃药只是为了预防。”

"哈哈哈。亲爱的，上瘾的人才会这样说。"

"哈哈，我知道。但是，在这之后我不会再服用任何药片了。"

2012 年 5 月 19 日

蒂姆·贝里林
我需要更多的时间，这套组件还没有全部完成。
18:45 来接我。

费利克斯·阿方索
刚到这里。

我正准备进浴室。

没门儿。
现在我们必须走了。

不行。

伙计，19:45 我们有一个采访。
开车到那里要 40 分钟。

我想必须得推迟采访，这套组件还没完成，我很恐慌。
我在车里工作。

制作经理费利克斯·阿方索匆匆穿过标准酒店（The Standard）的大厅，乘电梯来到蒂姆的房间。四万五千人在新泽西州的一个场馆里等待着，雏菊电音嘉年华已经在这里拉开帷幕。

当费利克斯走到蒂姆的房间时，他知道将会看到什么。这一幕已经变得可以预测，真是太滑稽了。蒂姆就像一个早上拒绝穿靴子的四岁孩子。出于某种原因，他宁愿在一百个不同的网站上查看交通状况，而不是洗个澡，收拾好帽子，下楼到服务台。费利克斯一半的任务似乎变成了把蒂姆从套房里拽出来，尽管他会拖拖拉拉，玩些把戏。

费利克斯敲了敲上锁的门。蒂姆确实没有回应。

"来吧，蒂姆，我们不能继续这样做了，这不专业。我们必须在几分钟内离开！"

"现在是'蒂姆时间'吗？我正准备进淋浴间呢！"

"不，现在是正常时间。"

"五分钟，兄弟！"

"蒂姆时间"已经成为一个内部概念，一种滑动的尺度，这意味着十五分钟至少会是四十五分钟，四十五分钟在最坏的情况下可能意味着两个小时。

很难与蒂姆争论，因为愚蠢、固执的他是如此迷人。

"到那个地方需要四十分钟，"费利克斯试了试，"我之前告诉过你了。"

蒂姆从门的另一边以胜利的语气回答："我上网查了，只需要半个小时！"

蒂姆和埃米莉在加勒比待了一个星期。他们吃了美食，蒂姆尝试

137

了埃米莉的护肤品。几天后，他们找到了一个足够远的海滩，蒂姆可以安静地晒太阳。但即使是在假期，电子邮件的收件箱里也非常繁忙——意大利的一名活动筹办者需要预约一个新的日期，因为之前蒂姆生病而不得不取消了演出；还有一首伦尼·克拉维茨[①]的歌曲需要完成；斯蒂尔曼街的员工问，是否可以选择一些粉丝在演出前与蒂姆自拍，以及他是否能打印并签署一份文件，以便他们可以安排新的澳大利亚签证。

在那个短暂的假期之后，蒂姆在南非进行了很多场演出，然后又去了中国台湾、印度尼西亚和泰国，现在他们刚刚参加完一场在德国南部的音乐节。

在 2012 年春天和夏天美国的许多场演出中，蒂姆出现在一个约五米高的人头雕像中，这个头像是用白色硬塑料压制而成的。这个惊人的巨像顶部的头皮部分被挖空了，给蒂姆和他的设备留出了足够的空间。通过天花板上的电线，蒂姆能从巨人额头上的活动坡道出现在观众上方。来自下方的灯光营造出艾维奇飘浮在空中的错觉，当埃塔·詹姆斯唱出《层次》的副歌时，一张唱着歌的嘴被投射在头像上。

也许这样的制作升级是必要的。"瑞典浩室黑手党"组合已经证明了几个瑞典人就可以令麦迪逊广场花园演出的门票销售一空，把这座冰球场馆变成一个享乐主义的夜总会。他们的特效经理被称为"火人皮特"（Pyro Pete）并非徒有虚名——他掀起的火焰大到让站在离舞台最近的人很难睁开眼睛。其他表演者也尽其所能，让单一的 DJ 表演变成一场完整的体验。如今的表演中，"电子鼠"穿上了一件特殊服装，

---

① 伦尼·克拉维茨（Lenny Kravitz, 1964—　），美国创作歌手、唱片制作人、多重乐器演奏者。

可以读取他的身体动作，并让他身后屏幕上的发光骷髅跟着跳舞；长发飘飘的史蒂夫·青木①爬上舞台装置，将奶油蛋糕扔到欣喜若狂的观众的脸上，这些观众举着写有"用蛋糕砸我"的标语牌。这些都是蒂姆需要与之竞争的火爆盛况。

但是，艾维奇演出中的人头雕像需要四辆昂贵的卡车来运输，舞台工人要花半天的时间来安装，而且在技术上也很难管理。他们第一次使用这个装置是在科切拉音乐节②上，当时电脑出了故障，蒂姆不得不在一片漆黑中表演前几首歌。那简直是个该死的噩梦。

同时，他与拉尔夫·劳伦公司也有了更深入的合作。现在，不仅仅是蒂姆的音乐将出现在"丹宁和补给"商店里，他还将成为整个秋季系列的代言人。最近，他们拍摄了一部宣传片，穿着做旧的卡其短裤和流苏开衫的模特在长岛的一间仓库里跳舞，而蒂姆为他们演奏。蒂姆讨厌拍摄。清醒的观众身处这样一种人为环境中，每个人都知道他们正在拍摄，这让人感到别扭。

这位音乐人和他的经纪人发生了越来越多的争吵。有时，蒂姆感到在与决策脱节。最近，当阿拉什抱怨蒂姆在一次采访中忘记提到他时，蒂姆做出了回应：

我根本不喜欢做非现场的表演，已经多次被要求参与，只是因为我想让它成为我们的事情，而不仅仅是你的事情！有时我觉得自己太像个傀儡了，在某些事情上我确实是这样，但我不想让它成为我的形象，我

---

① 史蒂夫·青木（Steve Aoki，1977— ），日裔美国 DJ、唱片制作人。曾与蔡依林、艾佛杰克、莱德巴克·卢克、防弹少年团等艺人合作。
② 科切拉音乐节（Coachella Festival），每年在美国加利福尼亚州印第奥市的沙漠中举办的音乐盛会，是全球规模最大、最知名以及最盈利的音乐节。

担心自己会变成那种被铁拳统治的韩国男团成员。

　　巡演团队将在当年夏天乘坐私人飞机在演出之间往返，蒂姆选择了一架有十个座位的豪华塞斯纳飞机。飞机上会贴上两个标语：维奇航空（Air Vicii）和阿什联盟（Ash Alliance）。阿拉什还设计了一个新标志，现在它被印在了欧洲各地的演出海报上。像往常一样，上面写着艾维奇，但下面突然多了一句："艾维奇，'夜间'家族的一部分。"阿拉什经常想把自己的名字和他的名字并排放置，蒂姆已经悄悄对此感到恼火。比如，支付飞机费用的人是蒂姆，但为什么他的经纪人要把自己的名字放在那里？蒂姆觉得，他真的不遗余力地在各种场合强调阿拉什的重要性，在音乐方面，阿拉什是他最信任的人。但有时蒂姆感觉阿拉什觉得那些关注并不足够。

　　也可能是情况本身变得越来越复杂，越来越难以控制。数以百万计的人在整个行业中不停运作，而蒂姆只能在他的收件箱里管中窥豹。

　　在酒店房间之外发生了很多无法控制的事情。律师、顾问、媒体顾问、秋季系列、舞台搭建者、司机、飞行员、权利纠纷、协议和合同草案……一个人看不到另一个人在做什么，但最后这一切都落在蒂姆身上。就是这种感觉。他是那个必须表演的人，那个必须接受采访、录广告词、拍照、准备新演出、制作歌曲的人，以便让歌迷不断获得新鲜事物。

　　没有他，他们该怎么办？费利克斯·阿方索会上台吗？菲利普·霍尔姆会为秋季系列做模特吗？艾维奇的概念根本离不开蒂姆，现在依然如此。他并不是一个得意忘形的人，他也不希望出现这样的情况。

　　在镶着明亮木板、能俯瞰哈得孙河的酒店房间里，他掌控着一切。

　　费利克斯和其他人可以再等一等。

杰西·韦茨
你在干吗？

蒂姆·贝里林
生病了 :s

天哪！
难过。
感冒了吗？

不太清楚，现在有流感的症状。
精神上也感到非常疲惫。

你只是筋疲力尽了。
就算假期中你也在工作。
你需要休息。

我知道。
但今年的行程已经完全排满了。

141

夜总会之王杰西·韦茨站在瑞典王宫外瑟瑟发抖，他想知道当初自己为什么要来斯德哥尔摩。还有，这个国家到底是个什么地方？人们怎么能生活在一个夏天还没结束就开始下雨，并且如此严寒的地方？

　　自从蒂姆开始在位于拉斯维加斯的杰西的 XS 俱乐部演出以来，这位活动组织者和他的音乐人已经成了亲密的朋友。杰西在蒂姆生日时送给他的旧跑车是一辆 1965 年的福特雷鸟，他还带着蒂姆和埃米莉到拉斯维加斯的沙漠，用他的步枪和手枪玩射击。杰西和蒂姆现在会相当亲密地用短信聊天，讨论八卦和秘密，可现在蒂姆的行为让杰西既恼火又纳闷——他们决定共进午餐，但蒂姆没有出现。杰西去了斯蒂尔曼街的工作室，蒂姆坐在那里工作，杰西等着他完成工作。

　　当他们终于来到街上时，杰西看到蒂姆吞下去了什么。他们来到蒂姆位于卡尔拉路大街的公寓下面的一家餐厅，坐下来吃比萨，此时蒂姆的眼神已经变了。

　　杰西认出了自己父亲的眼神。在杰西十几岁时，有一天，父亲在工作的建筑工地撕裂了肩膀的肌腱，导致卧床不起。在近一年的时间里，他一直在手术和康复训练中挣扎，同时服用吗啡类止痛药。期间，父亲发现和他交往的女人对他不忠，于是关上卧室房门，拉下了窗帘。很快，止痛药就变得很昂贵，杰西的父亲改为服用与吗啡药片成分相似，并能提供相同止痛效果的其他药物。

　　因此，杰西学会了读懂这些小迹象，读懂他人目光中的变化，那种无精打采、心不在焉、满足的茫然状态。蒂姆似乎以同样的方式走神了，就算餐厅着火，他也不会在意。

　　"蒂姆，我注意到你有点不对劲。"杰西说，"没关系，但要试着从外面看自己。"

　　"这是什么意思？"

"想想看，一个一年赚几十万克朗的人有多么艰难，但一场演出你就能赚一百万。你的生活相当不错，试着接受这一点。"

"但是，杰西，你不明白。我才不管什么钱不钱的，我从来不在乎钱。"

"我不是这个意思。我说的是一种观点。有些人辛苦了一辈子，却连你现在拥有的一小部分都没有得到。别搞砸了。"

蒂姆显然不感兴趣，他用餐具刮着瓷盘，眼神空洞。

"我说了，我不在乎钱。"

几周后，蒂姆回到纽约。他要在洋基队[①]的主场为麦当娜热场。最新的时尚广告被张贴在曼哈顿周围的广告牌上，似乎是为了强调哪个DJ才是城市之王。蒂姆神情严肃地俯视着人群，他身穿红黑格纹的拉尔夫·劳伦衬衫，肩上靠着一位年轻女子。

蒂姆、埃米莉和制作经理费利克斯·阿方索离开肉库区[②]的酒店时，他们是从后面溜出去的，然而狗仔队摄影师在向南几个街区的苏豪区发现了他们。消息一传十，十传百，突然间，脖子上挂着相机的摄影师们骑着摩托车，在车流中咆哮而来。

镜头的咔嚓声让埃米莉·戈德伯格的脉搏加快了。在成为超级明星的女友近一年后，她变得越来越害羞了。几个月前，一个八卦网站发布了从她的脸书个人资料中提取的截图，证明她正在与艾维奇进行巡演。她感到自己越来越受到监视。在新泽西的一家俱乐部里，一个

---

① 洋基队（Yankees），美国职业棒球大联盟中的一支队伍，已有一百多年的历史，主场位于纽约布朗克斯区。

② 米特帕金区，又名肉库区（Meatpacking District），是位于美国纽约曼哈顿西部的一片区域。19 世纪后期，这里聚集了大量屠宰场和肉类加工厂，因此得名"肉库"。

嫉妒的女孩把她喝的蔓越莓汁直接倒在了埃米莉的身上。在她带水钻的亮蓝色裙装下，黏腻的糖液贴在她的背上，这是埃米莉最喜爱的衣服。

然而，与她的男友不得不忍受的情况相比，这根本不算什么。在成功的同时，网上评论的性质也发生了改变。推特上越来越多的人开始讨论蒂姆的穿着和外表。许多人把他比作年轻的莱昂纳多·迪卡普里奥 ①，或者写到他们愿意付出多少代价与他亲热。

但蒂姆关注的是其他评论。比如人们评论他的鼻子，那个从未与他有过良好关系的鼻子——他们正好击中了他的最痛处。

这个艾维奇是谁？为什么他这么丑？为什么大家对他如此痴迷？

@ 艾维奇 你今晚的表现令人难以置信，但你的痤疮真让人恶心。

我喜欢艾维奇和他的所有，但他看起来有点像猪。

艾维奇的 VIP？你得到的只是近距离看他那张丑脸 :/

蒂姆和其他人从摄影师们那里逃了出来，溜进克里斯托弗街的一家宠物店。制作经理立即知道了这是怎么回事。

"看在老天的分儿上，蒂姆，不要买狗。"费利克斯阴沉地说道。

蒂姆和埃米莉都没有听，而是有目的地在小狗们的围栏之间走来走去，每只小狗都比上一只更可爱。他们已经讨论了很久——狗会给他们的生活带来一种平静和正常的感觉。

---

① 莱昂纳多·迪卡普里奥（Leonardo DiCaprio，1974— ），绰号"小李子"，美国演员、电影制片人。代表作有《泰坦尼克号》《猫鼠游戏》《盗梦空间》《禁闭岛》等。

埃米莉发现了远处几个较小的笼子，里面装满了毛茸茸的毛球，毛发直直地长在它们的小身体上。

"哦，博美犬！"埃米莉叫道，然后把其中一只小狗抱在怀里。它很可爱，但野性十足，顽皮地不停吠叫着。当她转过身时，蒂姆站在对面，另一只小狗靠在他的胸前。这只小狗动也不动，也不叫唤，它抬头看着蒂姆，好像他是全世界唯一重要的人。

"你们会发现这是个坏主意，"费利克斯再次尝试着劝道，"你们每天都飞往不同的城市，你们不能买狗！"

蒂姆恳求地看着埃米莉。有一瞬间，她眼中的男友就像从外界看到的一样：一个二十三岁的人，一直被混乱、噪音和摄像机的声音包围。但仿佛被施了魔法，现在的他看上去很满足，很放松，眼神柔和。

"你想抱抱它吗？"蒂姆问道，他向埃米莉靠拢。她看着小狗的那双小眼睛，用手抚摸它白色的皮毛和漂亮的棕色小脑袋。

"哦，看看你们两个在一起，"蒂姆说，"多可爱！"

"是的，它就是我要的那只小狗。"埃米莉说。

我拖延事情的方式。

我需要人们用非常合乎逻辑且比较原始的方式向我解释，这样我才能真正理解这种行为的性质，以及它是如何伤害我的。"哎哟，疼。为什么我会痛苦？不舒服的感觉。未来的蒂姆将不得不面对痛苦。未来的蒂姆会比现在的蒂姆更好地处理痛苦，因为已经有够多更加强烈的痛苦需要处理了。"

2012 年 11 月，蒂姆回到了斯德哥尔摩。

沿着夏季游客漫步的瑟德马尔姆码头，每年这个时候，骑士湾①犹如镜面一般的暗色水面都闪着光泽，处于一片寂静之中。水岸边有一栋黄石建筑，以前这里是一家铸造厂，塞勒姆·法基尔在此租了一间工作室。

塞勒姆一上楼就看到了兴奋的蒂姆。他散发出一种活跃的气息，仿佛一个骄傲的孩子，想要炫耀自己发现的贝壳。

"来听听这个。"蒂姆说。他让塞勒姆播放了一首歌曲。

房间里充满了小号的爆裂声、手风琴声和拍手声。这首名叫《闲聊》（Little Talks）的歌由冰岛的"兽人"乐队②演唱，蒂姆和埃米莉已经连续听了几个星期。在最近的演出中，蒂姆一直在表演自己版本的这首歌曲——歌中激动人心的驱动力非常适合大场面。同时，这首歌明显是原声录制的，听起来像是水手们用木勺和锡盘演奏的乐曲，而大海在大帆船外汹涌翻滚。

蒂姆觉得，乡村气息的乐器和啦啦队充满力量的隆隆声混合在一起，让人难以抗拒。

---

① 骑士湾（Riddarfjärden），瑞典斯德哥尔摩市中心梅拉伦湖最东端的海湾。
② "兽人"乐队（Of Monsters and Men），成立于 2010 年的冰岛独立民谣和摇滚乐队。

"试试这样的风格应该很不错吧？"

房间里有一位塞勒姆·法基尔新认识的朋友，这个留着维京人金发的高个子家伙态度很友好。

和塞勒姆一样，文森特·庞塔雷（Vincent Pontare）从小就受到音乐的熏陶。在文森特的成长过程中，他的父亲罗杰·庞塔雷[①]是一位伟大的瑞典流行音乐明星，而他自己在很小的时候就开始在翁厄曼兰[②]森林里的旅店弹奏硬摇滚吉他。为了在嘻哈双人组"言语和文森特"（Verbal'N'Vincent）中成为一名说唱歌手追求音乐事业，文森特搬到了斯德哥尔摩，但在几次磕磕碰碰地尝试做独唱歌手之后，他反而在幕后找到了自己作为作曲家的位置——几年前，他与人合写了"瑞典浩室黑手党"组合引起轰动的大热作品《拯救世界》（Save the World）。

就是文森特·庞塔雷把自己的工作室租给了塞勒姆·法基尔，他们喜欢彼此的陪伴，并开始一起工作。

现在他们都看着这位兴奋的客人。

他们不太容易理解蒂姆想从这种冰岛的喧闹音乐中获得些什么，文森特认为这听起来像做作的效仿式乡村音乐。但他拿起吉他，开始循环弹奏。

蒂姆对更多乡村声景[③]的探索来得正是时候。当时，文森特和塞勒姆正与韦罗妮卡·马焦[④]合作，这位歌手已经成为瑞典最受欢迎的歌手之一。他们三人正在制作一张具有朦胧大气背景的专辑。塞勒姆哼唱着他刚刚为《整个房子》（Hela Huset）创作的一小段旋律，这是写给

① 罗杰·庞塔雷（Roger Pontare，1951— ），瑞典萨米族音乐人。
② 翁厄曼兰（Ångermanland），位于瑞典北部，诺尔兰地区的一个旧省。
③ 声景（Soundscape），指人、听觉、声音环境与社会之间的相互关系。
④ 韦罗妮卡·马焦（Veronica Maggio，1981— ），瑞典歌手和词曲作者。

马焦的一首歌曲。

蒂姆立刻喊了起来。

"对！就是这个！"

像上次蒂姆和塞勒姆一起工作时一样容易，他们用一个下午就写好了《剪影》。塞勒姆抛出鱼线，蒂姆立即知道该在何时咬住它。他凭直觉就能察觉到闪亮的瞬间，并在此基础上加以发展，这种能力令人震惊。

文森特·庞塔雷一边弹弄吉他，一边喃喃地唱起了歌。在他十几岁的大部分时间里，他一直坐在字典前研究英语的表达方式，为的是成为一名说唱歌手，这使他有了一种即兴创作词汇的本领。

"哔嗒，哔啵，嗒！"

"啊，就是这个！就是这个！"

蒂姆现在更加兴奋了，因为他找到了一个能形成单词的声音。

"天哪，兄弟！这很棒！"

他们继续工作，歌曲中的兄弟、忠诚、血缘关系有了模糊的概念。首先，这是他们在寻找的一种感觉，有时歌词会随之而来："嘿，姐妹，知道水很甘甜，但血浓于水。"水很甘甜，但血浓于水？你能用英语说吗？当你想到这一句时，它并没有实际意义，但管它呢——它很适合这段旋律。

文森特的吉他演奏和猛烈的低音鼓主导着前奏，接着，蒂姆创作了一个明显受到冰岛歌曲《闲聊》启发的高潮。在欢快的小号声中，《嘿，兄弟》（Hey Brother）的节奏喷薄而出，甚至可以看到眼前的这场演出飘起了彩色的纸屑雨。

"这肯定会一鸣惊人。"蒂姆喊道。

"保证会。"文森特笑着说。

蒂姆满怀着幸福感离开了这家旧铸造厂。他回到斯德哥尔摩的家中，几天后他将看到他最喜欢的喜剧演员瑞奇·热维斯在爱立信球形体育馆①的表演，现在他知道自己想在音乐上走哪条路了。

"民谣电子乐，兄弟。"他在给阿拉什的信中写道。然后他联系了父亲，宣告自己新的创作方向："我认为民谣和浩室音乐结合可以酷到极点！"

是时候向世界展示谁才是真正的顶尖人物了。

蒂姆和阿拉什已经达成一致，艾维奇不会成为一个只做单曲的浩室音乐人。

他将发行一张真正的专辑，一张完整的专辑。

因此，蒂姆和埃米莉坐上出租车，前往环球公司位于圣莫尼卡的主办公楼。蒂姆很紧张。他想，他即将见到的这个人可能会咄咄逼人、自以为是，他不太知道自己要对一个位高权重的美国唱片公司人员说些什么。阿拉什曾解释说，尼尔·雅各布森（Neil Jacobson）人不错，他是环球公司下属的新视镜唱片公司（Interscope）的最高决策人之一————一个有影响力的人物。

他担心的事成真了。尼尔·雅各布森是一个聒噪健谈的纽约人，他把蒂姆和埃米莉带到了他们在电影中看到的那种转角办公室，老板在这种房间的地毯上打高尔夫球，用免提电话做出改变人生的决定。雅各布森进一步提升了这种形式，因为除了推杆和高尔夫球之外，他还在门上装了一个篮球架。他穿着破旧的品牌牛仔裤和衬衫，现在正

---

① 爱立信球形体育馆（Globen Arena），位于瑞典斯德哥尔摩的球形建筑，可容纳 1.6 万人，也是瑞典国家男子冰球队的主场。为纪念艾维奇，该场馆已于 2021 年更名为艾维奇体育馆。

坐在椅子上，并立刻掌握了谈话的主导权。

雅各布森谈到了他已经开始使用的歌曲创作模式，他相信这种模式将有助于电子音乐成熟起来，并充分发挥其作为流行音乐的潜力。

过去，他从制作人那里收到一些用乐器演奏的歌曲，他为音乐人播放这些样本歌曲，然后问他们最想唱哪首。节奏一直是第一位的，旋律或歌词则是之后要考虑的问题。

但是，由于歌曲的制作——乐器的音色如何——受到时间限制，许多浩室歌曲很快就会过时。一首今年夏天还很酷的乐曲，到了第二年就会让人感到极其蹩脚。一些永恒的经典之作很少以这种方式制作。

"黑眼豆豆"的制作人威廉[①]向尼尔·雅各布森提出了如何改变流程的想法。三年前，当他们与大卫·库塔一起在全球卖出白金唱片时，雅各布森就曾是这个团队的传声筒，他看到了制作人的工作方式。威廉用他的吉他弹出这些歌曲的旋律。只有当基础到位后，他才将构思输入电脑，并开始为他精简的样本歌曲构建电子组件。可以说，他为自己的原声歌曲进行了混音。

蒂姆·贝里林饶有兴趣地听着。雅各布森用语言表达了他已经实施的工作理念。这正是与塞勒姆和文森特合作的乐趣所在——以旋律这歌曲跳动的心脏为核心。

这正是他想要的工作方式。

雅各布森现在甚至要求任何与他联系的写歌者将节奏乐器从草稿中完全删除。这样一来，无论他们后期选择如何制作，歌曲都会很流畅。他的电脑里装满了这样的样本歌曲，他称之为"倒播歌曲"。

[①] 威廉（will.i.am，1975— ），原名威廉·詹姆斯·亚当斯，美国说唱歌手、词曲作者和音乐制作人，"黑眼豆豆"的创办者和现任成员之一。

"想想在好莱坞是如何运作的。"他说，"在做出任何其他决定之前，都要花费数百万美元写好剧本，因为没有一个好的剧本，无论你事后想出多少办法，都不会有一部好的电影。"

雅各布森注意到，作为电影爱好者的蒂姆·贝里林喜欢这个比喻。

"你是导演，但我们必须小心我们选择的剧本。"

蒂姆已经知道自己想和谁来尝试这个方式。

"我想和保罗·西蒙①合作，"他说，"还有史蒂维·旺德②。"

他们分开后，尼尔·雅各布森试图消化蒂姆究竟说了些什么。如今，雅各布森已经在这个行业工作了很长时间，但合作伙伴的建议还是让他相当震惊。

到目前为止，欧洲浩室音乐在其框架内发展得相当不错："瑞典浩室黑手党"组合与法瑞尔·威廉姆斯合作，卡尔文·哈里斯与蕾哈娜合作，大卫·库塔与"黑眼豆豆"合作。当然，这些合作跨越了不言而喻的界限——从俱乐部到华而不实的流行世界，从欧洲到美国——但它们仍然是当代同行之间的联结。

蒂姆喜欢像保罗·西蒙这样的音乐家，后者可是 20 世纪 60 年代创作出精妙民谣的传奇人物。西蒙知道什么是浩室音乐吗？

蒂姆提出的其他要求也并不容易。

米克·贾格尔③已经拒绝了，范·莫里森④的代表在答复中含糊其

---

① 保罗·西蒙（Paul Simon，1941— ），美国流行音乐歌手，20 世纪 60 年代著名的民谣双人组"西蒙与加芬克尔"（Simon & Garfunkel）的成员之一。

② 史蒂维·旺德（Stevie Wonder，1950— ），美国歌手、词曲作者、音乐制作人、社会活动家，获得过二十五座格莱美奖和一座奥斯卡最佳原创歌曲奖，被视为音乐界的先驱。

③ 米克·贾格尔（Mick Jagger，1943— ），英国摇滚歌手，"滚石"乐队（The Rolling Stones）的主唱。

④ 范·莫里森（Van Morrison，1945— ），英国北爱尔兰的词曲作者、歌手，多重乐器演奏者。

词，给出了一半的可能性。雅各布森还没有设法去联系硬摇滚乐队"枪炮与玫瑰"①的吉他手斯莱史（Slash），也没有去联系史蒂维·旺德和斯汀②。

这并不是特别难以理解。此刻，艾维奇无疑正处于美妙的上升期——他与荷兰制作人尼基·罗梅罗合作的歌曲《我能成为那个人》（I Could Be the One）刚刚登上了英国单曲榜的第一名。但是，像约翰·福格蒂③这样的摇滚老将为什么要在乎呢？对于这些心满意足的人来说，他们的事业高潮已是二十多年前的事了，艾维奇充其量只是一个发行过夏季热门单曲的默默无闻的瑞典人而已。

因此，在贝莱尔乡村俱乐部高尔夫球场的第十四洞，尼尔·雅各布森的经历可以说是一场纯粹的偶遇。他当天的队友是一位来自得克萨斯州的七十岁老人，是雅各布森年轻时的偶像。在20世纪60年代末，马克·戴维斯④曾帮助埃尔维斯·普雷斯利⑤重振事业，为这位明星写了《少一点对话》（A Little Less Conversation）和《在贫民区》（In the Ghetto）这两首歌。此后，作为乡村音乐家的戴维斯有了自己的事业，成了电影明星，还参演过百老汇音乐剧。他写的都是关于爱情和分手的低调歌词，尼尔·雅各布森认为，马克·戴维斯除了具有以他的年龄来说令人印象深刻的短杆球技外，他还是美国伟大的词曲作者之一。

① "枪炮与玫瑰"乐队（Guns N' Roses），成立于1985年的美国硬摇滚乐队，具有"世界摇滚巨星"的地位。
② 斯汀（Sting，1951—），英国音乐家、歌手，英国摇滚乐队"警察"（The Police）的主唱和贝斯手。
③ 约翰·福格蒂（John Fogerty，1945—），美国音乐家、歌手。美国摇滚乐队"克里登斯清水复兴合唱团"（Creedence Clearwater Revival）的创始成员之一，担任该乐队的主唱、主音吉他手和主要词曲作者。
④ 马克·戴维斯（Mac Davis，1942—2020），美国乡村音乐歌手、词曲作者和演员。
⑤ 埃尔维斯·普雷斯利（Elvis Presley，1935—1977），即"猫王"，美国摇滚乐歌手、音乐家、演员，被视为20世纪最重要、最具标志性的文化人物之一。

"顺便问一下，马克，"雅各布森在开球前说，"你想为艾维奇写歌吗？"

"我不明白。他是谁？"

"一个做电音的年轻小伙子。"

马克·戴维斯难以置信地看着他的年轻朋友。戴维斯是一名吟游诗人，一位讲故事的人，一个可以花几天时间在韵文中寻找正确节奏的人。他的儿子们确实喜欢那种火爆的舞曲，但似乎完全不关心歌词。

"不过你听我说，"雅各布森说，"这个二十三岁的家伙去年赚了数百万美元，令人不可思议。"

"好吧，"马克·戴维斯笑了起来，"为什么不呢？"

环球公司在圣莫尼卡有自己的录音室。在尼尔·雅各布森的带领下，他们来到一个光线昏暗的房间，里面有一对深色的皮沙发。地板上铺着厚厚的波斯地毯，靠着一面墙的是德瑞博士[①]用来完成《慢性病》(*The Chronic*) 的混音台，这是有史以来最伟大的嘻哈唱片之一。

雅各布森介绍了老将和新人，然后马克·戴维斯拿起他的深棕色吉他，唱起了《黑与蓝》(Black and Blue)，这是他之前的一个音乐小品，讲述的是一个男人在酒店房间里宿醉醒来的心碎故事。

蒂姆·贝里林欣然听着。近年来，他收到了太多的歌词建议，其中充满了胸部、臀部和脱衣舞者。而这次则完全不同。这个故事是关于爱情和欲望的，但它具有苦乐参半的现实主义色彩。

马克·戴维斯继续唱着。他把下一个样本歌曲降低了一个音调，

---

① 德瑞博士（Dr. Dre, 1965— ），美国说唱歌手、音乐制作人，西海岸嘻哈的代表人物。他发掘和培养了图派克·夏库尔、史努比狗狗、埃米纳姆等嘻哈歌手，是嘻哈音乐界最成功、最知名、最具影响力的制作人之一。

从 D 调到 C 调，以便能更快地演奏旋律，并逐渐向更高的音调进发。他已经意识到了这种类型的音乐该有的样子。

他现在唱的这首民谣叫《迷恋你》（Addicted to You），讲述的也是一个爱情故事，一个关于几乎被激情蒙蔽之人的故事。

蒂姆将吉他声输入他的电脑，戴上耳机。他现在正快速地工作着，手指在键盘上飞舞。马克·戴维斯坐在蒂姆的身后，看着他的脸映在屏幕的蓝光里。

二十分钟后，这个瑞典人摘下耳机，转过身来。

"你觉得怎么样？"

从扬声器里传出了如同整个管弦乐队一样宏大的乐曲。

甚至连埃尔维斯·普雷斯利都无法让马克·戴维斯如此着迷。

蒂姆和埃米莉在鸟街（The Bird Streets）租了一套房子，那里是好莱坞陡峭的山区，所有的街道都以小鸟命名：夜莺、鸫鸟、黄鹂、云雀和燕子。

这里与喧嚣的日落大道只相隔几分钟的路程，却是一个完全不同的世界。这里的街区是封闭式的，土地隐藏在桉树和树篱后面。但是，如果你走进其中的一间屋子，整个洛杉矶就会展现在你的眼前。

这真是棒极了。

他们所租的别墅的主人是卡梅伦（Cameron）和泰勒·温克艾沃斯（Tyler Winklevoss），这对双胞胎早期曾与脸书创始人马克·扎克伯格合作，但后来被耍得团团转。至少，在蒂姆看过的关于这场戏剧性事件的电影中，故事就是如此。这对双胞胎是蒂姆的粉丝，曾向蒂姆请教作为 DJ 的艺术。

现在蒂姆坐在沙发上，"熊仔"蜷缩在他的身旁。他已经非常依恋这只狗了，当他在家时，他与这只小狗形影不离。

蒂姆给文森特·庞塔雷写了一封电子邮件。"刚刚和马克·戴维斯创作了这首歌，"他这样写道，并附上了关于酒店房间里那个宿醉男人的歌曲，"我立马想到了我们曾坐在一起试图想出歌词之类的画面，这家伙真是一个天才作词人！"

从工作上来说，身在洛杉矶是一种享受。大家都在这里，刚认识的尼尔·雅各布森已经安排了与童年偶像——"林肯公园"乐队①的迈克·信田（Mike Shinoda）——的会面，而阿拉什安排了迪斯科英雄人物尼莱·罗杰斯②参与到录音环节。虽然大多数老一代摇滚传奇人物似乎都在说"不"，但事情正在向前发展。

这正是蒂姆想做的事——与其他才华横溢者同在一个屋檐下，在这一刻获得想法和能量。

"在洛杉矶简直太棒了！"他对文森特总结道，"有这么多的天才人物，每天在工作室待十二个小时左右！如果你也在这里，那就太有趣了——我们可以做一些稀奇古怪的东西！"

尼尔·雅各布森的另一位高尔夫球友是迈克·艾因齐格（Mike Einziger），三十六岁的他是"梦魇"乐队（Incubus）的吉他手。在千禧年前后，这支摇滚乐队以加州朋克与金属、放克混合的风格大放异彩。就像赤膊和穿孔的同代人，如"科恩"乐队③、"活结"乐队④和"软饼干"

---

① "林肯公园"乐队（Linkin Park），成立于1996年的美国摇滚乐队，他们的音乐融合了重金属、嘻哈、电子等多种风格。

② 尼莱·罗杰斯（Nile Rodgers，1952— ），美国吉他手、歌手、作曲家、唱片制作人，曾获得格莱美终身成就奖。

③ "科恩"乐队（Korn），成立于1993年的美国重金属乐队。

④ "活结"乐队（Slipknot），成立于1995年的美国重金属乐队。

乐队①一样，"梦魇"乐队已经成为青少年们的最爱，他们的音乐并不总是容易归类，但浩室音乐人可能是迈克·艾因齐格最后一个身份。

不过，当雅各布森问起合作时，他还是立即答应了。新的创作方法总是值得一试。

蒂姆乘坐"优步"（Uber）来到这位吉他手位于马利布的豪宅，让他感到震惊的是，竟然有人能在自己家里拥有如此完整的工作室。混音台、键盘、吉他，所有可能需要的东西都在那里。但艾因齐格不是家中唯一的音乐家，他的未婚妻安·玛丽·卡尔霍恩②是一位著名的小提琴家，她在弗吉尼亚州的农村长大时，曾在家庭的乡村乐队中演奏小提琴和班卓琴。恰好一个月后，即2013年2月，这对夫妇要在一个庆祝蓝草音乐（Bluegrass）的晚会上表演——蓝草音乐是美国布鲁斯和爱尔兰小提琴结合而成的一种民间音乐。艾因齐格当时正在排练《早餐前的威士忌》（Whiskey Before Breakfast）和《对地速度》（Groundspeed）等传统歌曲，并已经意识到这种音乐是多么具有挑战性。不同于他所习惯的演奏方式，蓝草音乐要求乐手对琴弦的弹拨快速又利落。

吉他没弹多久，蒂姆就捕捉到了一个他喜欢的和弦进行。

"哦！继续弹！"

然后，这些模块在蒂姆的电脑上跳起舞来。艾因齐格首先想知道这位客人在不同的部分添加一种特殊的号叫式合成器音效是怎么回事，它听起来一点也不优雅，而且粗哑刺耳，令人厌烦。

蒂姆解释说，他是在画出旋律的位置。艾因齐格从未见过这样的事情。他们乐队在写歌时，歌唱本身总是比实际的旋律更松散——主

---

① "软饼干"乐队（Limp Bizkit），成立于1994年的美国新金属、说唱摇滚乐队。

② 安·玛丽·卡尔霍恩（Ann Marie Calhoun，1979— ），美国小提琴家，曾与德国电影配乐作曲家汉斯·季默合作过许多电影配乐。

唱只对旋律有一个粗略的想法，然后进入录音室做出自己的解释。

蒂姆则更加精确，希望每个八分音符都能在草稿中确定下来。仿佛他能在脑海中看到整首歌，只需为自己画出来就行了。

几天前，蒂姆第一次见到了埃洛·布莱克①，这位歌手曾是洛杉矶另类嘻哈界的一员，他因歌曲《我需要一美元》（I Need a Dollar）而小有名气，这首歌曾是一部电视剧的主题曲。蒂姆认为埃洛·布莱克忧郁的嗓音能给这首歌增添一抹灵魂，于是向他伸出了橄榄枝。

埃洛随即开着自己的车来到海边。他是有备而来的，带着最近在飞机上潦草写下的完整的歌词大纲。他们一起找出了一些特别优美的段落，在此基础上进行创作：

所以当一切结束时请唤醒我

当我更加睿智，年纪渐长以后

一直以来我都在寻找自我

殊不知已经迷失方向

蒂姆用手示意他想让埃洛如何演绎这首歌曲。他的手指上下指着，直至完美。这真的很有趣：一个金属吉他手和一个灵魂歌手一起创作蓝草音乐，而一个浩室音乐制作人准确地告知这个灵魂歌手该如何唱歌。

午夜时分，也就是他们见面八个小时后，蒂姆离开马利布，回到家中的埃米莉和宠物狗身边。在途中的出租车上，他把电脑放在腿上，不停工作，他已经知道《唤醒我》（Wake Me Up）将成为风靡全球的热门歌曲。这一点毋庸置疑。

---

① 埃洛·布莱克（Aloe Blacc，1979— ），美国说唱歌手、音乐制作人。

《嘿，兄弟》这首歌则在很长一段时间内缺少一个歌手，但尼尔·雅各布森的同事尼克·格罗夫（Nick Groff）意外找到了能唱好这首歌的人。为了在电脑上找到蒂姆的样本歌曲，他输入关键词"兄弟"，然后跳出了喜剧电影《逃狱三王》的原声带。一般人都不知道音乐家丹·蒂明斯基[①]，但许多人认得他的声音——正是他在影片中为乔治·克鲁尼的角色配音演唱了《我是一个不断悲伤的人》（I'm a Man of Constant Sorrow），这首歌在美国电台大受欢迎。丹·蒂明斯基是一位备受尊敬的蓝草音乐人，他那浑厚的男高音很适合蒂姆的歌曲。

蒂姆开始意识到，也许他不需要那些大牌明星——到目前为止，那些不常见的名字，那些你必须在这个行业中才会知道的音乐人，甚至更令人震惊和兴奋。

在一个不安的夜晚，他随意地给尼尔·雅各布森发了一封电子邮件。

"你认为今晚会有人来录音吗？"

雅各布森的同事尼克·格罗夫想到了他几年前认识的一位来自俄克拉何马州的歌手。她一直在表演她的最新歌曲——由节奏强烈的爵士管弦乐队伴奏的民歌，这些歌曲对广播几乎没有意义，但她温暖的嗓音留在了听众的记忆中。

唱片公司打来电话时，奥德拉·梅[②]正在车上，准备去机场接她的妹妹。这通电话听起来太奇怪也太有趣了，让人无法忽视——和一个瑞典 DJ 一起创作舞曲？现在，马上？

当奥德拉来到圣莫尼卡时，她和这个嚼着烟草的瑞典人开始谈论

---

① 丹·蒂明斯基（Dan Tyminski, 1967—），美国蓝草音乐作曲家、歌唱家和乐器演奏家。
② 奥德拉·梅（Audra Mae, 1984—），美国歌手、词曲作者。

布鲁斯音乐。奥德拉·梅沉浸在她刚刚看过的一部关于神秘歌手罗伯特·约翰逊①的纪录片中。据说，为了把吉他弹得比别人更出色，他把自己的灵魂卖给了魔鬼。当奥德拉勾勒出关于约翰逊的命运之约的歌词时，蒂姆开始在《五拍》（Take Five）的基础上创作歌曲，这首爵士乐曲在1959年诞生时曾引起轰动，因为它的节奏特别复杂。这是他父亲的最爱之一。

"我们应该让人吹小号或萨克斯风，"蒂姆说，"我问问雅各布森能不能找到人。"

"我们可以试试吹口哨吗？"奥德拉问道，她斜坐在工作室的棕色皮革沙发上，"或者，我带了一个卡祖笛，如果你想试试。"

奥德拉·梅从她的手提包里拿出一件管乐器。它看起来像一支非常小的笛子，适合放在她的手掌心里。当蒂姆听到奥德拉吹气时发出的鼻音时，他笑了起来。为什么不试试呢？这个质朴的乐器有一些诱人之处，感觉像深夜里的篝火。

《漫长的地狱之路》（Long Road to Hell）是蒂姆和奥德拉合作的第一首歌，但并非仅此一首。蒂姆请奥德拉演唱马克·戴维斯的《迷恋你》，他觉得她的声音正是自己一直在寻找的。阿黛尔的声音可能是直接的参照，这是让蒂姆感兴趣的根本原因。在他看来，奥德拉具有尼娜·西蒙娜或埃塔·詹姆斯的咬字能力和爆发力，这些声音在他童年时曾回响在利涅街上。

"听听她的声音，兄弟。"他给阿拉什写信道，"她的声音肯定会让你起鸡皮疙瘩。听听第二段副歌，简直让人惊叹。"

---

① 罗伯特·约翰逊（Robert Johnson，1911—1938），美国布鲁斯吉他手、词曲作者。在2003年《滚石》杂志的"有史以来最伟大的百位吉他手"名单中位列第五。

2013 年 1 月 9 日

埃米莉 · 戈德伯格
我明天可能要回家了。

蒂姆 · 贝里林
: (

亲爱的，自从我们那次谈话之后，我注意到你是多么冷淡，你真的很累，百分之百的注意力都在工作室上，你在或不在那里都一样。当我注意到你对我不感兴趣时，我觉得和你在一起很痛苦。

我是这样的。

我打算让工作室成为你百分之百的焦点，但我没打算让自己失去对你的吸引力。

现在我无法谈论这件事儿。

事实上，周围的环境没有任何问题。埃米莉喜欢塔纳格路[①]的凉爽和阴凉。这里有许多房间，天花板很高。最棒的是两间厕所由一个长条形的共享浴室连接在一起——在旅游大巴和酒店房间里待了那么多个月之后，终于可以有一些私人空间和神秘感了。

但在 2013 年年初的冬天，埃米莉·戈德伯格的感觉并不好。她开始觉得自己是在为艾维奇工作，而不是蒂姆的女友。当斯德哥尔摩那边的人找不到蒂姆时——他们现在很少能找到他——他们就追着她发电子邮件、短信和打电话，埃米莉根本无法处理。在如潮水般的工作事项中，什么是重要的，什么是可以选择不做的，她该如何判断？在蒂姆的世界里，一切都让人感到无比重要。

而当她的男友正在制作个人首张重磅专辑时，可以说她已经变得无关紧要了。

蒂姆整天都在工作室，很少在凌晨三点前回家。他在午后醒来，然后立即坐上"优步"回到圣莫尼卡。

他服用了越来越多的药片。显然，他对一年前开始服用的药物的耐受程度很快就提高了。现在，蒂姆需要服用更多的药片，以达到和从前一样的缓解疼痛的效果。

这似乎是他为了减轻痛苦所需要的。

除了这张专辑外，蒂姆还将在 2013 年春天与瑞典移动通信公司爱立信进行宣传合作。他先写了一个简短的和弦进行，之后的想法是让世界各地的歌迷发来低音声部、鼓乐和效果，然后将这些内容拼凑成

---

① 塔纳格路（Tanager Way），美国加利福尼亚州洛杉矶的一条街道，沿街坐落着许多豪华别墅。

一首歌曲——爱立信公司想证明他们的基础设施可以让整个世界连接起来，"夜间"将出现在成千上万人的社交媒体上：为我的鼓乐、我的间奏、我的效果投票！

埃米莉现在已经了解了蒂姆的模式。当被问及时，他几乎都会认为这样的工作事项没有问题——他也希望自己的音乐尽可能地得到广泛传播。任务往往安排在未来六个月左右，而且目前任务还比较抽象，让他可以接受。

不过到了后来需要真正执行的时候，事情就变得愈加困难了。它们离蒂姆越近，所要做的工作内容也就越多，直到连基本的事项似乎都难以应付——一封电子邮件竟然无法回复，一通电话成了世界上最高的山峰。

与爱立信公司合作对他来说似乎就是这种感觉。两位可怜的瑞典广告商为了制作一部关于这个项目的影片飞到洛杉矶——他们想在工作室与蒂姆一起工作，并做一些简短的采访。但蒂姆就像躲避瘟疫一样避开了他们。

埃米莉·戈德伯格越来越多地感觉自己也成了男友的负担，是他需要在必做事项清单上打钩的项目。他们再也不一起吃饭了。如果蒂姆吃了什么东西，那也是墨西哥玉米卷或比萨，正是医生建议不要吃的东西，然后他又坐回到电脑前。

尽管专辑方面的工作很密集，巡演也仍将继续。2013 年 2 月中旬，蒂姆飞往阿根廷，那里超世代音乐节的规模已经扩大了。

这段时间，巡演团队补充了几位关键人员。

新雇员之一是哈里·伯德（Harry Bird），这个年轻的英国人曾是"瑞典浩室黑手党"组合大部分视觉表达的幕后推手。他的公司"漫画"

（Comix）制作了能唤起观众情感的影视短片，可以让观众更深刻且强烈地感受艾维奇的歌曲。现在，蒂姆身后的巨大屏幕上滚动播放着动画火苗、闪烁的网格和蜿蜒的隧道。哈里站在所谓的"前厅"，这是一个位于观众席中间的封闭区域，声音就是从这里发出来的，他实时地将蒂姆表演的歌曲与他的各种影片剪辑匹配在一起。

随行的还有新的制作经理查利·阿尔维斯（Charlie Alves），他来自芝加哥，是一个直率的大块头男人，曾与表演团体"蓝人"乐团①和低吟歌手迈克尔·布雷②一起巡演。他在巨大的灯光设备和舞台布景中跑来跑去，对着耳机大喊大叫，确保制作中的每个人都行动一致。

他们都是受人欢迎的新成员——蒂姆和哈里·伯德很快了解到他们都喜欢《办公室笑云》，并借用电视剧中瑞奇·热维斯的嚣张老板的面部表情开发出了一种秘密语言。查利的绰号是"比尔科中士"（Sergeant Bilko），取自90年代同名电影③中那个健谈的军官。

现在，四万南美人站在布宜诺斯艾利斯海港区等待着艾维奇，期待一场爆炸性的舞台表演，与台上的明星一起燃烧自己。

当蒂姆走下舞台时，他浑身大汗淋漓，肾上腺素冲击着他的耳膜。独自站在这么多人面前的紧张感让人无法适应。当他们回到酒店时，他转向制作经理查利·阿尔维斯。

"我不想睡觉。"

"好吧，那你想做什么？"

---

① "蓝人"乐团（Blue Man Group），成立于1987年的美国表演团体，三位成员在表演时戴着蓝色的塑胶头套，穿着黑衣，他们并不会开口唱歌，而是以肢体表演为主，运用各种不同物品作为打击乐的材料，演奏出意想不到的音效。

② 迈克尔·布雷（Michael Bublé，1975— ），加拿大流行爵士乐歌手、影视演员。

③ 指《鬼头大兵》（*Sgt.Bilko*），于1996年上映的美国军事喜剧电影。

"到你的房间去，然后咱们清空迷你酒吧。"

蒂姆把医生的警告抛诸脑后。当然，他喝酒时胃痛又会悄然而至，但那又如何？他已经二十三岁了，如果不是在四万人面前演出之后，他还能在什么时候被允许放松一下呢？

当太阳从布宜诺斯艾利斯上空升起时，他们坐在查利房间的阳台上，打开小瓶烈酒和葡萄酒，谈论着生命和宇宙。当迷你酒吧空空如也时，他们开了香槟，八个小时后，街道上传来了午餐高峰的声响。

然后他们去了西班牙。在一个电信行业的展会上，蒂姆将展示和粉丝一起制作的歌曲。菲利普·霍尔姆和马库斯·林德格伦整晚都坐在斯蒂尔曼街，听一万三千个参与这次活动的音频，这些音频的低音声部一个比一个差劲。由于这些组件都是独立的，事实证明，简直无法想象将拼图碎片合在一起会是什么样子，最后还是由蒂姆把所有东西拼贴在一起，成为一首合理的歌曲。总之，歌曲的名字就叫《艾维奇与你》(Avicii X You)。

在巴塞罗那西装革履的人士面前，蒂姆接受了爱立信公司首席执行官汉斯·韦斯特贝里 (Hans Vestberg) 的采访，之后他们与阿拉什、环球公司的佩尔·松丁和爱立信公司的一位销售经理一起去吃饭。

佩尔·松丁对蒂姆在吃饭时喝红酒感到有点惊讶——他听说蒂姆不再喝酒了——但他不想提出反对意见。

第二天，即 2013 年 2 月 27 日，他们乘坐航班出发，前往澳大利亚的未来音乐节①。

---

① 未来音乐节（Future Music Festival），2006 年至 2015 年的澳大利亚年度音乐节，通常在 2 月底至 3 月初举行。

我很难接受永远不再喝酒，就算是啤酒，医生也都强烈建议至少等一年后再喝。当然，我没有听大多数医生的话，我听了少数医生的话，他们说我只要小心就可以了。

　　我当时很无知，很天真，四处奔波，行程不断。因为一旦你环游过一次世界，你猜会发生什么？

　　然后你会重新再来一次。

在离飞机着陆还有三个小时的时候，事情发生了。蒂姆认出了这种痛苦——在胃的顶部扭转的痉挛和背部的刺痛。

他踢了踢前面的座位，尽力不发出尖叫。

他吞下曲马多①也无济于事，一个小时后，该死的胰腺把他整个身体都控制住了。一辆救护车已在机场等候，将他送往皇家布里斯班妇女医院。

几个小时后，艾维奇在澳大利亚和亚洲的经纪人罗布·哈克（Robb Harker）到达医院，乘电梯来到蒂姆的房间。哈克对这种情况感到难以理解。也许他听说过一年前蒂姆在纽约的那次入院事件，但具体情况他并不清楚。总之，蒂姆穿着医院的睡衣，戴着红色帽子，被管子和机器包围着。

他看起来极其憔悴。

毫无疑问，他们将不得不取消在布里斯班和珀斯的演出。但一周内的其他演出呢？蒂姆醒了过来，挤出半个笑容，向哈克要了一杯可口可乐和一个可连接的无线网络。

他在医院里似乎出乎意料的满足，因为被注射了大量的止痛药。

"我很痛，"蒂姆给音乐家奥德拉·梅写道，"我吃了奥施康定，又

---

① 曲马多（Tramadol），一种阿片类止痛药，可缓解普通到严重程度的疼痛。

吃了维柯丁 ①，我没有任何感觉，嘿嘿……"

蒂姆认为这是一个继续为专辑工作的绝佳机会。在病床上，他微调了一首歌曲，由于存在背景故事，这首歌有了一点额外的意义。在他们年轻的时候，蒂姆和弗里科以及其他人曾听过一段时间的S1，这是一位来自厄勒布鲁 ② 的不起眼的说唱歌手，他的歌曲《夏天》（Sommar）在厄斯特马尔姆的青少年中很受欢迎。他们当时都不知道这首歌的前奏是萨克斯风演奏家约纳斯·克努特松 ③ 的采样。总之，歌曲的旋律很棒——蒂姆对它进行了改编，并把它作为《亲爱的男孩》（Dear Boy）的高潮。

这些都是他想在罗布·哈克或其他人进入房间时演奏和讨论的，而不是谈论他无聊的胰腺。

这张唱片将会无比疯狂。

他给尼尔·雅各布森发电子邮件，询问与摇滚歌手约翰·福格蒂合作的事情是否有任何进展，并讨论了对《骗子，骗子》（Liar Liar）的修改。他为《迷恋你》创作了一个新高潮，认为自己找到了一种很棒的"蠢朋克"组合的感觉。

除了常规的巡演团队成员外，随行的还有一位年轻的电影制片人。莱万·齐库里什维利（Levan Tsikurishvili）曾受邀为瑞典电视台制作一部纪录片，关注艾维奇和"夜间"公司为"饥饿救济"组织（Hungerhjälpen）所做的慈善工作。蒂姆还允许这位纪录片制作人和他一起去医院，那里穿着浅蓝色外套的医务人员用超声波检查了这位病

---

① 维柯丁（Vicodin），一种含有氢可酮的麻醉性止痛药。

② 厄勒布鲁（Örebro），瑞典中部厄勒布鲁省的首府。

③ 约纳斯·克努特松（Jonas Knutsson，1965— ），瑞典爵士和民谣音乐的萨克斯风演奏家、音乐制作人。

人的胃部情况。

和纽约的同僚一样，医生们指出蒂姆根本不应该饮酒——他的胰腺再次发炎的原因之一无疑就是饮酒。

但他们也注意到，蒂姆的胆囊中形成了一块结石。胆结石可能会堵塞胰腺管，使炎症严重恶化。蒂姆迟早会遇到这方面的问题。因此，现在医生们极力建议用一个简单的锁孔手术切除胆囊——胆囊是身体可以在稍加适应后就不需要的器官之一。

莱万·齐库里什维利在医院拍摄，而穿着浅蓝色外套的医务人员在解释他们的观点。

其中一位医生说："通常情况是在出院前把胆囊取出，然后你就不会再继续遭受痛苦了。"

"好的。"

"我们理解你的情况，你正在进行世界巡演或其他活动。我们认为在某个时候，你需要切除胆囊——无论在这里还是在巡演过程中，抑或是在你回家后，最终都取决于你。"

蒂姆想奋勇前进，哪怕只是为了观众。因此在星期三，他没有做任何手术就离开了医院。该死的胆囊也无法阻止他。这就是必须努力工作的程度，他早就从阿拉什那里学到了这一点。如果他能得到足够的止痛药撑过在澳大利亚剩余的三场演出，他就会没事。这只是一个让自己再坚持几天的问题而已。

现在，他和罗布·哈克在墨尔本坐上一辆汽车，齐库里什维利的相机拍下了这一幕。

"未来音乐节那边想知道，你是否能做一个电话采访？"经纪人问道。他在手机上浏览着自己的电子邮件。

音乐节组织者想把他们的大明星离开医院的消息传出去，并询问是否可以安排半小时的时间做个电台的电话采访。

"两个小时之后可以吗？ 12：30？"

蒂姆没有回答，只是面无表情地嘀咕了一句，然后眼睛一翻，头靠在车窗上，晕了过去。

制作经理查利·阿尔维斯在酒店迎接他们。他以前从未见过蒂姆这样。蒂姆眼神空洞，目光迷离，踉踉跄跄地走到酒店房间，关于舞台制作的问题不得不再等一等。

青年频道 3J（Triple J）打来电话，主持人情绪紧张，语气急促。

"艾维奇目前正在澳大利亚与未来音乐节进行巡演，"他气喘吁吁地说，"但他不得不取消上周末在布里斯班和珀斯的活动，因为他被送进了医院。今晚他正在线上。怎么了，伙计？嗨！"

"嗨。"

"你好吗？"

"我很好。"

"你感觉好多了，是吗？"

"是的，我现在感觉好多了。"

"好的，因为这是今晚所有澳大利亚人都想问的问题。我们想知道，你还好吗？你的胃不再疼了吗？"

"确实如此。"

"那是像胃痉挛一样吗？"

"不，我必须切除胆囊。这是……这是……非常严重的，这是我经历的最痛苦的事情之一。我在医院待了六天。本来我应该现在就切除胆囊，但我设法将它推迟到了这次巡演之后。"

"那么，这个周末你就会回到舞台上，对吗？"

"我……我会的。是的。"

发件人: 安琪·利登
收件人: 蒂姆·贝里林
日期: 2013 年 3 月 15 日

　　最最亲爱的蒂姆！！希望你感觉越来越好，也希望你能尽快向前看，健康又强壮，创作出了不起的音乐，不要感到有任何**压力**！！你在自己所做的事情上是如此令人难以置信地具有天赋，**最重要的**是你知道自己想要什么——随着演出次数的增加，当你想在斯德哥尔摩的家里和朋友们一起过正常生活时，**你自己决定**，**不要**去想钱的事——它对健康、朋友、爱情来说是多么微不足道！！你知道无论你在世界何处，我们都爱你。

　　妈妈

发件人: 蒂姆·贝里林
收件人: 安琪·利登
日期: 2013 年 3 月 17 日

　　我知道，妈咪，我也爱你胜过一切！我们很快会再见的！！！我感觉好多了，三天来根本不用吃止痛药，而且感觉精神也越来越好！

　　亲亲！！

在澳大利亚最后一场演出后的第五天，蒂姆飞往迈阿密，再次参加超世代音乐节。与四年前蒂姆第一次来到这座城市并在莱德巴克·卢克的派对上表演时相比，如今的美国呈现出的是一个完全不同的音乐景观。

全美各地突然冒出了一个新的流行语：EDM。这个缩写[①]代表电子舞曲，现在被媒体和唱片业用作从渐进炸房浩室[②]到科技浩室[③]所有风格的总称。"电子鼠"登上了《滚石》杂志的封面，卡斯卡德[④]在洛杉矶斯台普斯中心的演出票销售一空，美国观众认识了年轻的德国人捷德[⑤]，而荷兰音乐人艾佛杰克和哈德威尔现在已经成了大明星。商业杂志《福布斯》开始发布全球收入最高的DJ的年度名单，这很能说明问题。据该杂志报道，领头的铁斯托现在可以在每场演出中赚一百五十多万克朗。

在迈阿密，这一场景的规模也相当瞩目，超世代音乐节已经预定了三百多位音乐人。蒂姆和阿拉什一直在讨论他们将如何设法在如此规模浩大的环境中脱颖而出。这需要一些近乎挑衅的东西，比如即使那些还不是浩室音乐忠实粉丝的人也会听说即将发行的专辑。

艾维奇不会只是人群中的一员，永远不会。

---

① EDM 为 Electronic Dance Music 的首字母缩写。

② 炸房浩室（Big Room House），浩室音乐（尤其是渐进浩室和电气浩室）的一种融合子类型。具有浩室音乐 4/4 拍的特点，整体没有花哨的旋律，声音通过"大房间"增强混响效果，极简的听感非常容易带起现场的气氛。

③ 科技浩室（Tech House），高科技舞曲与浩室音乐相结合的一种曲风。具备浩室音乐的基本结构，将浩室音乐偏暖的声效和鼓点用高科技舞曲更冰冷、更深沉、更黑暗的特征代替，是一种折中性的尝试。

④ 卡斯卡德（Kaskade，1971— ），美国 DJ 和音乐制作人，美国浩室音乐界的重要人物。

⑤ 捷德（Zedd，1989— ），德籍俄裔 DJ 和音乐制作人，为"黑眼豆豆""嘎嘎小姐"等艺人制作过混音歌曲，曾获得格莱美奖。

所以在 2013 年 3 月 22 日，他和其他一大批音乐家要做一件历史性的事情。当他们都聚集在休息室时，蒂姆既紧张又没有耐心，这间休息室位于停泊在海湾公园的一艘豪华游艇上。吉他手迈克·艾因齐格带来了自己摇滚乐队的鼓手和贝斯手，这意味着"梦魇"乐队近一半的成员都到场了。这本身就非常棒。艾因齐格的未婚妻安·玛丽·卡尔霍恩会演奏班卓琴和小提琴。此外，马克·戴维斯、奥德拉·梅、丹·蒂明斯基和埃洛·布莱克也来了。一个杂乱无章的古怪团体，但这就是重点所在。

计划是由蒂姆以完全常规的节目开场，让观众进入平静状态。然后，他们将用原声乐器演奏史诗般的蓝草音乐，让五万人大开眼界。

唱片公司主管佩尔·松丁在音乐节的贵宾席预订了自己的区域，并订购了几桶红牛、伏特加和气泡酒。当环球公司所有的重要人物——来自南美的行政人员、市场部人员和来自洛杉矶的尼尔·雅各布森及其团队——都围绕着他时，这个瑞典人感觉自己就像一只雄鸡。

艾维奇引领松丁走入了新市场，他现在已经吸引了一大批瑞典浩室音乐人加入其中：艾利索、奥托·诺尔斯、"瑙斯"①、"达达生活"。唱片业已经开始将电子舞曲称为救世主了——在十年前唱片销量大幅下降之后，这是第一个带来真正经济回报的音乐风格。因此，松丁旗下的明星正在美国迅速崛起，他已经成为一个知道年轻人想要什么的知名瑞典人。

演出在舞台上拉开序幕，此时，从斯德哥尔摩的办公室被发现到登上美国榜首的梦想比以往任何时候都更加生动。像往常一样，蒂姆

---

① "瑙斯"（Nause），瑞典浩室音乐唱片制作和 DJ 双人组。

在尼基·罗梅罗、"宾果玩家"① 和 AN21 等同行的同类型歌曲之间进行疯狂混音，还有很多令人意想不到的私制作品，例如说唱歌手帕罗赫·蒙奇② 的歌曲《西蒙说》（Simon Says）和独立摇滚乐队"弗洛伦斯与机器"③ 的作品。

五万名汗流浃背的观众全身心地投入在演出中。

随后，《层次》的最后一个音符响起，灯光熄灭，黑暗笼罩了整座公园。

众人迷惑不解。表演结束了吗？

一些人开始欢呼，其他人只是困惑地看着周围，然后开始向出口移动。

突然，一盏聚光灯亮起。

在明亮的红色光芒中，一个戴着鸭舌帽的人唱起了乡村音乐。

我在黑暗中摸索前进

以跳动之心为指引

我不知道这旅途将止于何处

但我知道它从何开始

埃洛·布莱克演唱的《唤醒我》几乎没有得到后台工作人员所希望的反应。

---

① "宾果玩家"（Bingo Players），2006 年成立的荷兰电子舞曲双人组合。2013 年，成员之一保罗·鲍默（Paul Baümer）因病去世，现今只剩下成员马尔滕·霍赫斯特拉滕（Maarten Hoogstraten）做个人表演。

② 帕罗赫·蒙奇（Pharoahe Monch，1972— ），美国说唱歌手，以复杂的歌词、表达方式和押韵而闻名。

③ "弗洛伦斯与机器"乐队（Florence and the Machine），2007 年成立的英国独立摇滚乐队，音乐风格包括独立流行（Indie Pop）、巴洛克流行（Baroque Pop）、艺术流行（Art Pop）、新灵魂乐（Neo Soul）和民谣。该乐队以其充满戏剧性的古怪制作和主唱强有力的歌声而闻名。

奥德拉·梅站在观众的视线之外，开始怀疑自己陷入了什么状况。舞台上，可怜的鼓手在拼命敲打，班卓琴的旋律优美地飘扬，但它并没有升腾起来。

一点儿也没有。

在下一首歌中，马克·戴维斯走上舞台，他的声音有点生疏，不在状态，前几句歌词几乎破了音。当这帮人终于唱到《嘿，兄弟》时，观众开始发出嘘声和口哨声。

公园里的气氛很混乱，许多观众被彻底激怒了，他们将不满发到了推特上。

艾维奇在 #Ultralive 的表现太差劲了，他到底在干吗？

我宁愿在自己的手心里拉屎，把它拍到一起，也不愿意看这堆狗屎。

别在这些歌手身上浪费时间了，来一点刺激的节奏吧！

艾维奇的演出到底发生了什么？班卓琴，这是认真的吗？

事后，没有一个音乐家真正明白发生了什么。

"人们现在可能不理解，"当团队正向休息室走去时，埃米莉·戈德伯格在蒂姆的耳边喊道，"但我向你保证，所有歌曲都很震撼！"

"但是你看。"蒂姆回答，并举起了他的手机。

他大声朗读了推特上的一些评论。

回到豪华游艇，他坐在角落的沙发上，愤怒至极。但阿拉什相当欣喜。一切都按计划进行了！他们想在浩室音乐之外的世界掀起冲击波，并且取得巨大的成功。这位经纪人确信，五天后公众舆论会发生转变。然后所有人都会意识到，蒂姆是伟大的创新者。

蒂姆疯狂地搜索着观众的录音和视频片段。难道是灯光出了问题？还是音量太小？为什么所有人都这么生气？

"来吧，我们去抽根烟。"制作经理查利·阿尔维斯说，"走动一下，你会感觉好一些。"

他们坐在前甲板上，望着水面另一侧的工业区。铁斯托的音乐在他们身后微弱地响起，他紧接着艾维奇之后上台。

"我只是不明白。"蒂姆说。

查利伸手去拿蒂姆的手机，试图让他释怀。

"兄弟，这是观众的问题，不是你的问题。那些都是美妙的音乐，就是这样。人们只是不习惯原声乐器。"

很容易看到此刻与鲍勃·迪伦①五十年前备受关注的英国巡演的相似之处，尽管现在的情况恰恰相反。

1966 年，迪伦已经成为一位年轻的偶像，被誉为他那一代人中伟大的抗议歌手，一个具有悲情的和平主义者。那年春天，他开始了巡演。当迪伦独自一人表演，只有他的民谣吉他陪伴时，一切都很顺利。但当他的伴奏乐队出场时，观众们变了。他们发出嘘声和口哨声，感觉被乐器的轰鸣声出卖了——电吉他在当时被认为是不合时宜的肤浅乐器，用摇滚乐队演奏古老的民歌是对神灵的亵渎。这是一种自我陶醉的音乐，更不用说是资产阶级性的了。

"犹大！"

一个曼彻斯特人在迪伦开始演唱新歌《像一块滚石》（Like a

---

① 鲍勃·迪伦（Bob Dylan，1941— ）美国创作歌手、艺术家。他的大多数著名作品都是来自 20 世纪 60 年代的反抗民谣，被认为是当时美国新兴的反叛文化的代言人。

Rolling Stone）前轻蔑地大声喊了起来。一台摄像机拍到迪伦是如何嘲笑回应的，然后他转向乐队，要求他们把下一首歌弹得更响。

这已经成为音乐史上的一个经典时刻，在纪录片中被反复播放，正是因为多年来的交流已经获得了更深的意义。

查利·阿尔维斯又点了一支烟。

最终谁会站在历史正确的一边？在这种情况下，谁是勇敢的远见者？至少不是观众中那些固执地坚持怀旧的后进者。

蒂姆点了点头。

"是的，没错，"他说，"我知道这些都是好歌。但我只想了解这事是如何发生的。"

然后他的注意力又重新回到屏幕上。

第二天早上，埃米莉很早就醒了。她在酒店房间的阳台上走了一会儿，担忧而沮丧，然后爬回她男友的身边。当蒂姆在床上伸懒腰时，她尽可能地紧紧拥抱他。

"他们只是不明白。你的音乐很出色。不要怀疑这一点。"

蒂姆沉默不语。当他对上埃米莉的目光时，他的眼里闪着泪光。

他从床上坐起来，把电脑放在腿上，继续浏览。

那是 @艾维奇说他想改变风格的方式吗？请随意。我不确定我们中的很多人会非常想念你。

是我的错觉，还是 @艾维奇真的很瘦呢？他看起来不吃东西，或是吸毒了。

艾维奇你真是烂透了。

当派对策划人杰西·韦茨从他的 XS 俱乐部的泳池区眺望时，他为电子舞曲浪潮给拉斯维加斯带来的客人感到自豪。

开业四年后，XS 俱乐部每年的营业额超过五十亿克朗，是整个美国夜总会中最高的。这个地方已经成为时尚模特、体育明星、赌徒和硅谷金融家们的主要聚集地。这主要是因为韦茨成功吸引了几乎所有浩室音乐中的大人物。当"照片墙"（Instagram）的两位创始人将他们的公司卖给脸书时，他们就是在这里与艾维奇和"电子鼠"自拍的。像莱昂纳多·迪卡普里奥和汤姆·哈迪①这样的名人是这里的常客，英国哈里王子②已经在学习 DJ 课程，并来这里参加派对。

但在 2013 年春天，杰西·韦茨开始面临竞争。

当即将签署春季的合同时，他已经感觉到了麻烦，代表大多数大牌音乐人的经纪人已经不再接他的电话了。最后是苏格兰人卡尔文·哈里斯悄声暗示说，城里很快就会有一名新的竞争者。

杰西·韦茨怀着一颗忐忑不安的心，驱车来到他老板史蒂夫·温（Steve Wynn）的家，告诉他相关传言：米高梅大酒店③显然要开办一家

① 汤姆·哈迪（Tom Hardy，1977— ），英国演员、制片人，代表作有《蝙蝠侠：黑暗骑士崛起》《荒野猎人》《浴血黑帮》等。
② 哈里王子（Prince Harry，1984— ），英国国王查尔斯三世和首任妻子戴安娜的小儿子。
③ 米高梅大酒店（MGM Grand），位于美国内华达州拉斯维加斯赌城大道上的赌场酒店，1993 年开业时是世界上最大的酒店，现为美国最大的度假村设施。

俱乐部与他们竞争。

真正令人担忧的是，在对手的背景中，资本情况似乎进入了一个全新的层面。杰西知道的不多，但传言说有苏丹或王子参与。他的老板打了几个电话，他们很快意识到，在米高梅大酒店的投资背后是阿拉伯联合酋长国的一个基金会，该基金会由富裕的石油王国王储的兄弟曼苏尔·本·扎耶德·阿勒纳哈扬（Mansour bin Zayed Al Nahyan）经营。五年前，同一位皇室成员在幕后购买了英国曼彻斯特城足球俱乐部，并以数亿的价格挖角新的顶级球员，该俱乐部刚刚在四十多年来首次赢得英格兰足球超级联赛。

现在，酋长们显然想进军浩室音乐领域。据传，几位最大牌的表演者每晚在米高梅大酒店新的俱乐部哈卡桑（Hakkasan）的演出报价约为三百万克朗。

"好的，"韦茨的老板挂断电话后说，"事情是这样的。这些人对钱不屑一顾。他们有的是钱，所以完全不在乎。他们只是想为了赢而赢。"

更多的鲨鱼开始在水中巡游。美国音乐行业的主要出版物《公告牌》杂志最近的封面是一位穿着皮夹克、留着白色小胡子的老人。大多数歌迷并不了解罗伯特·西勒曼 [①]，但他是一个从根本上悄悄改变了音乐产业的人。

到 20 世纪 80 年代，西勒曼在美国买下了一百多个地方电台，然后以类似的策略进军音乐活动场所和订票公司——接管、合并、精简和公司化。到了千禧年之交，他以近四百亿克朗的价格出售了他的帝国。该公司更名为"理想国演艺"（Live Nation），成为世界上最大的

---

① 罗伯特·西勒曼（Robert Sillerman，1948—2019），美国商人和媒体企业家。

音乐活动组织者。

现在，西勒曼说他有大约七十亿克朗，计划用于投资舞曲。

"我对电子舞曲一无所知。"这位六十四岁的老人在文章中说，尽管他已经向十八个厂牌发出了建议，表示他有兴趣买下它们，"但我在这些会议中见到了那些我们想购买的厂牌的人，我根本不知道他们在做什么，也不知道他们在说什么。一点头绪都没有。然而我喜欢这样。"

有人竟会如此随意地调侃自己对打算投资数十亿的东西一无所知，这令业界感到震惊。

蒂姆·贝里林对快速的发展感到五味杂陈。

穿着西装的老人们争先恐后地包装一场新兴的青年运动，当然，这表明了浩室音乐的影响力。

同时，事态的发展也影响了人们对他的看法。认为 DJ 不是真正音乐家的偏见仍然非常强烈，尤其是在瑞典，摇滚乐传统仍然留下了很长的阴影。在评论家眼中，大卫·库塔、铁斯托和艾维奇都是缺少艺术野心的狡猾商人，他们在投机的基础上创作音乐。蒂姆总是对这种说法感到反感。他争辩说，他所做的正是他在年少时的房间里爱上的那种音乐。是经济利益来到了他的身边和浩室现场，而不是相反。

但从这个角度来看，拉斯维加斯的演出可能会让人感觉粗俗无味。在 XS 俱乐部，商业和艺术之间无耻的模糊性被表现得淋漓尽致，许多来访者寻求的都是一种社会环境，而不是音乐。对一些客人来说，酒瓶上的价签比谁站在舞台上更重要。

同时，蒂姆很重视他与杰西·韦茨的友谊，而且不可否认的是，这钱赚起来很容易。在 2013 年演出季之前——当新俱乐部哈卡桑吸引了其他几个热门人物时——蒂姆与 XS 俱乐部签订了一份合同，他将在春季的每个周五在拉斯维加斯演出，每场演出的费用大约为二百万克朗。

就在这样的一个周末，蒂姆发现了他的新女友。

拉克尔·贝当古（Racquel Bettencourt）和一个朋友一起从洛杉矶飞来。几年前，她搬到那里学习室内设计。

拉克尔和她的朋友喜欢来自瑞典的新音乐——"瑞典浩室黑手党"、艾利索和艾维奇——而且没有比拉斯维加斯更棒的聚会场所了。

多年来，拉克尔一直在她的家乡多伦多担任调酒师，通过在夜总会的工作，她认识了杰西·韦茨。因此，这两个女孩在拉斯维加斯的夜生活上游刃有余，在那里，女性的美貌是硬通货，女孩们可以免费或以优惠的价格进入俱乐部。如果没有女性可以打动，酒吧里的新贵们是不会花费几十万克朗的。

在 XS 俱乐部的舞台周围有一个用绳索环绕起来的贵宾区。在那里，名人可以独处，而他们的存在可以使普通客人感到自己有明星作陪。

当大卫·库塔在楼上表演时，蒂姆和拉克尔的目光有了片刻的接触。虽然只是短暂的一瞥，但蒂姆对她很感兴趣。

上个周末，他和埃米莉大吵了一架，在这场争吵中，所有未说出口的怨恨全部浮现出来。埃米莉觉得蒂姆把他所有的压力和挫折都发泄在她身上，而蒂姆觉得埃米莉不理解专辑的工作需要他全神贯注。

蒂姆渴望一个新的开始，但他不敢走到这个陌生女孩面前打招呼，他总是对这种事情感到很紧张。经过杰西·韦茨一位同事从中帮忙联系，蒂姆和拉克尔开始试探性地给对方发消息。

当他们都回到洛杉矶后，他们相约在圣莫尼卡大道上的一家深夜餐厅见面，餐厅就在蒂姆所租的别墅下面。蒂姆在工作室完成工作时通常已是午夜，窗外的车流越来越稀少，此时来自加拿大的拉克尔谈到了自己在多伦多的家人。她以前是一名优秀的体操运动员，但近年来对室内设计产生了兴趣，时尚设计商业学院的课程是她梦想中的教育。

凌晨时分，他们乘坐"优步"回到山上的别墅，他们在那里吃爆米花，看杰瑞·斯普林格①电视节目的回放。

拉克尔对蒂姆似乎过着如此理智的生活感到高兴。几年前，她参加了很多聚会——她现在觉得那实在太多了。她一直在寻找更宁静的东西，令她惊讶的是，她似乎在一个 DJ 身上找到了。

蒂姆则对自己能如此迅速地与拉克尔自在相处感到惊讶。她比他大三岁，这在一些小事情上很明显，例如，有时他会嘲笑她在选择正确的表情符号方面有多么糟糕，但也许这就是自己在二十六岁时的情况。

年龄差异的好处是，拉克尔已经结束了自己最糟糕的派对时光，现在她正在寻找不同的事物。

"对我来说，她很好，"蒂姆写给杰西·韦茨，"真的。"

---

① 杰瑞·斯普林格（Jerry Springer，1944—2023），美国知名主持人，因主持脱口秀节目《杰瑞·斯普林格秀》而走红。

在超世代音乐节艰难演出的一个月后，转机出现了。2013 年 4 月 10 日，来自斯蒂尔曼街的员工在音乐网站"声云"（Soundcloud）上传了一个长达一小时的文件，名字很简单，就叫《艾维奇混音宣传 2013》（*Avicii-Promo Mix 2013*）。

这个文件收集了蒂姆新歌的录音室版本，这是一种更容易被浩室音乐听众识别的形式，因此消息在网上迅速传播。

混音中的第一首歌是一首令人出乎意料的翻唱。大约十年前，"安东尼和约翰逊"[①] 在纽约的同性恋俱乐部中以其关于死亡和黑暗的表达脆弱的歌曲而声名鹊起。他们的《希望有个人》（Hope There's Someone）是对令人欣慰的来世的祈祷——很难说会是"瑞典浩室黑手党"或"电子鼠"选择的歌曲。在这首令人心碎的民谣中，蒂姆让稳定的浩室钢琴与合成器在一种跨越边界的实验中得到加强，虽然这确实不会成功，但说明了艾维奇的发展方向。

没有任何可见的原声乐器来抢夺注意力，观众显然更容易理解蒂姆·贝里林的构想。在"声云"的评论区，他过去面对的所有恶意言论都变成了欢呼声，把大家对这张专辑的期望值推到了极致。

结果正如阿拉什·普诺里所预测的那样。

---

① "安东尼和约翰逊"（Antony and the Johnsons），成立于 1955 年的美国流行音乐组合。

2013 年 6 月，《唤醒我》作为第一首单曲发布后，产生了巨大的反响。这首歌在英国有影响力的单曲榜上直接排名第一，并在一周内售出二十五万多张唱片，是英国很长一段时间内销量增长速度最快的单曲。在美国，这首歌在电台开始播放之前就跻身公告牌排行榜的前二十五名。

轻盈的吉他旋律开启了这首歌的前奏，邀请全新的观众进入艾维奇的世界，即使是那些固执地宣称 DJ 只是站在舞台上按着按钮的摇滚人也不得不臣服。几年前由大卫·库塔、卡尔文·哈里斯和"瑞典浩室黑手党"引发的转变，现在被艾维奇彻底巩固了。舞曲不再被视为带有采样副歌的器乐音乐，它已经成为纯粹的流行音乐，适合所有年龄段的人，甚至会在摇滚电台播放。

在这个舞曲汹涌发展的时期，蒂姆·贝里林再次踏上了欧洲的巡演之路。

巡演团队的工作人员开始用马克·沃尔斯（Mark Walls）这个化名为他办理酒店入住手续。这是一项安全措施，尽管他们试图尽可能地匿名行动，但所到之处还是出现了混乱。被举起的手机摄像头层出不穷，人们奔跑着，女孩们哭泣着，推搡着，喊叫着，一名新雇的保镖尽其所能挺着身子来保护这位明星。

当拉克尔·贝当古完成了她在洛杉矶室内设计学校的最后课程时，她从远处关注着这次巡演。晚上，她的新男友发来消息，让她吃惊又担心。

蒂姆讲述了他是如何在路上灌下红牛，对专辑进行最后的调整。上床后他依然没有睡意。这并不重要，蒂姆想，因为他已经准备了三首新歌。

拉克尔对这个世界感到完全陌生，她认为整个局面都是失衡的。

这种破坏性的职业道德是如何形成的？为什么蒂姆不提出来？

在 WhatsApp 上，男友说他连续两天没有睡觉了，然后直接上台表演，吃了一个比萨后，终于能睡着了。他的梦是关于灾难的：僵尸袭击，陨石坠落在地球上，消灭了所有生命。

因此他又猛地醒了过来。

"快四十八小时了，"蒂姆写道，"强迫自己清醒。"

"你应该睡觉。"拉克尔试着说。

"还需要两个小时。"

还有一个协调方面的问题。那年夏天的很大一部分演出都是在《唤醒我》发行之前安排的，这把艾维奇推到了一个全新的高度。即便是在去年夏天，地中海上的小型海滨餐厅都已经人满为患了——对于刚刚成为世界上最受欢迎的流行明星之一的人来说，这些场所实在是太小了。

法国夜总会巴奥里（Le Bâoli）就是一个很好的例子。会场本来只能容纳几百人，最多一千人，但现在有一半的戛纳人都想挤进去和艾维奇合影自拍。

镜面天花板使地板和天花板融为一体，从他在表演台的座位上，蒂姆感到从上到下全都被挤压在了一起——空中的手臂、手机的闪光灯，像突然有人把手伸进表演台放在他的头上。

拉克尔加入了巡演团队。她注意到男友大汗淋漓，蒂姆在表演时会出汗并不奇怪，但即使是在两人睡觉的时候，他醒来时也经常全身湿透，忧心忡忡。当拉克尔试图爬过去抱住他时，他不情愿地转到了床的另一边。

白天，蒂姆抱怨头痛欲裂，而且他的食欲似乎也消失了。拉克尔试图无视自己的担忧。她可能只是在幻想。毕竟这是一次完全不喝酒的巡演——阿拉什确保没有组织者在住宿地提供酒水，甚至酒店房间的迷你吧也事先被清空了。经纪人已经严格指示每个在舞台工作的人员都不要在蒂姆身边喝酒。

但是夏天过得越久，拉克尔就越难忽视自己的担忧。

蒂姆告诉她，在他们相识之前，他曾一直服用强效止痛药，这是他在澳大利亚住院后得到的药片。他说自己已经停止服药，但仍有偏头痛，会一直出汗。他看起来很消沉。拉克尔对男友没有喝酒或不参加派对感到很欣慰，但她开始怀疑在行为的表象之下还有别的事情。

她以前没有注意到的一种逃避的倾向。

有些东西压在蒂姆身上，一些可耻的、秘密的东西。

2013 年 8 月初，这对情侣到瑞典孙讷① 进行了一次短暂的拜访。在韦姆兰省的炎炎夏日，一座谷仓被装扮成派对现场——蒂姆的哥哥安东要结婚了，婚礼将在新娘的家乡举行。她的母亲和姐妹们为椅子缝制了白色的套子，在屋顶下挂上飘扬的桌布。安琪·利登借来的民族服装小了好几号，但系上黄色围裙后，仍显得传统又得体。

当蒂姆走在通往家宅的碎石路上的花楸树和桦树之间时，他在他母亲眼里几乎就像一个幻影。他在马尔韦利亚② 和伊维萨岛的行程之间安排了几天的休息时间，穿上了西装，拉克尔在他身边，他曾发过这个女朋友的照片，向安琪展示她有多么美丽。

一阵钟声从塔楼上响起，新娘和她的伴娘们坐着一辆军用吉普车

---

① 孙讷（Sunne），瑞典中西部韦姆兰省的一个市镇。
② 马尔韦利亚（Marbella），西班牙地中海海岸的旅游胜地。

以迅雷不及掩耳之势冲了过来，安东和他的一个好朋友开着一辆敞篷跑车冲了进来。

婚礼现场满是玫瑰花瓣和欢呼声，然后天空突然下雨了。

当客人们来回跑着寻找雨伞，把音箱设备塞到屋顶下时，克拉斯·贝里林感觉到他的儿子在眯着眼睛看他。

一个偷看的眼神，几乎无法察觉。

蒂姆想说什么？

几天前，他们在电子邮件中争论了起来。在匈牙利为能量饮料"燃烧"（Burn）做完宣传后，蒂姆的胃又疼了，他在比利时接受了医生的检查，然后吃了止痛药，重新回到了舞台上。他们为此发生了争吵。克拉斯对药物一无所知，但他担心蒂姆由于各种原因会不断获得新的药片。

在澳大利亚的春季住院治疗后，蒂姆在洛杉矶雇用了一位家庭医生。美国的医疗体系与克拉斯在瑞典所习惯的情况非常不同，瑞典的医疗保健仍然主要由公共和税收资助。相反，他们每年向美国的医生支付一大笔年度保费，作为回报，医生承诺会迅速帮助蒂姆，并开出任何认为是必要的药物。但也许药物太多了？

蒂姆不顾这些反对意见。他在比利时的医院接受了新的药物治疗，这并不奇怪，他正处于痛苦之中。

在雨中，克拉斯试图读懂他的儿子。蒂姆看起来有些缺少安全感，似乎在寻找着什么。

克拉斯打消了不安的念头。今天是安东的大日子。

直到他们在桌边坐下时，安琪才反应过来。当新郎的朋友们发表有趣的讲话时，她向聚会最右边的区域望去。

突然间，蒂姆的头直直地垂到了胸前。他闭了一会儿眼睛，然后直起腰来，拿起了餐具。

那是怎么回事？

晚餐后不久，蒂姆来到他的母亲身边，给了她一个长长的拥抱。他说自己太累了，可能是在倒时差。他和拉克尔要去睡觉了。

派对在继续进行，安东和他的朋友们为大家演绎了瑞典的经典歌曲，如《金鞋子》(Gyllene Skor)、《我想成为你的人，玛格瑞塔》(Jag Vill Vara Din, Margareta)。这是一个令人陶醉的新婚之夜。

但安琪发现自己很难全身心地投入其中。

吃饭的时候，蒂姆真的在餐桌前睡着了吗？如果真是如此，为什么呢？

第二天，仿佛什么都没发生。蒂姆很警觉，头脑清晰。他在后座搂着拉克尔，他们一起开车前往机场。那个星期天晚上，蒂姆在伊维萨岛有两场演出。

克拉斯和安琪住进了卡尔斯塔德①的一家酒店，谈论着前一天发生的事。他们很难接受实际看到的情况。最糟糕的是蒂姆的那双眼睛，过去他那种专注和好奇的神情已经消失了。相反，此时他的眼神黯淡无光，毫无生气。

谈论这个问题并不会让这对父母变得更明察善辨，过了一会儿，他们甚至怀疑是否真的发生了什么。会不会是他们搞错了？

几个小时前他们向他招手时，蒂姆的心情还很好，嬉戏打闹，生龙活虎。

也许他只是需要睡个好觉，尤其是现在他在所有的夏季音乐节之间匆忙奔波。

---

① 卡尔斯塔德（Karlstad），瑞典韦姆兰省的首府。

一周后，蒂姆和拉克尔躺在马略卡岛①一家酒店的屋顶上，蒂姆想在晚上工作前晒晒太阳。

自婚礼之后，他又一次完成了在米科诺斯岛②和马尔韦利亚的演出，完成了在葡萄牙和丹麦的音乐节演出。也许还去了意大利。所有事情都掺和在了一起。

蒂姆与阿拉什通了电话。拉克尔不知道他们在说什么，但她听出了蒂姆声音中的烦躁。他厌倦了疯狂的飞行，在各大洲之间来来回回——星期四在以色列，星期六在拉斯维加斯有两场演出，接下来的一周在伦敦，然后回到美国。

"我讨厌这样，"蒂姆挂断电话后说，"我讨厌演出。这并不是我一开始想做的事。"

"那你想做什么？"拉克尔问道。

"我想做音乐。"

---

① 马略卡岛（Mallorca），西班牙的一座岛屿，著名的旅游胜地和观鸟去处。
② 米科诺斯岛（Mykonos），位于希腊爱琴海的一座岛屿，因旅游业而闻名。

秋天到了，蒂姆走过洛杉矶乔氏超市（Trader Joe's）的淡黄色过道，经过装满预先包装好的玉米卷饼、有机豆腐和大木瓜块的冷柜。他找到了腌制三文鱼，还拿了几包奶油奶酪。

他几乎不记得自己上一次到杂货店是什么时候了。现在，像买早餐这样简单的事情似乎都是一种反抗行为。在德国和英国的几场演出之后，他的日程表上显示他终于有了一些喘息的空间，可以有时间和女友一起吃早餐。

2013 年 9 月中旬，专辑《真实》终于发行，并获得了很不错的评价，甚至那些通常不关心舞曲的报纸也对它赞赏有加。

摇滚乐评论家们喜欢歌曲《自惭形秽》（Shame on Me）中对华丽摇滚乐队"甜蜜"①的俏皮示意，以及《骗子，骗子》中动感的风琴效果。大多数人似乎看到了蒂姆在跨流派混合体背后的真诚意图，认为他借用别人的作品并非出于心机。相反，他凭借对旋律的把控为古老的传统注入了新的活力。

"不要将《真实》看作舞曲把美国人的心声引向俱乐部，希望找到新听众的专辑，"《纽约时报》在其赞赏的评论中写道，"而应该把它看作乡村音乐在全球流行音乐中占据前沿和中心地位的专辑。"

---

① "甜蜜"乐队（The Sweet），活跃于 20 世纪 70 年代的英国华丽摇滚乐队。

就连瑞典的报纸也终于醒悟了。"艾维奇在商业浩室音乐中自成一派。"《晚报》（*Aftonbladet*）写道，"事实上，他已经把它抛在后面了。"

"这家伙真是太出色了。"《快报》（*Expressen*）写道。

现在来预约采访的不是博客和嬉皮笑脸的电台脱口秀主持人了，而是像《滚石》杂志、《公告牌》杂志和《卫报》这样的知名媒体，它们高调地报道这个勇敢的二十四岁年轻人敢于把原声乐器带入越来越模板化的舞曲世界。

蒂姆挑选了更多的食物，把它们扔进购物车里。他喜欢上了烤贝果配黑鱼子酱，会直接用勺子从罐子里把鱼子酱舀出来。在杂货店对面，即贝弗利山庄的郊区，他和拉克尔租了一间家具齐全的公寓。这个房子相当刻板又沉闷，但仍然算是一个固定住所。过去几周里，他们的生活充满了小发现——拉克尔教蒂姆如何给汽车加油，她煮了花菜和海鲈鱼，而且味道好得出奇。他们最喜欢的食物是用烤箱烤三文鱼配辣椒酱、枫叶糖浆和香菜。想象一下，鱼竟然可以如此美味。

他们去山谷区看了看狗，然后带了一只小狗回家。和上一只狗一样，这也是一只博美犬，但奥利弗的毛色像狐狸一样红。它在地板上跑来跑去，到处拉屎，咬枕头，但能给人一种家的感觉。

一天早上，蒂姆穿着"比约恩·博里"① 短裤和一件 T 恤在厨房里跳舞。很久以来，拉克尔才再次看到她在六个月前深深爱上的那个人。

"亲爱的，我们现在必须坚持下去。"她说。

———————

① 比约恩·博里（Björn Borg），瑞典服装时尚品牌，以瑞典前男子网球运动员的名字命名。

"这是什么意思？"

"你需要看一下巡演的时间表，看看每场演出之间需要多少天。你需要告诉其他人自己的感受，而不仅仅是告诉我。"

蒂姆点了点头。他越来越清楚地看到，自己周围的人也在遭受从未结束的紧急状态的影响。上次他在斯德哥尔摩的时候，没有见到任何一个哥哥姐姐，他的姐姐琳达被气坏了。这不能怪她，像蒂姆这样生活，彻夜不眠，同时埋头于十三个项目中，这影响的不仅仅是他。事实上，蒂姆几乎不了解他姐姐的孩子。虽然很难承认，但他并不是一个好舅舅。拉克尔说得对。他必须停止假装一切正常，不能再这样了。

他和斯德哥尔摩办公室的人谈了谈，他们同意在 2014 年只关注那些影响最大、蒂姆最喜欢的音乐节，比如迈阿密的超世代音乐节、澳大利亚的立体声音乐节（Stereosonic）、比利时的明日世界音乐节（Tomorrowland），也许还有罗拉帕洛扎音乐节（Lollapalooza）。明年只安排了九十多场演出，他们感觉可以应付。蒂姆拒绝了秋天参加吉米·坎摩尔[①]脱口秀的机会；当杰西·韦茨提出在他双胞胎兄弟于迈阿密新开的俱乐部演出有利可图的建议时，蒂姆也拒绝了。

说"不"的感觉真好，即使是杰西提要求的时候。"我只想说，真的很感谢你这个朋友，谢谢你关心我。"蒂姆给这位俱乐部组织者继续写道：

这只是疯狂的该死的一年，我的身体健康和事业等方面都有很多事情要处理，我在这样疯狂的工作节奏中，也没有一个真正的家，所以尽管我一直在努力工作，事业发展得很好，但有时感觉都是白忙活，永远

---

① 吉米·坎摩尔（Jimmy Kimmel，1967— ），美国电视主持人、喜剧演员、电视制作人。

196

没有尽头。我在洛杉矶刚待了几天就已经感觉好多了，虽然这只是暂时的。我不会再让日程表变成之前那样了，我觉得我周围的人对此都有同样的想法。

同年秋天，歌手克里斯·马丁①坐在家里的钢琴前。对这个英国人来说，这是生活中一个特殊的、有些动荡的时期，他最近与妻子格温妮丝·帕特洛②和他们的两个孩子搬到了洛杉矶。现在，这段十年的婚姻出现了裂痕。

几个月来，克里斯·马丁一直在与他的"酷玩"乐队录制新歌，所有这些歌曲都是异常忧郁和亲密的——漫长的告别、变化的情感，意识到生活并不总是按计划进行。

这天晚上，他想到了一个歌名。

《布满星辰的天空》（A Sky Full of Stars）。

这些词已经存在了一段时间，它们似乎很适合组在一起，创造一个美丽的形象。克里斯·马丁经常这样工作：一个短语可以和他一起生活几个月，甚至几年，等待在正确的旋律中安家落户。现在，音乐正从他头脑中倾泻而出。他立即感觉到这首歌有潜力，在一张关于失恋、让人神伤的专辑中，它可以成为一扇温暖而开放的门。

在苏格兰的一个音乐节上，克里斯·马丁发现了浩室音乐对世界的影响力是如此之大。他在台上唱着一首朴素的民谣，突然听到远处传来熟悉的旋律。过了一会儿，克里斯才意识到他听到了什么——在

---

① 克里斯·马丁（Chris Martin，1977— ），英国创作歌手，"酷玩"乐队的主唱、吉他手与钢琴手。

② 格温妮丝·帕特洛（Gwyneth Paltrow，1972— ），美国演员，1998 年凭借《莎翁情史》荣获奥斯卡最佳女主角奖。代表作有《七宗罪》《钢铁侠》《天才瑞普利》等。

另一个舞台上,"瑞典浩室黑手党"组合正在演奏他们版本的"酷玩"乐队的《每颗泪珠都是瀑布》(Every Teardrop Is a Waterfall)。虽然这一切令人非常困惑,但这一时刻激发了这位歌手对舞曲的好奇,它似乎正是克里斯·马丁本人在所做的一切中追求的群体感。"酷玩"乐队经常因此遭受批评,他们制作的音乐如此通俗,以至于模糊了个性。另一方面,正是由于同样的原因,他们成为世界上最受欢迎的音乐团体之一。他们是一个独特的场地乐队,当音乐成为一种集体体验时,他们的光芒是最闪耀的。

克里斯现在需要一个能给《布满星辰的天空》带来现代感的人,于是克里斯·马丁和蒂姆·贝里林在山谷工作室(The Village)见面了。从街上看,这个地方在世人眼里并不起眼,但埃塔·詹姆斯、"海滩男孩"乐队 [1]、"空中铁匠"乐队 [2] 都曾在这里录音。

克里斯·马丁播放了他的初始样本歌曲,只有钢琴和人声,然后蒂姆开始为它上色。这就是克里斯的想法——蒂姆不只是加入一个节拍,而是重新编排歌曲,使其开花结果。当蒂姆拥有他的想象力和一张声卡时,谁还需要几十个工作室的音乐家呢?

在克里斯的眼中,令人难以捉摸的神奇之处在于,蒂姆使这首歌变得如此振奋人心和具有现代感,并且仍然保留了它的核心——就是那种脆弱的感觉。他们都毫不怀疑,蒂姆把一首简单的在家里做的样本歌曲变成了一首榜单冠军作品。

那天晚上,蒂姆在 XS 俱乐部有一场演出。在蒂姆完成草稿的过程

---

[1] "海滩男孩"乐队(Beach Boys),成立于 1961 年的美国摇滚乐队,全球唱片销量已经超过一亿张,是最成功的美国乐队之一。

[2] "空中铁匠"乐队(Aerosmith),成立于 1970 年的美国硬摇滚乐队,风格融合了流行音乐、重金属、华丽金属、节奏布鲁斯,影响了之后大批的摇滚音乐人,在摇滚乐的历史中拥有重要地位。

中，飞机不得不等待着。当他在午夜后不久降落在拉斯维加斯时，就在演出前的几个小时，他被制作经理查利·阿尔维斯接走了。

蒂姆坐进后座。

"我们没时间吃饭了，必须直接去俱乐部。"查利说。

"没关系。"蒂姆说。

他身体向前倾，对着查利笑了笑。

"你知道我为什么迟到了吗？"

蒂姆要来了汽车扬声器系统的连接线，将其接入他的电脑。查利听到了开始时的唰唰声，那无疑是艾维奇的声音，然后传来一个起初让他难以辨识的声音。

过了一会儿，他不可能不知道那是谁。

"天哪，蒂姆。那是克里斯·马丁吗？"

蒂姆满足地坐着，手指在空中弹起钢琴。

"是的，我刚刚为'酷玩'乐队制作了这首歌。"

一天晚上，蒂姆和拉克尔在好莱坞山的鸟街参观房子，蒂姆曾和他的前女友在那里租了一套房子。

就在比那座房子高几个街区的冠蓝鸦路（Blue Jay Way），矗立着一座几乎完全用玻璃建成的房子。

当蒂姆和拉克尔走到阳台上时，他们感觉自己仿佛飘浮在空中，外面和里面的界线、天和地的界线都消失了。在圣莫尼卡，群山沐浴在粉红色的晚霞中，在这个偌大城市的另一边，他们可以看到太平洋。

这座房子是五年前从零开始建造的，具有引人注目的角度和风格，由一个通过汤尼英盖（Toni & Guy）护发产品发家致富的英国人建造。房屋被一个狭长的水池分割开，在房子的两端之间形成一条沟壑，从卧室到厨房要经过一种用石板铺成的桥——这正是蒂姆喜欢的那种有趣效果。

然后是邻居们。右边是演员基努·里维斯^①的房子，从这里可以看到他家的屋顶。再往下一点的斜坡是莱昂纳多·迪卡普里奥举行豪华派对的地方。歌手罗宾·西克^②搬到了同一条街上，"照片墙"上古怪的名人丹·比瑟瑞安^③也住在这边。

蒂姆环顾四周。房子有六百平方米，他可以在此打下自己的烙印。他想象着墙上挂萨尔瓦多·达利^④和勒内·马格里特^⑤的超现实主义画作，还有一间装修完备的工作室。他可以同时把姐姐和迈克·艾因齐格请来，而无须对此感到尴尬。他可以在这儿安顿下来，甚至只是从制作人开始做起。

这样生活会更平静，他们都认同这一点。

"蒂姆，这太疯狂了。"拉克尔说，"为了让这里变得漂亮起来，很多东西都得重做。"

她看了看红白相间的装饰——这个洗发水亿万富翁显然没有什么好品位。用近一亿克朗的价格买下一座房子，然后把它全部拆掉，这真的有意义吗？

---

① 基努·里维斯（Keanu Reeves，1964—　），加拿大演员、导演、制片人，代表作有《黑客帝国》《疾速追杀》《康斯坦丁》《魔鬼代言人》等。
② 罗宾·西克（Robin Thicke，1977—），美国歌手、音乐制作人，曾多次获得格莱美奖提名，担任美国真人秀歌唱比赛电视节目《蒙面歌手》的评委。
③ 丹·比瑟瑞安（Dan Bilzerian，1980—），美国职业扑克牌手、演员和社交媒体名人，因在网上发布奢华生活的照片而引起关注。
④ 萨尔瓦多·达利（Salvador Dalí，1904—1989），西班牙超现实主义艺术家，其作品充满了非凡的想象和怪异梦境般的形象。
⑤ 勒内·马格里特（René Magritte，1898—1967），比利时超现实主义画家，其作品中的图形视觉语言常常蕴含着耐人寻味的哲理。

"我们应该找一个小一点的地方。"她试着说。

蒂姆沉浸在自己的思绪中，他的目光定格在贝弗利山庄青葱的草木上。在下方很远的地方，生活悄无声息地继续着。

"这是我见过的最美的景色。"他说。

要弄到钱没那么难，对吧？如今，《唤醒我》已经在六十三个国家的排行榜上攀升至第一。这首歌在"油管"上获得了超过 1.6 亿次的浏览量，销售了近六百万张唱片。

"我想拥有这座房子。"他说。

即使是生过孩子的妇女也会把胰腺炎引起的疼痛描述得更强烈、更严重。我周围的人都明白，这不是我的选择，他们真的很担心——尤其是我爸爸——我也是。

我讨厌服用羟考酮、氢可酮和曲马多。我记得在我第一次和第二次住院时有过几次服用止痛药的经历，但事实上，反而是在大家的支持和帮助下，我得到了真正的休息，这才是我记得的美妙感觉，而不是因止痛药引起的头痛、食欲不振、恶心、失去控制的状况。

临近 2014 年时，蒂姆·贝里林正躺在他那位于贝弗利山庄郊区公寓的床上。脉冲般的热量像波浪一样席卷着他，床单都被汗水浸湿了。然而，他仍在发抖，紧握着的指关节开始泛白。他又抓起一条毯子，但还是感觉很冷。

最令人不快的是他腿上的那种蠕动感——一种仿佛来自体内的刺痛和瘙痒。

拉克尔现在明白了这究竟是怎么回事——蒂姆已经告诉她和家人。整个夏季和秋季，他一直在服用阿片类药物。他并不是真的想这样做，但每次他想摆脱它们时，颤抖就会再次出现，随之而来的还有出汗、难受和胃痛。

于是他又吃下一片药。

虽然他知道这不是可持续下去的办法，但他无法停止服药，特别是在巡演期间。在舞台上时，他的身体无法处于不适状态。

现在，他即将开始欧洲巡演，表演《真实》中的歌曲。在此之前，蒂姆已经决定停止服用所有的药物。

为了帮助他，他的美国家庭医生给他开了一种解毒剂。舒倍生（Suboxone）是为管理和摆脱阿片类药物成瘾而开发的药物，但即使是丁丙诺啡（Buprenorphine），即舒倍生的活性成分，也是一种阿片类药物，只是比羟考酮等成分更温和。因此医生解释说，慢慢减少这种药物的摄入也很重要。蒂姆的身体需要逐渐适应体内没有药物的情况，否则他可能出现呕吐、发烧和严重的烦躁不安。

但蒂姆发现很难坚持这些建议。他很不耐烦，想摆脱包括解毒剂在内的所有药物，并尽可能快地减少用量。

在床上躺了五天后，他觉得自己的情况到了最糟糕的程度，简直头痛欲裂。

"我感受到一种咬牙切齿的焦虑，几乎想掐死自己。"蒂姆在给吉他手迈克·艾因齐格的邮件中写道。不过，这种感觉是值得的。"我很焦虑，但我相信从现在开始，情况只会越来越好。"

终于有一天，在结束了汗流浃背的折磨后，蒂姆从楼上下来，脸颊恢复了血色，脚步也轻快了起来。

他成功了，甚至觉得自己是无敌的。

充满巨大能量的蒂姆现在开始考虑装饰他们看中的房子。他已经决定买下这座房子。书柜、浴缸、办公家具、垫脚软凳，不同类型的镜子、灯具、墙纸和一张形似犀牛的实木椅子——所有东西都是白色和黑色的，具有钢铁的细节点缀。他和拉克尔一起去了山谷区的工业区域，为厨房中岛台寻找合适的材料。蒂姆爱上了一种在西班牙开采的大理石，白色的脉络在黝黑的石头上蜿蜒，它将成为泳池短边特色墙的完美材料。

2014年初，蒂姆·贝里林发现大部分事情都很有趣，而且他终于摆脱了吃药的习惯。甚至当电视节目《美国偶像》与他联系，希望他在选秀节目中担任客座导师时，他也积极回应。当他获得人民选择奖①时，他想去参加，他还主动建议应该加强与拉尔夫·劳伦公司的合作。

为了推广下一张专辑，他开始构想参与各种广播节目，他认为这张新专辑会在《真实》上市一年后，也就是六个多月后发行。

他已经走出了低谷，并渴望继续证明自己不仅仅是一个向观众愉快招手的 DJ，同时他也是一个作词人，一个作曲家，一个克里斯·马丁会来征求意见的人。

在他成功之后，大门突然向"酷玩"乐队主唱之外的更多偶像敞开了。蒂姆让斯汀和乔恩·邦·乔维在《不讨好女人》（No Pleasing a Woman）中演唱，这是他与迈克·艾因齐格写的一首歌。他还与朋克乐队"绿日"②的主唱比利·乔·阿姆斯特朗（Billie Joe Armstrong）和金属乐队"堕落体制"③的主唱塞尔日·坦基扬（Serj Tankian）进行了合作。

没有一首歌能像他希望的那样顺利完成。直到亚历克斯·埃伯特④来到吉姆·亨森经典录音室⑤，这里已经成为蒂姆在洛杉矶最喜欢的聚会场所。

---

① 人民选择奖（People's Choice Award），美国的涵盖音乐、电视、电影三大领域的颁奖典礼，各奖项由民众投票产生，自 1975 年以来每年举办一次。

② "绿日"乐队（Green Day），成立于 1986 年的美国摇滚乐队，20 世纪 90 年代美国朋克音乐的重要乐队之一。

③ "堕落体制"乐队（System of a Down），成立于 1994 年的美国重金属乐队，音乐风格介于另类金属和新金属之间。

④ 亚历克斯·埃伯特（Alex Ebert，1978— ），美国歌手、词曲作者。"Ima 机器人"乐队（Ima Robot）和"爱德华·夏普与磁力零点"乐队（Edward Sharpe and the Magnetic Zeros）的主唱。

⑤ 吉姆·亨森经典录音室（Jim Henson's Classic Studio），位于好莱坞心脏地带，最初由电影演员查理·卓别林创建，曾作为查理·卓别林工作室和 A&M 录音室。现为音乐界顶级的录音设施之一。

亚历克斯·埃伯特的心中充满了那种获得满足的梦想加上彻底的宿醉才会产生的高度敏感。就在几个小时前，这位歌手还站在贝弗利山庄的一个舞台上，凭借为罗伯特·雷德福[1]主演的电影《一切尽失》创作配乐而获得金球奖。这个夜晚变得有些不真实。亚历克斯·埃伯特，这个敏感的三十五岁男人常常在新奥尔良独来独往，但他刚才与马特·达蒙[2]一起干杯，得到金·凯瑞[3]的赞美，还与说唱大亨"吹牛老爹"[4]狂欢到凌晨五点。

　　这种不真实的感觉仿佛还在继续，现在他在艾维奇面前的钢琴前坐了下来。通常，亚历克斯·埃伯特与他的乐队"爱德华·夏普和磁力零点"创作的是迷幻嬉皮摇滚，但阿拉什建议进行一次合作。现在埃伯特正在弹奏一首曲子的基本构架，对于这首已经沉寂了几年的作品，他真的不知道该如何处理。

　　它听起来像一首哀伤的诗歌。

　　蒂姆立即拿掉了腿上的电脑，冲下沙发。他对着埃伯特弯下腰，在空中挥舞着手指。

　　"再弹一次。是'啊啊啊，嗒啊啊啊，嗒，嗒，嗒啊啊啊，嗒'，还是'啊，嗒，嗒，嗒啊啊啊，嗒啊啊'？"

　　"该死，我不知道。"埃伯特说。他不习惯有人在演示阶段就如此令人难以置信的一丝不苟。

---

① 罗伯特·雷德福（Robert Redford，1936— ），美国演员、导演、制片人，曾多次获得奥斯卡奖和金球奖提名，代表作有《大河恋》《机智问答》《马语者》《一切尽失》等。
② 马特·达蒙（Matt Damon，1970— ），美国演员、编剧，曾获得奥斯卡金像奖最佳原创剧本奖和金球奖最佳男主角，代表作有《心灵捕手》《天才瑞普利》《谍影重重》《火星救援》等。
③ 金·凯瑞（Jim Carrey，1962— ），加拿大裔美国演员、编剧，以喜剧表演而闻名，代表作有《变相怪杰》《楚门的世界》《冒牌天神》《暖暖内含光》等。
④ "吹牛老爹"（P Diddy，1969— ），美国说唱歌手、唱片制作人和企业家。

埃伯特在写歌词时会用图片思考。他看到前面的一盏路灯发出微弱的光芒，灯光下有一个孤独的人。风在吹着。

蒂姆想从他的口中挤出最好的词汇，即使在此处他也力求精准。

"是什么样的风？"他问道。

对蒂姆来说，这首歌标志着一种转变。他和亚历克斯·埃伯特将这首作品称为《更好的一天》(For a Better Day)，它意味着打破了《真实》中许多歌曲所呈现的轻松飘荡的基调。

这首歌更有冲击力，有着极简主义的劲道和更锋利的边缘。

"啊，这首歌就是个怪物。"蒂姆向阿拉什总结道。

拉克尔看着她心爱的男友坐在沙发上，小狗奥利弗在他身旁。他正在创作一首以她的名字命名的器乐歌曲《拉克攻击》(Raqattack)。

不知何故，拉克尔一直都知道他能够摆脱药物。她被他的力量吸引。这种固执往往是蒂姆最麻烦的特点，也是他最美丽的品质。

就在他们即将出发进行欧洲春季巡演之前，蒂姆被诊断出了肾结石。医院的评估结果是不需要加以干预，他可能会直接把结石尿出来。他得到了两片吗啡——如果他在旅途中遇到问题而没有时间去看医生的话，它们会是不错的选择。

蒂姆把药片放在口袋里，并决定一直把它们放在那里。他想向自己证明，他能够自控。

在巡演过程中，他的口袋里有几粒强效药片，但他永远也不会服用。

他们在法兰克福开始了巡演，演出规模庞大，井然有序。查利·阿尔维斯使出浑身解数，用干冰和火焰制造效果；哈里·伯德也超越了自己——蹦蹦跳跳的圆圈和蜿蜒曲折的隧道已不复存在，现在蒂姆在神话般的场景前表演——草原上咆哮的狮子、移动的神奇森林、燃烧的雄鹰。激光光束形成强大的棱镜，一直延伸到后排座位。

情人节那天，他们在巴黎。蒂姆给拉克尔准备了惊喜，他带拉克尔去了艺术桥。在这座桥上，相爱的情侣把写有他们名字缩写的挂锁挂在桥上，寓意让爱情得以永恒。当他们回到巡演大巴上时，车内装满了一桶桶的红玫瑰，一路沿着走廊蔓延到卧室。

在阿姆斯特丹时，蒂姆的哥哥安东和戴维来了，他们想看冰球比赛——在奥运会决赛中，瑞典队将对阵加拿大队。蒂姆的巡演团队成员找来一张沙发和两把扶手椅，把它们放在舞台地板的中间。比赛的声音通过为数万人建造的扬声器系统沸腾起来，瑞典输了比赛，但这并不重要，因为兄弟们在很长一段时间里第一次有机会一起放松打闹。蒂姆喜欢哥哥们大笑的样子。

在安东的酒店房间里，蒂姆告诉他，自己为最终戒掉了药瘾而感到非常自豪。

"现在已经得到了控制。"他说，"我没有再想吃这鬼东西了。"

经过几周的巡演，他们来到了斯德哥尔摩，蒂姆连续两晚在 Tele2 体育场的演出都座无虚席。他表演了私制版的瑞典经典歌曲，如"拉丁国王"[①] 的说唱歌曲《家伙》（Snubben），而结束曲《唤醒我》则相当壮观——当查利·阿尔维斯安排的火花瀑布从天花板旋转而下时，数以万计的手机闪光灯都闪烁起来。

"夜间"公司在过去六个月发生了许多变化。最大的是物质上的改

---

① "拉丁国王"（The Latin King），成立于 1993 年的瑞典嘻哈组合，最早发行瑞典语歌词专辑的嘻哈组合之一，在他们之前，瑞典说唱歌手几乎总是使用英语。

变。阿拉什·普诺里的管理公司已经从斯蒂尔曼街搬到了首都最时尚的地段之一。自从斯德哥尔摩工业化以来，海滨路一直是令人惊叹的首都和皇家狩猎岛严谨的自然环境之间的雄伟纽带。这里矗立着瑞典的国家剧院——皇家剧院（Dramaten），旁边是高档室内设计商店、房地产中介和高级餐厅。这里还有一座黄色砖墙建筑，上面装饰着用法国砂岩雕刻的小天使。2013 年秋天，拱形外墙上已经挂起了新招牌。在一家英国律师事务所和一家历史悠久的造纸公司的标志旁边，"夜间"的英文牌子正在闪闪发光。

新场所内所有东西一应俱全。有品位的接待台点缀着镜子，一旁摆放着引人注目的铜桌。一部镀铬电梯直接通向市内最高级的一家饭店的餐厅。最值得称赞的是三间录音室，其中最大的一间是与拉尔夫·劳伦公司合作装饰的，这里有厚重的酒红色天鹅绒帷幔和巨大的落地扬声器。

瑞典的商业杂志注意到了这位新租户，阿拉什·普诺里向记者证实，这个五百平方米的场地是经过精心挑选的。

他们已经把艾维奇带到了顶峰，现在阿拉什将利用这个成就发展一个比音乐更广阔的聚会场所。各种类型的创作者都能在这里获得空间——现在外界将看到瑞典的创意产业有多么重要。

阿拉什创办了自己的唱片公司 PRMD，并签下了瑞典电子舞曲双人组"卡兹特"（Cazzette），在经纪人的建议下，他们总是戴着磁带造型的头套表演。在阿拉什认识了声田 [①] 的创始人丹尼尔·埃克（Daniel Ek）之后，"卡兹特"成为全世界第一个在流媒体服务上独家发行专辑

---

① 声田（Spotify）是一家瑞典在线音乐流媒体平台，主要服务除音乐外，还包含播客、有声书及视频流服务。全球最大的流媒体服务商之一，拥有大量的音乐版权和丰富的音乐曲库。

的音乐团体——他们的首张专辑《弹出》(*Eject*)可能因为发行本身，而非音乐，受到了更多关注。但这是阿拉什的拿手好戏。他告诉《本周商业》(*Veckans Affärer*)杂志，他不想再被称为经纪人，而是被认作一个经营者。他给可口可乐公司提供了如何接触年轻目标受众的建议，并投资了一家对伏特加品牌有大计划的瑞典公司。

碰巧环球公司的人带着一张装裱好的金唱片和一瓶香槟酒过来了，热切地想要庆祝艾维奇创下新的销售纪录。他们发现"夜间"办公室里的所有人都埋头于电话和电子邮件中。

在这里，他们不会庆祝任何里程碑。在这里，他们将为下一个里程碑而奔忙。

蒂姆仍然对斯德哥尔摩那两场胜利性的演出感到心满意足，他在2014年3月来到了公司位于海滨路的新场所。

塞勒姆·法基尔和文森特·庞塔雷坐在那里等待着，渴望一起创作新素材。

蒂姆有两张特别的专辑作为下一张唱片的参考点——"平克·弗洛伊德"乐队 ① 的摇滚史诗《月之暗面》(*Dark Side of the Moon*)和迈克尔·杰克逊《颤栗》(*Thriller*)中摇摆的流行音乐。

这些都是具有一些联系点的作品。

20世纪70年代初，英国乐队"平克·弗洛伊德"处于解散阶段，因为他们的主力成员西德·巴雷特(Syd Barrett)的情况越来越糟，被迫离开了乐队。在他的精神疾病的启发下，其余成员尝试使用新的合

---

① "平克·弗洛伊德"乐队(Pink Floyd)，成立于1965年的英国摇滚乐队，以声音实验、富有哲理的歌词和精心制作的现场表演而闻名，是摇滚史上最成功、最具影响力的摇滚乐队之一。

成器，录下了硬币和收银机的叮当声响，并将低音鼓调整得如同一颗跳动的心脏。歌词围绕贪婪、压力和精神失常展开，是对现代生活的悲观沉思。

当然，迈克尔·杰克逊在另一个完全不同的类型中前进，但他的《颤栗》也是创新之作。1982年，这位曾经的童星已经年满二十三岁，他心灰意冷，备感孤独。为了解放自己，展现自己的诚实，他为无与伦比的流行乐曲创作了关于狂热歌迷和绝望爱情的歌词。

这两张专辑之间最大的共同点——也是蒂姆印象最深刻的一点——就是自信。这两张专辑都是绝对的经典之作，都是由那些敢于在声音和视觉上创造自己宇宙的艺术家所创作的。"平克·弗洛伊德"毫不犹豫地潜入一个长达四分钟的梦魇，梦中那个喘不过气来的人逃脱了扭曲的笑声和越来越强烈的不适感。在一部录像中，迈克尔·杰克逊把自己变成了一个在夜里追赶着女友的狼人。

当然，这两张专辑的销量也是难以想象的，打破了音乐史的纪录，被视为有史以来最重要的专辑。

这就是蒂姆·贝里林想实现的目标。

然而，他并没有对文森特·庞塔雷和塞勒姆·法基尔过多地谈及此事。他没有必要这样做。他们已经准备好了一个即兴重复段，只需在此基础上继续发展。

蒂姆喜欢这个和弦进行，《日子》（The Days）立刻让人感觉是为美国公路上一个阳光明媚的下午而创作的曲子。这是一首关于庆祝生命的歌曲，与他最终摆脱阿片类药物后所感受到的自由很契合。

街对面的投影仪照亮了 SLS 酒店的白色外墙，外面一个等身大小的招牌上闪烁着大字：艾维奇。

六辆高尔夫球车沿着南海滩的人行道一字排开。扬声器播放着蒂姆新混音专辑中的歌曲，穿着白色"艾维奇"上衣和皮短裤的年轻女孩正向路人派发冰淇淋。一进大堂，迎接游客的是镶在相框中的蒂姆·贝里林的黑白照片——甚至在卫生间，他也被贴在镜面墙上，任何来上厕所的人都能体验一小会儿见超级明星的感觉。

最便宜的双人房一晚要五千多克朗，但这包括一副耳机、一双拖鞋和一件浴袍，而且上面都印有艾维奇的标志。

菲利普·霍尔姆擦了擦额头上的汗水。把酒店打理得井井有条是一项艰巨的工作，与此同时，收件箱的提示音也不断响起。早年曾与蒂姆一起巡演的霍尔姆现在正致力于 PRMD 和 LE7ELS^① 的发展，这两家唱片公司在斯德哥尔摩的办公室运作，发行来自欧洲各地其他浩室音乐人的作品。艾维奇是一块跳板，扩张也同样重要。由于整个行业在 3 月都聚集在迈阿密，各种会议纷至沓来，菲利普·霍尔姆在过去的几天里没睡几个小时，现在是星期四的晚上，"夜间"的池边派对从早上十一点开始一直没有间断。

---

① LE7ELS 是阿拉什·普诺里和蒂姆·贝里林于 2011 年创立的电子舞曲唱片公司。

前一天晚上，伊维萨岛的老将卢西亚诺[①]为大家带来了表演，这位受人尊敬的浩室音乐先驱证明了"夜间"仍然与文化底层联系在一起。现在最引人注目的是瑞典 DJ 组合"丽贝卡和菲奥娜"（Rebecca & Fiona），成员一个是粉红色头发，另一个是蓝色头发，正在泳池边的舞台上蹦蹦跳跳。结果正如霍尔姆和其他人所希望的那样：帕里斯·希尔顿[②]也在观众席上，街上的队伍延伸至很远。现在他们只是在等待蒂姆的飞机着陆。艾维奇将为今晚的"夜间"派对画上句号，表明他已经来到这里，并准备在超世代音乐节上取得新的胜利。

阿拉什·普诺里走到菲利普·霍尔姆面前，告诉他演出不会进行了。蒂姆已经去了医院。

又一次。

霍尔姆的身体对这一消息产生了生理反应。他走进一个僻静的房间，恶心的感觉涌上心头。到底发生了什么事？他冲到街对面的酒店，跑到自己的房间，进入浴室，跪在地上。

从霍尔姆的喉咙里吐出来的是一团厚厚的东西，就像黏稠的咖啡渣，但在马桶白色瓷器的衬托下是红色的——凝固黏稠的血液。过了一会儿，霍尔姆筋疲力尽地躺在浴室地板上。他掏出手机，给"卡兹特"组合的一名成员打电话。

"嘿，我需要帮助。我想我快要死了。"

"卡兹特"的巡演经理跑来，把霍尔姆从浴室地板上抬起来，然后把他拖到一辆车上。医院就在不远处。

第二天，霍尔姆醒来时，胸前绑着电极。医生最初怀疑他有内出

---

① 卢西亚诺（Luciano，1978— ），瑞士和智利双国籍 DJ、音乐制作人。

② 帕里斯·希尔顿（Paris Hilton，1981— ），美国社会名流、模特、歌手，希尔顿酒店集团的继承人之一。

血，所以在他进来时引发了一阵不小的混乱。现在他们已经确认这只是严重的胃溃疡。显然，霍尔姆突然病倒与压力有关。

"你知道蒂姆·贝里林在哪里吗？"菲利普·霍尔姆问一位医生。

"他就躺在你的上面一层。"

对蒂姆来说，这几乎就是一年前澳大利亚事件的重演。

刺痛击中了他的背部和腹部。飞机一落地，他就被紧急送往医院，并被注射了一些使他昏迷的药物。拉克尔哭着跑出了房间。

现在，她在锃亮的地板上来回走动，等待下一个医生来查房。她痛恨这种情况。毕竟，在秋天的大部分时间里，他们一直都很轻松。似乎蒂姆身边的每个人都明白情况的严重性。而他曾为自己没有服用阿片类药物感到非常自豪。

几周前，他又被压力击垮了，当时他正与塞勒姆·法基尔、文森特·庞塔雷和麦当娜合作。亨森录音室里曾有一大群瑞典人——麦当娜曾在"照片墙"上发布照片，称他们是她的"维京后宫"。他们编写并制作了这位歌手的第十三张专辑，但这是一次蒂姆并不太热衷的合作。当然，麦当娜始终是麦当娜，但合作已经变得很困难了。蒂姆觉得自己是那个必须花上一整晚，把其他人在白天想出来的东西都解决的人。他们在歌曲的风格上没有达成一致，蒂姆又开始不注意饮食，喝了大量的可口可乐。

现在他躺在那里，点滴挂在床的右边。旁边的墙上挂着平淡无奇的风景画。超世代音乐节的演出搞砸了，他的阑尾破裂了，这就是紧急情况。但医生发现了另一个并发症——蒂姆的胆囊肿胀，严重发炎。

该死的胆囊，拉克尔想。一年前在澳大利亚，医生已经警告过这一情况。现在必须一劳永逸地清除它。

手术后，医生想给蒂姆服用止痛药——新的阿片类药物。

蒂姆坐在病床上，极力反对用药。他已经两个月没碰这些该死的药片了。他甚至在口袋里装了几片药跑遍欧洲，只为向自己证明，他终于可以抵抗它们了。

他不想再回到毛骨悚然的状态，不想再出冷汗，不想再在任何婚礼上睡着，不想再次失足了。

真的没有其他办法来减轻痛苦了吗？

现在回想起来，非常清楚当时的我太心急、太无知了，我们都是如此。我直接停用了舒倍生，在心理和生理上造成了严重的戒断症状，这本身就成了一种创伤，一种空虚和焦虑的感觉，或者说一个肿块，一直持续到现在。

那是 2014 年的夏天，菲利普·奥克松带着手臂上的刺痛在斯德哥尔摩游荡。他回家是为了保护自己不受伤害——在位于布罗马的父母家中，"菲尔古德"不可能像以前那样努力。

他的身体在出汗，头快要爆炸了。他的情绪摇摆不定，最严重的是奥克松很愤怒——对自己和父母，以及地铁上坐在他旁边的那个丑陋的浑蛋。

几年前，药片曾使他的生活变得愉快。原本精神振奋的奥克松已经接受生活轻柔地降落在洛杉矶的棕色沙发上。当他走到阳光下时，他带着一种自信，让他仿佛在日落大道的人行道上翱翔。

阿片类药物与奥克松摄入的其他东西的区别在于，只有身体会受到影响。他的头脑清晰如镜，仿佛有美丽的蝴蝶在他的胸口嗡嗡作响。

当瓶子即将见底时，不适感才刚刚开始。一段时间后，他甚至不用看，仅凭直觉就能准确知道瓶子会何时见底。几天后，烦躁不安的情绪开始悄悄渗入他的皮肤，随后是肌肉的疼痛、腿部令人不快的抽搐、恶心的腹泻和呕吐。与伙伴们吃午餐变得勉强又烦人，奥克松开始愤怒地挂断别人的电话。

一天早上，他发现自己在黎明时分站在一家脱衣舞俱乐部外面，向一个熟人解释他想要更多的药——现在、马上。当这位朋友试图让他乘出租车回家时，奥克松以一记响亮的耳光回应了对方。

洛杉矶公寓里的地毯现在已布满了烟头烫出的小孔。当奥克松不想洗碗时，他就会把盘子扔进垃圾桶，砸成碎片。衣服乱成一团，他整天在汗水和灰尘的霉味中度日。

他意识到自己有药物上瘾的问题。

令他惊讶的是，这一认识并没有带来任何改变。

他服用这些药只是为了逃避现在正在蹂躏他的恶心感。但药片挟持了他，把他变成一个咄咄逼人、喜怒无常的人。只要想到这种感觉还要持续下去，就让他无法忍受。

手机在口袋里嗡嗡作响。是蒂姆打来的，而且他也在斯德哥尔摩，这让奥克松感到很惊讶。

他们已经很久没有见面了，由于碰巧都在城里，他们决定去看一场电影，像以前一样谈天说地。

奥克松觉得也许这能让他暂时忘掉自己的不适。他乘电梯来到卡尔拉路的公寓顶楼。

这并不是一间大公寓，但它被规划得很好，很时尚。漆黑的室内表面给人一种奢华之感。蒂姆似乎很高兴见到自己的老朋友，骄傲地炫耀着他刚刚在右前臂上刺的一个文身。这是由英国街头艺术家班克西①重新设计的图案——一个男孩和一个女孩的剪影相对而立，男孩的背后藏着一束花，而女孩则藏着一把枪。

蒂姆认为这非常酷。

他们坐在黑色皮沙发上，立刻开始谈论起音乐，很快就一致认同

---

① 班克西（Banksy，1974— ），英国街头艺术家、政治活动家和电影导演，他的真名和身份仍未得到证实。自 20 世纪 90 年代以来，他的讽刺性街头涂鸦艺术和颠覆性文字作品出现在世界各地的街道、墙壁和桥梁上。

最近浩室音乐的现状变得相当沉闷。

几年前曾调侃自己对舞曲一无所知的老商人罗伯特·西勒曼，现在已经收购了 ID&T，这个荷兰活动团体是具有传奇性的"感觉"和明日世界音乐节的幕后推手。预订公司"理想国演艺"已经接管了雏菊电音嘉年华和英国的奶油田电音节（Creamfields）。这些音乐节正变得越来越缺少个性，甚至很多音乐都停留在一个僵化的形式上——同样的过滤器、同样刺耳的合成器音色、相同种类的高潮。最明显的例子是一个被大量使用的鼓点，以至于它有了自己的名字——普里达响弦（The Pryda Snare）。一个又一个制作人对埃里克·普吕茨的硬压缩撞击镲片声进行了采样或者直接复制，以达到这位瑞典人在他的歌曲《从迈阿密到亚特兰大》（Miami to Atlanta）中同样强大的效果。浩室音乐的戏剧性已经变得如此夸张，观众被五颜六色的爆炸声轰炸，他们像是必须每十分钟倒数一次新年欢呼才能感受到点什么。

狂热而平庸的进行曲，这就是蒂姆想到的。

单调乏味使这一类型的音乐很容易被取笑，就像喜剧节目《周六夜现场》春天时表演的一个关于"达文西"①的小品，这个无脑的 DJ 在舞台上无事可做，他一边煎鸡蛋，一边玩火车模型，而如痴如醉的观众在等待着史诗般的高潮。在人们的起哄中，"达文西"得到了观众的奖励，包括珠宝、信用卡，还有西装革履的金融家们面带微笑地送来的钱袋子。

蒂姆曾在艾维奇的"照片墙"账户上用一张自我讽刺的照片回应了这一滑稽模仿，但实际上他想完全把电子舞曲抛在身后，根本不想

---

① Davvincii，由大卫·库塔与艾维奇的名字拼凑而成，表示了对 DJ 和电子舞曲热潮的恶搞与调侃。

与这个场景有任何关联。他深深地厌倦了只是在舞台上按下按钮，不为观众喜爱而工作的 DJ 形象。

如果他们知道他有多努力地工作，有多关心歌词的创作和作曲的色彩就好了。

这就是他们谈论的内容。音乐和生活，什么都有一点。

突然，蒂姆想知道：

"嘿，你能帮我弄到点东西吗？"

这个问题不知是从哪里冒出来的。

"什么东西？"

"阿普唑仑 ① 和舒倍生。"

奥克松完全被吓了一跳。四年前，奥克松抽了一根"手卷烟"后，蒂姆就生气了。现在他想要舒倍生？

不过在某种程度上，奥普松很高兴。也许蒂姆放下了趾高气扬的架势，也许他们又有了共同点。

但在他的朋友身上，他也察觉到了自己的轮廓——一个并不真正想和别人在一起的人，一个将边缘打磨到所剩无几的人，一个渴望回到自己茧中的人。

奥克松知道这不是好事，但他还是很渴望。

他给东瑞尔高中的一个老伙计打电话，这个滑头的浑蛋总能搞定一切。

---

① 阿普唑仑（Xanax），一种用于治疗压力和焦虑的处方药，具有放松和镇定的作用。

几周后，蒂姆漫步在泳池边的草坪上，打出一记球。他在一家自带球场的酒店买了专业球杆，并认为在伊维萨岛夏季的那几周里，打高尔夫球可能是一种轻松的消遣方式。他的哥哥安东经常打高尔夫球，如果不出意外的话，这对他们来说可能是一种有趣的休闲活动。

蒂姆拿起球杆，摆好姿势，把球直直地打到他租住房子外的山坡上的松树间。

"该死，你也试试。"他笑了笑，把球杆递给弗里科·博贝里。

儿时的朋友弗里科在几个月前接到蒂姆的电话。自从他们彻夜坐在一起玩《魔兽世界》和看电影之后，他们一直保持着联系。而且现在蒂姆有了一个新想法。他想念自己的"男孩帮"，并建议弗里科与其他三名兄弟和他一起旅行。他赚的钱足够支付他们的旅行和生活费用，而且这将使演出之间的时光变得更有趣。

对弗里科来说，这并不是一个必须接受的提议。他是卡勒·弗吕加勒戏剧学校（Calle Flygare Teaterskola）的应届毕业生，刚刚在歌德的经典戏剧《浮士德》中获得一个角色。况且他在斯德哥尔摩有一个女朋友，那里有他的家人和舒适的生活。

但蒂姆坚持提议一起旅行，并解释这样的机会一生中只有一次。而这可能是真的。所以弗里科和其他几个高中同学在几个月前就开始为他们的童年朋友工作。描述为工作实际上是事后想到的——蒂姆的父亲克拉斯觉得，如果他们现在要签署雇佣合同并从蒂姆的公司支付工资，至少要让人感觉有真正的工作任务。他们已经同意由几个朋友来协助蒂姆的音乐创作，然后制作他们自己的音乐。另一个儿时朋友会用他的相机记录这次旅行和蒂姆的日常生活。

由于想不出别的办法，他们很快就开始称弗里科为蒂姆的私人助理。虽然他在朋友圈中以健忘和有点心不在焉著称，但由他负责将蒂姆的东西运送到每场音乐节，并确保客人名单上的宾客都能乐在其中。

"男孩帮"幻想蒂姆过着悠闲的阔佬生活，但这一想法很快就被打破了。当然，理论上，环游世界听起来很酷，但实际上他们几乎没有时间记录自己去了哪些国家。他们到达一座新城市，就赶到一个活动场所，在旅馆里睡几个小时，然后第二天一早继续赶路。在过去的几个月里，弗里科遇到了太多的人，他的大脑已经疲惫不堪。

拉克尔坐在那里，看着她的男友把另一颗高尔夫球直接打进树林，希望它不会砸到邻居的房子。

四年前，蒂姆在铁斯托居住的山坡上租了一栋别墅，位于山的更高处。从这里，他们可以看到伊维萨岛无与伦比的景色——飞机在机场跑道上俯冲，远处的盐池，海滩上的户外"乌斯怀亚"俱乐部及其随着音乐跳动的红色灯光。这个地方早在几年前就开张并迅速成为伊维萨岛最有影响力的浩室音乐场所——艾维奇每周日都被安排在俱乐部的舞台上表演，这种情况持续了几个月，直到 2014 年 9 月。

拉克尔理解为什么蒂姆想和他的朋友们在一起。他们给了他一种安全感，一种在厄斯特马尔姆的家的感觉。但很明显，在迈阿密的住院治疗是一次重大挫折。医生再次给蒂姆开了舒倍生，医生解释这种含有丁丙诺啡的解毒剂不会产生与以前的药物一样的兴奋效果。拉克尔认为医护人员有可能是对的——也许她的男友需要帮助来慢慢减少用量。但仅仅几个星期后，他的身体明显对这种药物上瘾了。他又开始无法集中注意力、食欲不振、体重下降，即使在处方用完之后，也总能确保得到药片。

蒂姆的情绪会出现不稳定的突然波动。在他们的关系中，拉克尔第一次发现他很爱争吵。激烈的情绪似乎已经平息了，现在他服用的药很难给他带来之前阿片类药物的缓解效果。蒂姆的个人卫生开始受到影响，他有很长一段时间都不刷牙。而当这对情侣难得一起去餐厅吃饭时，他在餐桌上睡着了。

"我认为你有一个问题。"拉克尔最后说，"这是一种心理模式，你必须努力打破它。"

蒂姆生气了。他当然知道自己能做什么，不能做什么，不是吗？他曾读过相关内容，他也不希望出现这种情况。你不可能滥用自己讨厌的东西，对吧？

"这是个生理问题，"他抗议道，"我的身体上瘾了，而不是我的脑袋。"

情况以一种前所未有的方式变得混乱起来。8月中旬的一个早晨，拉克尔试图把蒂姆从床上拉起来，昏昏欲睡又愤怒的他拒绝了。当他的女友推搡他时，两人发生了激烈的争吵，拉克尔向他扔了一个枕头，蒂姆将紧握的拳头直接砸向了墙壁。

他立即冷静下来，哭了起来。一切都太沉重了，这么多的压力，这么多的事情。有时它们都沸腾起来了。

蒂姆试图平息发生的事情，他预订了与"乌斯怀亚"在同一片海滩上的一家饭店的整间餐厅，这个地方号称是世界上最昂贵的饭店，并将其服务描述为美食表演。包场的他们坐在那里，吃着弥漫着烟雾、激光光束和效果的套餐，蒂姆的右手缠着绷带。对墙壁的打击造成了骨折，在接下来的几周里，他只能用三个手指进行表演。

他讨厌那些该死的药片，讨厌它们对他的影响。2月时，一切都很好。对他而言，那是一种强大的控制感，让他能从药物中解脱出来。

现在，那种令人咬牙切齿的焦虑感又出现了。更糟糕的是——他感觉到有什么东西在体内生长。起初，它是一种休眠的不适感，没有轮廓，很容易被忽视，但渐渐地越来越明确。那东西就像一个肿块，在去年冬天他逐渐减少用药后，这个肿块开始生长，在3月的手术后变得越来越大。

难道是肿瘤？

他需要找到一个新的间歇，一个能让他再次经受住戒断折磨的时间。现在他知道那会是什么感觉——上一次，他连续几天身体虚弱、发烧和打寒战。

"我一直在来回看时间表，"他给位于海滨路的公司写信，"如果我们能取消明日世界音乐节，对我来说将是一个完美的时机，让我摆脱该死的药瘾。除了取消，你们还有更好的建议吗？"

蒂姆需要在8月底前往挪威、英国和西班牙演出，然后在德国做宣传演出。

之后，9月初有一个星期，他可以在斯德哥尔摩的公寓里处理这堆麻烦事。必须是在那时，因为下一次机会要等到10月底，在亚洲巡演之后。他无法忍受那么久的等待。

"我现在就快要做到了，我只想摆脱这一切。"

克拉斯·贝里林和阿拉什·普诺里都同意了。他们一起在伊维萨岛港区悬崖上的一家鱼类餐厅吃了晚饭。在迈阿密看到躺在病床上的蒂姆，对阿拉什来说很难受——当时蒂姆的体重还不到五十公斤，而且显然精力已经耗尽。

他们一致认为，现在的情况是无法持续的。蒂姆确实是上海风暴电音节 ① 的主角，10 月他在日本也有演出安排，秋季还有在圣贝纳迪诺的音乐节和亚特兰大的明日世界音乐节，另外还有在拉斯维加斯的九场演出，每场价值约为二百五十万克朗。

让钱见鬼去吧。重要的是，蒂姆要彻底地康复。

---

① 风暴电音节（Storm Festival），创始于 2013 年，中国最大的电子音乐节。

2014 年秋天，蒂姆回到斯德哥尔摩的家中，那里正下着倾盆大雨。炎热的夏季过后，9 月底的一场暴风雨让城市陷入漂浮的灰色混乱状态。大量的雨水渗入医院，使部分地铁系统瘫痪，卡尔拉路上的自行车也被积水掀翻了。

安琪站在她儿子公寓的炉灶前，煎着黄洋葱、大量大蒜和整颗西红柿。当蔬菜变成棕色后，她小心翼翼地扯下西红柿皮，倒上奶油和咖喱。她用大虾作为收尾，并用少量红辣椒粉和盐调味。

安琪很担心蒂姆，他正躺在她身后的皮沙发上。他在夏天瘦了很多，她希望他能吃一点自己做的意大利面。

她来这里还有另一个原因。目前的想法是她将负责照顾生病的蒂姆，这一点已经与一位瑞典医生达成一致。

蒂姆将逐渐以一种有节制的方式减少剂量，而不是像上次那样疯狂减量。他每天会得到两次温和的阿片类药物丁丙诺啡，总共四毫克。通过循序渐进的戒断，蒂姆有望在圣诞节前完全摆脱药瘾。

安琪并不确信。蒂姆是如此安静又封闭，看上去似乎很沮丧。他站起来去了洗手间，说了几句话，又回到卧室。

在他二十五岁生日那天，《公告牌》杂志报道艾维奇无限期地取消了所有演出。推特上的粉丝并没有表现出太多的理解。当然，有些人确实认为他应该得到休息——瑞士的粉丝希望他能快速康复，加利福尼亚的一位女士承诺会为他祈祷——但许多人似乎主要考虑的是自己。

> 如果 @艾维奇不参加"明日世界"的演出,我会很郁闷的!别再这样对我了!
>
> 在过去的一年里,艾维奇取消了多少音乐节和演出,就因为他无法控制自己开派对? #多到数不过来
>
> 艾维奇太可悲了,哈哈哈。
>
> 艾维奇,去你的。

虽然蒂姆想在斯德哥尔摩平静地度过戒断期,但他现在很矛盾,也很固执。他很难接受自己被控制的感觉。他觉得克拉斯、安琪、医生和阿拉什,以及他周围所有的人突然都不信任他了。

"我每天都会接受别人告诉我的事情,但我想自己决定。"他通过电脑屏幕向拉克尔解释。

他的女友在多伦多的母亲家里,不确定她是否真的应该记录下这次谈话。但几个小时后,当蒂姆清醒过来时,他可能会忘记他们说了什么,她想让他看看自己吞吞吐吐的样子。

"我不想……让别人……处理我的药。我不会起床就说:'嘿,现在我可以吃药了吗?'"

"为什么不?有什么问题呢?"

"我希望能在我想吃药的时候吃药。"

他们静静地坐了很久。

"所以你不认为药物控制了你的身体？"

"嗯，是控制了我的身体，而不是我的头脑。"

"我认为这两者是相辅相成的。"

"我不这么认为。因为如果是那样的话，我就不会每天服用四毫克，而是会服用更多。"

2014 年 10 月初，《日子》发行了，这是蒂姆六个月前与塞勒姆·法基尔和文森特·庞塔雷一起制作的歌曲，当时一切都似乎那么有趣。为这首歌找一位歌手是件棘手的事情。"杀手"乐队 ① 的主唱布兰登·弗劳尔斯（Brandon Flowers）曾录制了一个版本，但他和蒂姆在短信中吵了起来，结果不了了之。最后是来自"接招"合唱团 ② 的老牌流行歌手罗比·威廉斯（Robbie Williams）唱出了那些永难忘怀的美好岁月之感。

蒂姆在 2014 年秋季发行专辑的目标没有实现，所以这首歌和它的"姐妹歌曲"《夜晚》（The Nights）一起成了歌迷们的临时解渴之作。

但这首单曲似乎并没有获得飞跃式的成功。在推特上，人们对这首过时的电台摇滚乐态度犹豫，抱怨它缺少高潮，仅仅一周之后，它就跌出了公告牌排行榜。

蒂姆还不习惯这样的反响。他躺在床上，查看"油管"上的数据——在不到短短一个月的时间里，浏览量有七百万次。就在几年前，这还是个令人振奋的数字，但是现在感觉这个数字代表了巨大的失败。这是一首关于生活的歌，一个真正庆祝生活的作品，而他却不耐烦地

---

① "杀手"乐队（The Killers），成立于 2001 年的美国另类摇滚乐队。
② "接招"合唱团（Take That），成立于 1990 年的英国流行演唱组合，被 BBC 誉为"'披头士'之后最受欢迎的英国组合"。

蜷缩在床上，每天都要睁着眼睛到早上七点。这一次摆脱药物感觉要气馁得多，特别是当他感到自己被监控时，很难再鼓起六个月前的那种战斗精神。

他认为之前感受到的胃部肿块并没有消失。相反，随着药效的减弱，它变得越来越大，存在感越来越强。有时，他感觉它占据了自己的整个身体。

蒂姆确信那就是一个肿瘤，这是他现在唯一能想到的。他的父亲已经安排蒂姆在 11 月底做胃镜和结肠镜检查，以彻底解决这个问题。阿拉什认为蒂姆应该留在斯德哥尔摩，并去看营养师。

但蒂姆坐立不安，越来越感到耻辱和拘束，他渴望离开。

在离蒂姆几个街区的地方，克拉斯·贝里林也毫无睡意。

他咒骂自己天真了这么久。怀着不断增加的内疚和愤怒感，克拉斯阅读了关于蒂姆所服用的阿片类药物的资料。在瑞典，阿片类药物主要用于急性癌症病例和姑息治疗，以减少垂死病人的痛苦。止痛药也可用于短期治疗，例如在手术后服用。

美国的情况则不同。2014 年这个特殊的秋天，美国南部地区正在进行一场旷日持久的诉讼。肯塔基州起诉了普渡制药公司，这家制药公司的药物奥施康定在美国引发了一种流行病。正是该公司十多年前的持续营销，改变了美国医生对阿片类药物的看法，使他们开始比以往更随意地开出吗啡类药物。

此时，事实证明普渡制药公司的销售策略是基于错误引用的研究、赞助的调查和错误的前提。奥施康定比竞争对手的药品更不容易上瘾的说法是彻头彻尾的胡说八道，该公司已被迫收回所有此类说法。

不幸的是，奥施康定产生的影响已经一发不可收拾。肯塔基州只是影响明显的地方之一：儿童因家长过度上瘾而失去父母，守法的工人变成小偷和监狱常客，药店被迫在店内安装防弹玻璃。

2014年秋天，另一股阿片类药物浪潮正席卷美国。芬太尼（Fentanyl）的药效比吗啡强一百倍，这种非法制造的药物非常容易摄入过量。由臭名昭著的黑帮头目"矮子"领导的一个墨西哥贩毒组织已成为美国市场最大的芬太尼分销商。

克拉斯坐在电脑前阅读这一令人沮丧的发展。现在有二百多万美国人对某种形式的阿片类药物上瘾，这一公共卫生危机将给社会带来悲惨的后果。

在很长一段时间内，美国人口的平均预期寿命首次出现了下降。

该死。

他们给蒂姆吃的到底是什么药？

最终，蒂姆不顾阿拉什和克拉斯的明确意愿，搬回了洛杉矶。

他们到底要做什么？他是一个成年人，躺在斯德哥尔摩的沙发上戒药瘾已经很不舒服了。对救赎的渴望，对摆脱他胃里那该死的焦虑感的渴望只增不减。在与克拉斯发生了一场撕破脸的争吵后，他干脆地登上了飞机。

就像前面说的，他们到底要做什么？

拉克尔和小狗奥利弗在好莱坞的山上迎接他。他买的房子还在装修，这里仍然是一个大工地，横梁光秃秃的，还有被拆掉的墙壁。但是蒂姆不在家的时候，拉克尔已经把两人的物品收拾到他们在此期间租住的房子里——就在同一条街上，即冠蓝鸦路，离陡峭的山坡只有几百米的距离。拉克尔已经把家具安排妥当，并将她男友的衬衫和裤子分类放入衣柜中。最后，蒂姆还将拥有一个真正的家庭工作室，他可以在那里完成自己的第二张专辑。他说，他很兴奋能为专辑做准备，因为它已经被推迟了。

几天后，蒂姆前往市区。下午晚些时候，当拉克尔在整理房子中最大的卧室时，这对情侣共用的苹果平板电脑上传来一条信息。蒂姆早已将他的手机信息链接到那里，所以拉克尔也能收到他的短信，这并不奇怪。这是她欣赏蒂姆的地方之一——他从不介意她偶然看到他在手机上写的东西。蒂姆在很多人面前有秘密，但对她没有。

然而接下来信息有所不同。

"我需要找人看看撞在墙上的手。现在还在疼，而且手指看起来歪歪扭扭的。"

拉克尔很快意识到，蒂姆是在给他的家庭医生发消息。

又来了一条信息。

"胃又开始痛了。"

医生回复说，他可以安排一个同事在第二天早上去看蒂姆。但病人对这个回答并不满意。

"我是实打实的痛，而且害怕极了。我们现在能不能用点止痛药来对付它？"

拉克尔感到自己浑身都僵住了。虽然蒂姆的戒药过程是一场漫长的战斗，但他总是很真诚。现在他却用那该死的药片欺骗她？这就是他回到美国的原因吗？不是为了看望她和狗，而是因为他知道自己可以轻易地从美国家庭医生那里开到更多的药物吗？

瞬间，一切都变了。这是有史以来第一次，拉克尔感到一股冰冷沉到了腹部。无论如何努力，她都无法帮助蒂姆理解药瘾的严重性。她害怕他现在的模样，也害怕自己的模样。看看这些药片对他们这对情侣兼朋友所做的一切吧！

拉克尔再也无法忍受这样的环境了。巡演团队的工作人员、经纪人、医生——他们都只在危机最严重的时候关心他，之后却像以前一样继续急速前进。而且，这个医生怎么能给一个好几个月都没见过的病人开药呢？拉克尔不得不克制自己打电话痛斥他的冲动。

现在，这已经成了一个悲伤的故事，就如同她在关于科特·柯本①和艾米·怀恩豪斯②的纪录片中看到的那样。她不想成为那个故事中的女友，那个事后被指责任由事情发生的女孩，那个只是说"好"，却没有加以制止的女孩。因为会有以后，她在这一刻确信这一点。蒂姆会英年早逝。新年过后，他又将踏上巡演之路，每个人都会假装一切都很好，她拒绝再次成为这个谎言的一部分。

为了拯救自己，她不得不离开蒂姆。

拉克尔给他的一些朋友打电话，告诉他们自己的怀疑——蒂姆获得了新的处方，很可能在去药店的路上。她搜罗了一些东西，上了车，驶向加州的奥兰治县去找一个朋友，他是唯一知道发生了什么的人。

在南下的高速公路上行驶了几个小时后，蒂姆的一个朋友打电话过来。

蒂姆因为喝酒、吃药，他们正把他送往急救室。

由于不知道蒂姆已经住院，还进行了洗胃，几周后，杰西·韦茨提议去墨西哥旅行，因为他和蒂姆已经很久没见面了。杰西租了一架私人飞机，然后带着几名"男孩帮"成员出发了。

蒂姆的嘴里有一个可怕的疮，他说这是由于一颗发炎的智齿导致的。杰西并不真的相信这个解释，它看起来更像是蒂姆直接咬破了自己的舌头和脸颊。如果他能躺在沙滩上放松几天，情况可能会得到改善。届时，他们可以聊一聊。

---

① 科特·柯本（Kurt Cobain，1967—1994），美国摇滚乐队"涅槃"（Nirvana）的主唱、吉他手和词曲作者。1994年，在经历慢性疾病、抑郁症和药瘾的折磨后，心理和生理都遭受严重打击的柯本最终选择饮弹自尽。

② 艾米·怀恩豪斯（Amy Winehouse，1983—2011），英国灵魂乐歌手、词曲作者，被BBC评价为"杰出的声乐天才"。2011年，她因酒精中毒离世。

他们在墨西哥的坎昆市着陆，前往墨西哥湾一处被绿松石色海水包围的狭长陆地。美国人会在这里庆祝毕业和度蜜月，或者像现在一样，迎接 2014 年圣诞节假期的来临。第一天是美妙的慵懒状态——他们躺在沙滩上，蒂姆谈论着远离寒冷多雨的斯德哥尔摩是多么美好。蒂姆确实吃得不好，他说嘴太疼了，因此他没有像以前那样喝醉。晚上他们去了一家小俱乐部，他只喝了几杯气泡酒，很放松。

几天后，杰西和其他人在大堂里闲逛，正准备出去吃午饭。

突然，蒂姆从电梯那边的门厅冲了过来。他看起来完全不在状态，几乎无法走路。

"蒂姆，这是怎么回事？你还好吗？这到底是怎么回事？"

但此时蒂姆不可能和他进行对话。蒂姆只是喃喃自语，说了些让人听不清楚的胡话。他眼神空洞，仿佛身处很遥远的地方。

这可不行。艾维奇不能在无法与人沟通的状态下在墨西哥的一家旅游酒店里四处游荡，任何时候都会有人暗中拍摄秘密照片。

在有人去叫医生时，杰西把蒂姆带到自己的房间，让他躺在酒店的床上。蒂姆的意识仿佛消失在更深的迷雾中，无论他们如何摇晃他，他都没有反应。当医生到达时，蒂姆似乎已经失去了意识。

"你们知道他服用了什么吗？"她问。

"不知道。"杰西回答说。

"你们能找到吗？"

当朋友们翻看蒂姆的东西时，他们发现了很多药片：有治疗恐慌症的药片，有一包阿片类药物和一种肌肉松弛剂。

"这种组合可能是致命的。"医生说，"我们必须治疗他。"

事后，当蒂姆洗完胃，回到酒店时，气氛相当压抑。

杰西和其他人想直截了当地知道蒂姆究竟服用了什么，而且为什么会过量。蒂姆很恼火，他不想讨论，相反，他认为应该有人去药店给他买新的药。

"我们现在不相信你，"杰西说，"你需要睡觉，吃点东西。你需要做正常的事情。"

"但我的东西呢？"

蒂姆不肯让步。他需要止痛药来治疗嘴里的伤口，需要安眠药才能入睡。他说，那他就得自己去药房了，然后向门口走去。他的一个朋友站在那里挡住了去路，拒绝让蒂姆出去。

"你有麻烦了，"杰西说，"你差点死掉。"

蒂姆只是瞪了他一眼。最后，他们通过谈判达成妥协，允许蒂姆保留他的安眠药和其他任何看起来不会直接威胁生命的药品。

事情平息了下来。

对蒂姆来说有一件头等大事——在任何情况下，他的父母都不能知道这件事，这让杰西陷入了尴尬的境地。这一事件相当严重，蒂姆的家人应该知道发生了什么。但与此同时，杰西担心蒂姆会立即与他绝交，把他视为叛徒。

他决定对蒂姆忠诚。他不会出卖蒂姆。

安琪·利登

你好呀，你这可恶的孩子，不回复消息，也不发任何近况！你脑子里在想什么，为何不和我们保持联系？给我们——你的家人，最重要的是我——你的妈妈写几句话也好啊！

蒂姆·贝里林

我一直在回复和发消息！哈哈，你一直没回复我！

什么？？？？？？

……我只是想知道你怎么样了——也许对于告诉你妈妈来说，这太难了。

但你完全忽略了你父亲——你不回复他。我不理解为什么你不回复你父亲？你在害怕什么吗？你是觉得在某些方面遇到了困难吗？

时间悄然流逝。太阳缓缓爬过明亮的地平线，安琪·利登在等待一个从未到来的电话。她的儿子已经很久没有打电话给她，想和她聊聊了。

她站在拉斯帕尔马斯①木板步道上方的阳台上，眺望着下方戏水的游客。几年前，她和克拉斯一起乘坐包机前往加那利群岛的首府，并爱上了这座略显陈旧的城市。这里没有那么花哨和整洁——一壶家常红酒配肉排，文身店旁边有卖廉价衬衫的商店。这对夫妇在海滩的北端租了一套公寓，如果在水中游泳的话，那里的海浪永远不会太高。

但现在这里只剩下安琪一个人。她的丈夫已经去了洛杉矶，帮蒂姆装修他坚持买下的昂贵房屋。

2015 年的这个春天，安琪感到一种除了身体之外的距离感——她比以往任何时候都更感觉蒂姆身处一个她无法进入的世界。

每当他们联系时，蒂姆总是装作无事发生。大部分时间他都在谈论他制作了什么惊人的歌曲，刺了多么酷的文身。一切都很好，亲爱的妈妈不用担心。但父母两人现在都明白，长期服用阿片类药物会产生多大的破坏性。而安琪确信，情况的局部被隐藏了，她强烈地感受到了这一点。

所有不可见的、她无法掌握的东西都在黑暗中生长。如果蒂姆用药过量怎么办？那时她会怎么样？如果失去儿子，她会是谁？

当这些想法变得过于沉重时，安琪会穿过楼梯间，来到隔壁的公寓。那里住着一对来自哥德堡的老夫妇，她和克拉斯在早先的一次加那利群岛之行中认识了他们。

几十年前，老先生的女儿自杀了。这个女孩感到身体不适已经有

---

① 拉斯帕尔马斯（Las Palmas），西班牙加那利群岛自治区的首府之一。

很长一段时间了，但他们不知道该如何帮助她。每向前迈出一步都会遇到挫折。在这对夫妇的阳台上，讨论变得漫长起来，并以一种奇怪的方式让人感到欣慰。与那些感受到相同的严重无力感的人在一起，安琪可以放松片刻。喝几杯酒，哭一哭，似乎就能得到救赎。

当她重新回到自己的公寓时，黑暗笼罩着她。下面的海滩已空无一人，大西洋的海浪变成了深蓝色。

安琪计算着时间——现在洛杉矶是几点？蒂姆在做什么？他为什么不回复他的父亲？始终保持警惕让她消耗了大量的精力，感到筋疲力尽，但是她仍然无法入睡。

与此同时，克拉斯·贝里林坐在好莱坞的脚手架和瓦砾上。与负责翻修蒂姆房屋的工匠的又一次漫长会议终于结束了。

实际上，克拉斯觉得他们做得太过头了。厨房只要稍作改动就可以很好，卧室里已经有了一个很大的步入式衣柜，而且一个带玻璃地板的阳台完全没有必要。但蒂姆想把一切都砸掉，在房间和室内装饰上打上他自己的烙印。然而他从未在会议上露面。克拉斯没有住在他儿子家，而是住在山下的一家旅馆里。几乎无法与蒂姆取得联系，但是他的一个朋友参加了这些装修会议，并充当了中间人的角色。显然，蒂姆很难应付这些会议，因为他睡得很不好。他彻夜未眠，直到深夜才醒来。

克拉斯在他的年鉴中记录了这些报告：

2月2日：蒂姆在21点醒来。

2月3日：蒂姆没有睡觉。

2月4日：蒂姆在今天中午12点睡着了。

横跨内封："让你无法入睡的左洛复①。

克拉斯并不介意蒂姆的朋友们试图进行调解，但整个情况让人觉得毫无意义。毕竟，他已经在洛杉矶待了好几天，但当他打去电话时，蒂姆仍然不愿接听。克拉斯觉得自己变成了敌人，干涉了蒂姆的生活，遭到了回绝。

蒂姆租的房子和他与朋友住的地方离山坡只有几百米，但两者之间已经变成不可逾越的堡垒。

比如说，在墨西哥到底发生了什么？为什么他突然需要寻求与自己的儿子见面？

另一方面，蒂姆则认为克拉斯应该理解他在此事上的授权。他知道自己很难去应付那些事，这就是为什么他们花钱雇了许多人去处理不同的情况。最重要的是，难道父亲没有看到自己也想摆脱这种压力吗？特别是最近，克拉斯开始谈论蒂姆如何通过买房子给他带来了经济压力——如果蒂姆想负担得起装修和购买家具的费用，同时保持已经习惯的生活标准，他就需要继续工作。开支无处不在，即使是世界上最成功的音乐家，也不可能随心所欲地挥霍一亿克朗。

除此之外，克拉斯还唠叨说，蒂姆的朋友们应该对他身边的酒精和药物采取零容忍的态度。

蒂姆认为完全没有必要。

"我只想说，我无法忍受你总是给我的朋友打电话，对我的生活指手画脚，他们应该做什么，他们对我的责任是什么，"蒂姆给他的父亲写道，"每个人都害怕你和阿拉什。他们不应该在我身边喝酒，一切都要报告，等等，没有人能理解我们为什么不直接谈论你的忧虑。"

---

① 左洛复（Zoloft），一种主要用于治疗抑郁症和焦虑症的药物。

这种苦恼还降临到了斯德哥尔摩。在海滨路的漂亮场所内，沉默已经蔓延开来。

菲利普·霍尔姆一早来到办公室，挂好外套，一言不发地坐在办公桌前。

"夜间"发生了什么事？几年前他们还在斯蒂尔曼街的地下室里玩得不亦乐乎。那时，他们是一个团队，他们从劣势中挣脱出来，用犀利的回击给业界带来惊喜。他们曾为对方播放过样本唱片，声音大到邻居都能听见；他们曾经每天早上互相拥抱，笑声不断。

现在，菲利普·霍尔姆觉得他在一个有接待员和会计，以及气氛糟糕的整洁场所工作。

事实上，这里应该是梦想之地。舞曲不仅占领了美国的音乐市场，而且几乎占领了全球的音乐市场。2015 年，全世界将有超过两百个音乐节，它们都关注着现在所谓的"电子舞曲"。一方面，新市场中有老品牌：神秘之地音乐节（Mysteryland）从荷兰来到智利，美国的超世代音乐节来到巴厘岛，澳大利亚的未来音乐节来到马来西亚。但那些想看表演的人也可以在巴哈马的一艘游轮上看到斯克里莱克斯和莱德巴克·卢克，在爱沙尼亚的海滩上看到哈德威尔和铁斯托，在特兰西瓦尼亚 ① 的哥特式城堡中看到"流线胖小子"。

一些极其富有的酋长加入了拉斯维加斯俱乐部现场的竞争，这一事实甚至迫使音乐节组织者提高了他们的报价。现在演出的报酬是天文数字，权力掌握在像艾维奇这样的人手中——他们可以理直气壮地说，他们是把这些规模巨大的活动扛在肩上的人。对于组织者来说，几个名字可能意味着售出数千张和数十万张门票之间的区别。

---

① 特兰西瓦尼亚（Transylvania），指罗马尼亚中西部地区。

阿拉什·普诺里现在成为瑞典主要商业杂志中的主角，而且将于当年夏天在瑞典广播电台发表讲话——他将在广播中向全体瑞典听众讲述自己的人生故事，这就如同在该国的文化领域被授予爵位。阿拉什还与声田的创始人丹尼尔·埃克一起筹办"聪慧头脑"（Brilliant Minds），这是一个年度会议，他们计划将信息技术领域的国际知名企业——如推特和谷歌——召集到一起。第一次会议定于初夏举行，阿拉什利用他的关系网，邀请到了韦克莱夫·让[①]、爱立信公司首席执行官汉斯·韦斯特贝里和"阿巴"乐队的比约恩·奥瓦尔斯[②]等人——他在大人物之间如鱼得水。

但是，蒂姆在洛杉矶发生的事情令人担忧。阿拉什越来越恼火。蒂姆即将在澳大利亚进行巡演，与沃尔沃的大额赞助协议也在酝酿之中，但这位明星本人似乎并不在意。

蒂姆则早就感觉到阿拉什对歌曲的反馈越来越少，甚至他们的电话交谈也没那么频繁了。事实上，零星的沟通都是通过电子邮件进行的，他们在邮件中争论的语气可能会变得尖锐且幼稚。距离并没有改善两人的关系，他们经常几个星期都不联系。

在海滨路的办公室里，紧张的气氛让菲利普·霍尔姆无法忍受。自从一年前在迈阿密患上胃溃疡之后，他就感到一种让人瘫痪般的疲惫感，现在只要他在下班休息时就无法下床。他的女朋友试图带他出去——至少在星期天进行一次短途散步，但霍尔姆只想待在百叶窗后面的阴影中。

有一天，当他再次强迫自己去工作时，他再也无法应付了。他坐

---

① 韦克莱夫·让（Wyclef Jean，1969— ），海地说唱歌手、音乐家和演员，著名美国嘻哈团体"难民营"（Fugees）的成员之一。

② 比约恩·奥瓦尔斯（Björn Ulvaeus，1945— ），瑞典歌手、词曲作者，"阿巴"乐队成员。

在一间录音室里，在天鹅绒帷幔和巨大的扬声器前哭了起来。不过，让眼泪流出来真好。

手机震动起来。阿拉什发现霍尔姆不在他的办公桌前。霍尔姆编造了一个谎言，他说自己要去录音室接一个电话。

他独自坐在那里，思考了一会儿。然后他在短信中写道，他感觉不舒服，也许已经病了，他必须回家。

几天后，在 2015 年 3 月，他离开了"夜间"。

发件人：蒂姆·贝里林
收件人：尼尔·雅各布森
日期：2015 年 4 月 11 日

我认为我们可以产生巨大的影响力，就像《真实》带来的效果那样，但这次要更强。坦率地说，我认为这张专辑远远超出了很多正在流行的垃圾电子舞曲，我希望专辑中每一首该死的歌曲都能传递出永恒和美妙之感，而且我希望它是一张双专辑。

尽管发生了这一切，蒂姆·贝里林还是想把注意力集中在真正有效的事情上。例如，在 2015 年春天，他开始和文森特·庞塔雷推荐的一个家伙一起训练。

芒努斯·吕格贝克（Magnus Lygdbäck）是一名来自斯莫兰[①]的前曲棍球运动员，后来他搬到了洛杉矶，以明星私人教练这一身份而闻名。他刚刚前往伦敦，去确保演员亚历山大·斯卡尔斯高[②]在即将上映

---

① 斯莫兰（Småland），瑞典南部约塔兰地区的一个旧省。
② 亚历山大·斯卡尔斯高（Alexander Skarsgård，1976— ），瑞典演员，曾获得金球奖和艾美奖最佳男配角，代表作有《真爱如血》《忧郁症》《断线》《继承之战》《大小谎言》等。

的大片《泰山归来：险战丛林》的拍摄过程中，每餐吃的食物不超过两个拳头。

现在，吕格贝克一早来到家里，把蒂姆带到阳光下。起初的目标并不高——给身体充氧，让蒂姆呼吸新鲜空气，让他的脸颊恢复一些气色。

他们常常会爬上冠蓝鸦路的陡峭山坡，在山顶的瞭望台上停下来，将目光定格在贝弗利山庄的葱翠植被上。他们会讨论留在蒂姆床上未清洗的盘子和散发着臭味却没人愿意扔掉的外卖盒。蒂姆在他的房间里与世隔绝，连续几天都在看《纸牌屋》。

然后，更多的体能训练开始了。哑铃和杠铃被带到住所的车库里，芒努斯·吕格贝克几乎每天都来指导蒂姆举重。

这并不容易，因为当蒂姆推动自己奋力向前时，随着脉搏加快，他的身体会做出本能的反应。快速的心跳被误认为是惊恐发作，蒂姆会突然间感到头晕目眩，被迫放下哑铃，开始上气不接下气。

但至少他在锻炼，并为此感到自豪。

蒂姆在音乐方面也取得了进展。现在，吉姆·亨森经典录音室可以算是他的另一个家，他在录制经典歌曲《天下一家》(We Are the World)的同一个房间里坐了好几夜。

一天晚上，蒂姆需要新的听觉感受，于是叫来了几个刚认识的人，让他们听一听他到目前为止录制的素材。他有一百多个歌曲草稿可供选择。

阿尔宾·内德勒 (Albin Nedler) 和克里斯托弗·福格尔马克 (Kristoffer Fogelmark) 是两名二十五岁的年轻人，几年前他们曾共同为男子团体"单向"组合①的专辑《带我回家》(*Take Me Home*)创作歌曲，该专辑在三十多个国家的排行榜上名列前茅。取得这番成功后，这两个年轻的瑞典人开始在斯德哥尔摩和洛杉矶之间穿梭，创作全球大热歌曲。当蒂姆在午夜前打来电话时，他们正在从工作室回家的路上。

"嗨！"蒂姆说，"我正在工作，有一些内容可能需要一些反馈。来吧，这肯定会很棒！"

阿尔宾·内德勒在红木板前的椅子上坐下，蒂姆开始不安分地从一份草稿跳到另一份草稿。从扬声器中流淌出的是 20 世纪 80 年代的新浪潮曲调，以及强劲有力的《城市之光》(City Lights)。蒂姆写了一首他喜欢的雷鬼歌曲，由说唱歌手韦克莱夫·让和歌手马蒂亚胡②演唱。他想用真正的交响乐团演奏的饱满弦乐来填充歌曲。

蒂姆亲自演唱了其中的一首歌曲。他最初的设想是让克里斯·马丁来演唱《真的信徒》(True Believer)，但当这位"酷玩"乐队的歌手听到样本歌曲时，他说服蒂姆来唱，因为这首歌的歌词非常个人化。而蒂姆请克里斯做伴唱——如此使用世界上最著名的一位音乐人是相当自大的做法。事实上，随着每次合作，这张专辑变得越来越分裂，但这并没有让蒂姆感到困扰。相反，他认为这显示了他能力的广度。

"该死，我感觉是时候做那张大专辑了。"他说，"我想做一些能定义这十年的东西。"

通过他的巡演经理，蒂姆发现了英国组合"樱桃鬼"③，他们的老歌

---

① "单向"组合(One Direction)，成立于 2010 年的英国流行音乐团体。

② 马蒂亚胡(Matisyahu，1979—)，美国雷鬼音乐家，以融合犹太人主题和雷鬼、摇滚音乐而闻名。

③ "樱桃鬼"(Cherry Ghost)，成立于 2006 年的英国流行音乐团体。

《玫瑰》（Roses）激发了《等爱》（Waiting for Love）的旋律进行，这首歌让蒂姆起了一身鸡皮疙瘩。春天时，他曾邀请组合的主唱西蒙·奥尔德雷德（Simon Aldred）来到他位于洛杉矶的家中，他们在那里录制了另一首歌曲《还有十天》（Ten More Days），这是蒂姆最喜欢的歌曲之一。

黎明时分，阿尔宾·内德勒播放了他和克里斯托弗在几周前制作的一首歌曲草稿。这基本上是一首嘻哈歌曲，由汹涌的踩镲声和沉重的低音组成，感觉更像是肚子里的吸气声，而不是真正的声音。阿尔宾在鼓声上添加了一个灵感来自"蠢朋克"组合的合成器循环。

蒂姆瞬间就喜欢上了他听到的内容。

一首嘻哈歌曲可以为新的听众打开大门，这正是蒂姆需要的，而且这能为他指出一个新方向。另外，在样本歌曲中，蒂姆立刻爱上了一个旋律段落。这是一连串引人注目的音符，让人想起爵士乐萨克斯风手在独奏中可能会展现的技巧。许多人会认为这个小把戏太过浮夸、矫枉过正，但蒂姆认为，这段旋律为作品赋予了个性与光彩，它表明了阿尔宾·内德勒知道他在做什么。

"该死，我喜欢这些歌。这正是我觉得很棒的风格！"

这个项目应该具有这样的细腻性。这张专辑可能会被推迟，但作为回报，这将是一次真正的实力展现。事实上，蒂姆认为他有如此多的好歌，应该发行一张双专辑，一套充满自信的复杂之作。

他给环球公司的尼尔·雅各布森写道：

只要我们有单曲来承载这张专辑——我想我们终于做到了——其他的就会随之而来。我希望它会产生"砰、砰、砰"的效果，就像我记忆中阿黛尔的专辑《21》一样。一首接一首的单曲。当评论家和业界听到这张唱片后，我希望他们能发现歌曲的不同层次，因为我觉得很多曲目都是随着时间的推移而成长的。

　　我不是说这是极好的，或者这张专辑一定会是这样，我的意思是，这应该是我们的终极目标——我们都是这张专辑的一部分，三十年后，当我们都坐在该死的休闲椅上，抽着雪茄，抿着威士忌，回忆我们是如何做出这张唱片时，可以为之骄傲。

蒂姆感到充满希望，也做出了承诺，但到了 2015 年夏天，他周围的人很难不注意到情况是如何迅速走下坡路的。蒂姆确实很多产，但同时也很苍白、消瘦。他的黑眼圈给人的印象是他已经几天没有睡觉了。

阿尔宾·内德勒继续造访录音室，他闻到了始终飘散在扬声器之间浓重的"手卷烟"的甜味。早在十几岁时，蒂姆就从"手卷烟"中获得了不真实的感受，每次菲利普·奥克松吸"手卷烟"时，他都很生气，但在那之后，他的看法发生了变化。现在，他把"手卷烟"看作一种柔和又令人愉快的东西——与他以前服用的药片相比，"手卷烟"简直微不足道。他还聘请了一位新的美国家庭医生，这位医生没有开止痛药，而是开了各种镇静剂和抗焦虑药，以及抗抑郁药和安眠药。

橙黄色的药瓶被放在录音室一张特殊的桌子上，旁边是一个冰桶和一瓶杰克丹尼威士忌。蒂姆混合着格洛格酒，吸着另一根"手卷烟"，纠结于不同歌曲需要哪种声音的长段纯音乐。

阿尔宾觉得蒂姆正在寻找他头脑中的线索，却不能完全把它们串联起来，他很难厘清自己的想法。但阿尔宾并不十分了解蒂姆，所以不想提出反对意见。

甚至那些与蒂姆一起旅行的人也察觉到了情况的恶化。

在澳大利亚的巡演中，他把自己锁在酒店房间里，寻找可以提供镇静剂的医生，而不是准备他的节目。在拉斯维加斯，他在试图踢门后撕裂了十字韧带，此后不久就以明显的醉酒状态站在了舞台上。好笑的是，他曾与阿克斯维尔和因格罗索连续表演了三四次《在路上》（On My Way）。

这不像是艾维奇的作风，他不可能如此粗心大意。就连观众也越来越多地反映这位音乐人似乎正在失去他的立足点。例如，他开始在网上与人争论。小报《每日星报》（Daily Star）曾做过一次采访，并用了一个耸人听闻的尖锐标题——"麦当娜毁了我的歌：艾维奇抨击'流行女王'"。对此，蒂姆将文章截图并发布在推特上："也许是你们这些糟糕的记者毁了本来可以很棒的采访。"然后他给记者打上标签："你是一个多么狡猾又不诚实的讨厌鬼，我的朋友。"

这起事件演变成了一场骚乱，报纸上出现了新的文章，律师从伦敦打来电话，蒂姆拒绝删除这些言论，除非他收到记者的个人道歉。

在洛杉矶的机场，一位八卦摄影师大呼小叫地跑上前来，想激起这位明星的反应，于是蒂姆开始了回击。他用遮阳帽遮住脸，耸立在摄影师面前，向他轻蔑地发出威胁。

紧接着，他给环球公司的尼尔·雅各布森打电话。

"他们不知道自己惹的是谁，他们根本不知道。我要把他们都杀了！"

"蒂姆，你在说什么？冷静下来，放轻松。"

雅各布森和蒂姆以前曾谈论过他应该如何应对媒体，但这是新的状况。

"人们不知道我已经变得多该死的强大了，他们不知道自己在和谁捣乱。"

雅各布森听了十分钟，而蒂姆则滔滔不绝地说着。

"你知道，我轻轻松松就能把那个人打倒。"

"蒂姆，你不可以和任何人打架。这是新闻自由，这就是你为成功付出的代价。你太有钱了，不能打架。即使打赢了，你也会输。"

大约半小时后，蒂姆不得不登上飞机，结束了通话。

尼尔·雅各布森挂断电话，心中的不安感不断上升。让他感到害怕的不是蒂姆此时愤怒好战的情绪，而是别的东西——他认为蒂姆完全没有意识到自己在说什么，好像他没有真正触及蒂姆。他感觉蒂姆体内有一些野性的东西，而他瞥到了阴影的一角。

在飞机上，视觉制作人哈里·伯德坐在蒂姆身后的座位上，听到他关于复仇的幻想——他想雇一名私人侦探来追踪拍摄那个摄影师，找到一些污点，让对方吃点苦头。

这个夏天，蒂姆的喋喋不休基本上从未停止。现在可能是凌晨四点，当他们着陆后，哈里将直接前往下一个场馆，为今晚的演出做准备——他真的需要睡几个小时。然而，蒂姆坐在那里，展示着一张带有发光和反光材料的外套的图片，这件衣服是为破坏八卦摄影师的照片而设计的。这很酷，蒂姆想，但他并不满足于此。

他想创造一种使他完全隐形的外套。

"天哪，那是不是很棒？我可以到处走动，没有人可以看到我！"

蒂姆的下一个想法是发明一种手镯。当他向摄影师举起手时，警报就会响起，使狗仔队失去能力，同时激光光束会射向相机镜头。

一旦蒂姆睡着，其他人就会翻个白眼，互相示意保持安静，这样就不会吵醒他。哈里·伯德一直惊叹于蒂姆的聪明才智，但现在他只是让人觉得很奇怪。

当时正值 2015 年夏末，是前往"乌斯怀亚"演出的时间。这次，蒂姆租了一座新房子———一栋位于伊维萨岛南端山村里的白色大别墅。

悬崖直上直下地插入地中海，透过全景窗可以看到停泊在海上的几艘游艇。黏稠的晚雾让海湾对面的青山看起来像地平线上的苔藓。

蒂姆没有注意到这些细节。他弓着背，把耳机套在帽子上，一遍又一遍地听着同一个循环，已经几个小时都没有动过家里的厨师摆在电脑边的那盘食物了。他们在客厅里建了一个完整的小工作室，有吉他、电贝司和几个合成器，甚至连录音室麦克风也被带到了伊维萨岛。

蒂姆的眼睛变得迷糊起来。过去几周，他一直在拼命工作。

除了处理专辑的工作外，蒂姆一直在法国、英国、比利时和罗马尼亚的音乐节上演出，并且每周日在"乌斯怀亚"演出。有时，他的顽固似乎是支撑他的唯一因素。他服用含有安非他命的药片，以便能彻夜坐在屏幕前工作，并用镇静剂应对感受到的压力。当他想要入睡时，他还需要更多的药片。

现在他调高了音量，举起手臂在空中做出击鼓的动作。最后一首歌即将完成。《竭尽所能》(Pure Grinding)，这首阿尔宾·内德勒和克里斯托弗·福格尔马克展示给他的嘻哈歌曲已经被赋予了一个桥段，这是对浩室歌手克里斯特尔·沃特斯 [①]90 年代的经典作品《百分之百纯爱》(100% Pure Love) 的呼应。蒂姆喜欢其中的重低音和尖锐的鼓声。他向环球公司争取将《竭尽所能》作为第一首单曲发行，同时发行的还有《更好的一天》。他认为，这两首歌都是他作为一个作曲家发

---

① 克里斯特尔·沃特斯(Crystal Waters, 1961—)，美国浩室音乐歌手和作曲家。2016 年，《公告牌》杂志将她列为有史以来最成功的舞曲音乐人之一。

展的清晰例证。唱片公司的人对此比较犹豫，但最重要的是，当时的讨论都是基于市场营销展开的。

唱片公司的人说，对于这次发布会而言，按规矩办事尤为重要。现在，蒂姆已经达到了与最大牌的流行明星，如泰勒·斯威夫特[①]、贾斯汀·比伯[②]和坎耶·维斯特[③]等音乐人竞争的水平。结论很简单——蒂姆必须飞往伦敦接受电台采访，这件事情他们已经推迟太久了。

蒂姆拒绝了，他不想再来一次该死的媒体之旅。这太傻了，太有预见性了，而且很无聊。他想在英国的一个海滨度假胜地举行一场盛大的新闻发布会——涂鸦艺术家班克西在那里建造了一座乌托邦式的游乐园，游乐园里有图书篝火和扭曲的机器人，这是对富裕社会的讽刺。蒂姆认为这才是真正适合艾维奇的内容，他甚至在手臂上文了班克西设计的一个图案。另一方面，斯德哥尔摩环球公司的市场经理认为，一群致力于批评消费主义的艺术家不太可能会主持世界上最畅销的电子舞曲音乐人的发布会。

经过激烈的争论后，唱片公司胜出，蒂姆坐上了去伦敦的飞机。采访不算成功。BBC 准备了一个游戏，让蒂姆猜猜谁在推特上拥有最多的追随者——马丁·盖瑞克斯[④]、"瑞典浩室黑手党"、捷德还是铁斯托？蒂姆尽力表现得很好，事实却是他眼神茫然、含糊不清地做出了回答。当他接受首都电台（Capital FM）的采访时，主持人照例问了一些关于蒂姆对他的新单曲有多么兴奋的问题。蒂姆几乎没有回答，而

① 泰勒·斯威夫特（Taylor Swift，1989— ），美国流行、乡村音乐歌手和词曲作者，全球唱片销量超过两亿张，是当今世上最有影响力的歌手之一。
② 贾斯汀·比伯（Justin Bieber，1994— ），加拿大歌手，曾获得多项音乐大奖。
③ 坎耶·维斯特（Kanye West，1977— ），美国说唱歌手和音乐制作人。
④ 马丁·盖瑞克斯（Martin Garrix，1996— ），荷兰 DJ、音乐制作人，曾多次获得《DJ 杂志》百大 DJ 排行榜第一名。

是改变了话题，谈论起他购买城堡的计划。他整晚都在寻找斯洛文尼亚、莫桑比克和摩洛哥的壮丽宫殿。

环球公司在伦敦的代表认为这样的表现让人很不舒服。蒂姆似乎对他说的每一个字都是认真的，这并不是问题，但这些想法令人难以理解。而且蒂姆的眼神空洞，嘴里还含着唇烟。

当他拒绝在第二天早上来到酒店大堂时，唱片公司决定取消其余的采访。果然，这位音乐人的状态对他即将发行的专辑弊大于利。

蒂姆需要合格的护理，而且要快。

2015 年秋天，莱德巴克·卢克收到了在"乌斯怀亚"为蒂姆暖场的邀请。

卢克对这个请求感到惊讶。他曾多次试图联系蒂姆，但这位老朋友一直不回复电子邮件，令人难以捉摸。卢克希望他们能有机会在演出时再坐下来谈一谈，但蒂姆在演出开始前的最后一刻才到达"乌斯怀亚"，他们还来不及打声招呼，他就走上了俱乐部的户外舞台。

这是一场很奇妙的表演。但当卢克站在舞台边观看时，他发现自己仍然很难摆脱恐惧。

在舞台上那个消瘦的身体里，卢克看到了曾经的自己。就在几年前，他也曾处于完全崩溃的边缘。

在第一次恐慌症发作后的几年里，卢克一直待在自家的工作室里，整个人因压力而瘫痪，一直都很紧张。几首新歌终于诞生后，随之而来的是巡演。他每周至少去四座新的城市，在每个周末的表演中，他遇到的所有人都处于开心的醉酒状态。当然，他可以喝上几杯，仅仅在演出期间——这将升华为忙碌旅途中愉快的例外。

一年来，这样的做法一直很有效，但是两杯酒变成了三杯，三杯酒变成了四杯。很快，卢克无论去到哪里都会宿醉。在舞台上，他选了一首歌，然后他发现自己在想二十分钟前他是否播放过这首歌。最后，他变成了靠酒水生活——在迈阿密时，他给午餐喝的的蔓越莓汁倒上伏特加，第二天早上八点前喝完野格利口酒，然后睡几个小时后再继续。

与别人讨论这个问题仍然是不可能的，因为他不是一个跌跌撞撞的窝囊废，而是一名 DJ，一个该死的明星，一位名人。他将用应对上一次危机的方式来处理此事——咬紧牙关，努力工作，直到打消别人的疑虑。

事情的转机是他周日在阿姆斯特丹的家中难得休息时出现的。在他居住的宁静郊区，卢克的父亲邀请他共进晚餐，卢克的两个小儿子在地板上玩耍。像往常一样，卢克宿醉未醒，坐立不安，他那超负荷的脑袋还处于昨日的工作状态。这可能就是为什么他会被儿子们发出的噪音和尖叫吵得如此恼火。不过现在回想起来，他还是觉得很难理解这股汹涌的怒火从何而来。突然，卢克抓起他小儿子的衣服，把这个两岁的孩子扔到了地上。

这起可怕的事件产生了两件好事。

首先，卢克很轻易地戒了酒。每当对酒精的渴望袭来时，他就会想到儿子从地上抬起头来，满脸是血，露出不解目光的样子。

其次，卢克完全改变了他对力量和勇气的看法。展现力量和勇气并不是要保持镇定，闭口不言。承认自己感觉不好并不羞耻。或者说，不应该感到羞耻。

站在"乌斯怀亚"的舞台边时，卢克想到了艾米·怀恩豪斯。四年前，这位英国歌手在职业生涯正耀眼夺目时被发现死于伦敦郊外的家中，因急性酒精中毒去世。怀恩豪斯的离去将她置于一个神话般的音乐人群体中，他们都是在二十七岁离世的，包括吉他手吉米·亨德里克斯①、"涅槃"乐队的主唱科特·柯本、詹妮斯·乔普林②和吉姆·莫里森③。可悲的命运被音乐消费者浪漫化了——当艾米·怀恩豪斯唱到她拒绝接受酗酒治疗时，观众会很高兴地跟着一起唱。这也是这个行业中问题的一部分——观众并不总是想看到艺术家背后的真实人物，他们乐于将自己的梦想和幻想投射在偶像身上。莱德巴克·卢克已经感受到了被推崇后的孤独感。

在舞台旁边，他算了一下，蒂姆即将年满二十六岁，然后心里充满了不祥的预感。蒂姆将成为浩室音乐家。这位才华横溢的年轻人在短短的时间内为现场和观众奉献了这么多，却要很快地被夺走了。

卢克非常反感自己的想法，他只好离开了俱乐部。

在黑暗的夜空下，远在"乌斯怀亚"的观众群之外，一位药瘾治疗师也在观看演出。约翰·麦基翁（John McKeown）来到俱乐部与其说是为了看表演，不如说是为了尝试了解他潜在客户的周遭世界——麦基翁和他的员工受蒂姆家人的委托，试图来帮助这位正在舞台转盘后面晃动的音乐人。

一周前，克拉斯·贝里林参观了这位治疗师位于岛上一座老农场的新开的治疗中心。克拉斯显然很担心。到目前为止，为了使儿子摆脱药瘾所做的尝试都没有成功，现在他们需要专业机构的帮助。

---

① 吉米·亨德里克斯（Jimi Hendrix，1942—1970），美国音乐家、歌手和词曲作者，被广泛地认为是流行音乐史上最具影响力的电吉他手之一。
② 詹妮斯·乔普林（Janis Joplin，1943—1970），美国歌手和词曲作者，演唱摇滚、灵魂和布鲁斯音乐，以其强有力的女中音唱腔和充满感染力的舞台表现而闻名。
③ 吉姆·莫里森（Jim Morrison，1943—1971），美国创作歌手、诗人，"大门"乐队的主唱，以其狂野的个性、诗意的歌词、独特的声音、不可预测的表演而闻名。

麦基翁还与蒂姆的经纪人和巡演经理交谈过，现在他了解到，这个年轻人已经变得没有辨别力，还有自我毁灭的倾向。他会在床上躺几个小时，尽管知道别人在隔壁房间等着他。他最近出了车祸，因为他们急着去参加"乌斯怀亚"的演出。这年夏天，在一次着陆前，他在飞机上晕倒，飞机上的几个人以为他已经死了。

　　麦基翁认为，这肯定不会是一项简单的工作。成瘾者都是需要耐心的难缠病人，他在英国老家长期从事成功的工作后知道了这一点。20世纪90年代，约翰·麦基翁曾为英国的监狱犯人制订了一个治疗方案。该方案从萨里郡的十一名囚犯开始。当时麦基翁要求囚犯提供尿液样本，结果除两人外，其余人都被检测出体内含有药物成分，但经过几年的定期治疗，事情出现了明显的变化。牢房变得平静下来，囚犯们开始向看守打招呼。最重要的是，惯犯的数量减少了。

　　此后，麦基翁还担任了足球明星保罗·加斯科因[①]的治疗师，几年来，后者一直是英国媒体的宠儿。他们一起写了一本关于加斯科因摆脱上瘾的书，因为这本书，这位治疗师承担了英国几个主要足球俱乐部的咨询工作。

　　一架正在降落的飞机在"乌斯怀亚"的人群上空发出轰鸣声。艾维奇混入了一首新歌。约翰·麦基翁思考着与这位音乐人的对质将如何进行。他制作了一份表格给蒂姆的朋友和家人填写，想借此帮助他们回忆起使他们对蒂姆的健康感到担忧的具体事件。根据经验，麦基翁知道，在召开会议之前，每个人都需要确切地表达自己的想法，这很重要。否则，当情绪高涨时很容易失去信心，变得灰心丧气，特别是在试图说服自己所爱之人的时候。通常情况下只有一次说服的机会，

---

① 保罗·加斯科因（Paul Gascoigne，1967— ），前英国职业足球运动员。

所以至关重要的是，每个人都得知道自己要说什么。

现在至少有了一个计划。他们将在蒂姆结束"乌斯怀亚"的最后一场演出后与他对质。

克拉斯·贝里林环顾蒂姆的伊维萨岛山区别墅的客厅时，感到很不自在。阿拉什·普诺里已经到了，蒂姆的保镖和巡演经理都在那里，蒂姆的哥哥戴维也过来参加会议。

　　当他们不安地去挑选厨师摆放在厨房的点心时，他们似乎都同样感到紧张。现在是时候了，他们都知道这件事必做不可。尽管如此，克拉斯仍然无法摆脱他正在背叛儿子的感觉——他们在密谋反对他。

　　整个下午，他们都和约翰·麦基翁坐在"乌斯怀亚"酒店的一间会议室里，查看治疗师要求他们填写的表格。几个人在讲述时都哭了，但这次排练让他们做好了准备。

　　晚上六点左右，蒂姆走下楼，和他一起睡觉的女孩在他身后悄悄地离开了。当克拉斯看到他儿子略显不确定的目光时，一股不安涌上心头。蒂姆一定察觉到发生了什么事，因为他对约翰·麦基翁的问候显得忐忑不安，他以前从未见过约翰·麦基翁，也不知道他是谁。

　　他们走了过去，在扬声器、合成器和其他乐器前面呈半圆形摆放的椅子上坐下。蒂姆在通往游泳池的楼梯前坐下，治疗师直接坐在了蒂姆的左边。

　　首先发言的是阿拉什。

　　"好的。我们在这里，是因为我们担心你。所以我们请约翰过来帮忙处理。"

蒂姆的表情变了。

"等一下，"他说，"这是一种干预吗？"

约翰·麦基翁试图让自己的声音听起来尽可能的平静和安心。

"是的，这是个干预措施，蒂姆。这是我们出于爱和关怀做的事情，我希望你能意识到这一点。"

蒂姆警觉地点点头。至少他没有冲出房间，这是个好迹象。

"我希望你能听一听这一圈人的讲话，"麦基翁继续说道，"之后需要你发表意见，所以现在请尽量聆听。"

朋友们按照几小时前排练的剧本进行了讲话。他们谈到了关于两年前蒂姆在比利时生病，去年秋天在斯德哥尔摩体重下降，在墨西哥用药过量，以及蒂姆在戒断期出现暴脾气的情况。

"在过去的几年里，我每天都在为你撒谎，"其中一位朋友说，"最让我害怕的是，再也没有什么事会让我更惊讶了。"

蒂姆很生气，开始反击。坐在那里的人一个接一个地解释着他们多么担心他。

"你们为什么要和我对着干？你们都是这一切的一部分，你们也应该接受治疗。"

至少他在参与演出，还刚刚完成并交付了他的专辑，这不正是大家想要的吗？

"我注意到你的窗帘是拉着的。"麦基翁说。

"是的，怎么了？"

"你经常这样做吗？"

房间里一片寂静。蒂姆提高了警惕。治疗师在他的眼中看到了困惑——为什么这个老人说得好像认识他一样？

"蒂姆，我已经和其他所有人谈过了。"麦基翁继续说道，"我已经

263

在一定程度上认识了你。而且我知道真正的蒂姆不会拉上窗帘，特别是在这种情况下。"

毫无征兆地，一扇窗户砰然打开。雷声和闪电照亮了全景窗户外的岩石。工作人员开始冒雨在外面跑来跑去，以确保户外家具的安全。

蒂姆似乎对这些巨响无动于衷。麦基翁对这家伙的顽固程度感到惊讶。他们已经坐了几个小时，会议的轮廓也变得模糊了。麦基翁觉得他们有可能不会成功。他要求克拉斯、阿拉什和一些朋友之外的其他人离开座位。当朋友们来到楼上的一间客房时，漫长的谈判仍在继续。他们在那里又坐了几个小时，而蒂姆为自己辩护，宣称他不是一个瘾君子。他根本不喜欢药物！

"好吧，"麦基翁在凌晨两点左右时说，"也许我们需要在这里结束了。太可惜了，你正在错过一个相当好的机会。"

然后蒂姆的一个朋友开口说可以去治疗中心陪伴他的朋友。

最后，蒂姆妥协了。

"好吧，我会去的。"

当朋友们从楼上跑下来时，房子里爆发出欢呼和掌声。克拉斯拍了拍治疗师的背，然后满心欢喜地走到湿漉漉的阳台上，拥抱了他的儿子。

"几个小时前我就决定了。"蒂姆对他父亲笑了笑，"我只是想看看你们能坚持多久。"

他们行驶在雨后的街道上，经过橄榄树和楮梓树，穿过伊维萨岛圣赫特鲁迪斯的小村庄，然后汽车转到一条土路上。隐藏在树林中的是一座粉刷过的白色石头房子，一栋位于古老果园中的住宅。

　　蒂姆被分配到治疗中心最好的房间。在床头的天花板上可以看到木制框架，在小书桌旁有一个壁炉。总的来说，这座古老的农场经过了精心修复，公共房间里仍保留着木椅和陶罐，这些都是在农业还是村子的中心产业时留下的东西。

　　花园和房屋被分为两层。顶部是一个被遮蔽起来的具有设施功能的私人区域。草坪在露台前蔓延开来，到处是五颜六色的乔木和灌木。一位园丁照料着丝兰、木薯和木槿树丛。蒂姆的房间就在这上面。

　　石头楼梯通向治疗中心的主体部分，这里是其他客户居住的地方——目前包括一名已经来治疗十五次的妇女和一名英国男子，他因成瘾问题开始偷窃自己孩子的财产。这里还有公共厨房和集体治疗室，那里的纸巾总是被放在地板上的一个容器里。

　　第一天早上，治疗中心的心理医生对蒂姆·贝里林进行了检查，发现他患有疲劳综合征。这是一个很容易做出的诊断——他脾气暴躁，注意力难以集中，非常疲惫，而且无法放松下来。他们讨论了如何逐步减少他的药物，这些药物包括一连串止痛药、抗焦虑药、抗抑郁药和镇静剂，这些都是蒂姆在过去一年里一直在服用的。大多数病人试图协商尽可能缓慢地减少用量，但蒂姆的态度正好相反。他希望能快速戒掉药瘾，就像撕掉创可贴一样。他解释说，他以前也经历过这种情况，完全靠自己的力量度过了戒断期。

治疗主任保罗·坦纳的办公室位于花园下方的一间农舍内，面向柠檬园。沉重的家具散发着木头的味道，书架上摆满了用皮革装订的书籍。

与治疗中心的创始人一样，保罗·坦纳也来自英国，但他在西班牙的这座岛上工作了很长时间。他在这里成立了匿名治疗协会的地方分会，并最终成为该组织在西班牙的代表。

一天下午，刚睡醒的蒂姆有点不情愿地走进房间。治疗主任把他的椅子移到桌子边上，身体向前倾向他的新客户。

"蒂姆，我想让你知道一件事。我以前从未听说过艾维奇，不过我现在听了几首歌。我不会让你的工作影响在这个房间里发生的事情。"

坦纳犹豫了一下，他很难读懂蒂姆的反应。难道这个开场有点太猛了？

"听起来没错。"蒂姆说。

治疗主任把听到的情况告诉了他。这是关于一个自私之人的故事——他躺在床上参加会议，让同事等了他几个小时，最近他的表演马马虎虎，让观众感到失望。

"我不认为这是真正的你，蒂姆。"

"对，不是的。但这和我服用的药物无关。"

"那是因为什么呢？"

"每个人都在不停唠叨着让我做事，而且我不善于说'不'。"

在蒂姆看来，他来治疗中心并不是因为他需要这样，而是为了阻止他周围的人发牢骚：他的父亲、阿拉什、他的朋友，以及那天晚上参加会议的所有人。

坦纳看着蒂姆。他现在坐在椅子的边缘，疯狂地做着手势。坦纳想，这是个聪明人，口才好、悟性高、有趣。但他们的谈话完全没有触及他的感情。

一天下午，坦纳拿来一块白板，把它放在房间中央。他先画了一片波浪起伏的海洋，然后画了一艘在地平线上晃动的小帆船。

之后，他画了一个又大又尖的三角形，其顶部突出于水面上方。

"这座冰山代表药瘾对你造成的一切。"他说，"退缩、怒气爆发、自私、背叛自己的理想。"

冰山的顶端是容易被发现的部分，也是患者周围的人迟早会做出反应的部分。但是，坦纳继续说，上瘾其实只是一种症状，是其他问题的标志。

根源问题总是潜伏在更深的地方。

保罗·坦纳指了指图画中位于海面之下的冰山的更大部分。

"真正有趣的是隐藏在这里的东西。"他说。

为了理解破坏性，从而终止它，你只需要理解冰山：为什么一个人想麻木自己？社会教给了他什么规范？

保罗·坦纳开始谈论他自己的经历。这常常是一个建立信任的好方法。他谈到20世纪60年代在伦敦郊外的成长，他的父亲是如何在一次军用飞机坠毁中去世的，以及他父亲的离开如何给家庭带来长久的阴影。他的母亲因靠丈夫的空军养老金生活而感到羞耻，她在晚上偷偷喝雪利酒，变得越来越迟钝、刻薄。后来她的拥抱让人感觉到敷衍和具有表演性，仿佛这些动作都是排练过的。一位严厉的继父进入了坦纳的生活，他也觉得这个家庭的状况很令人尴尬。但这两个成年人都没有理会或干预他母亲的酗酒和喜怒无常的脾气。他们都适应了这种情况。

所有他们保持沉默的事情都在寂静中变得更严重。现实被扭曲了，但大人们假装一切都井然有序。

年轻的坦纳也学会了这样做——保持冷静，永不示弱，压抑并忍耐一切。

他说他曾为很多事情感到羞愧。他为认识到自己的反应不对而感到羞愧，为自己生气而感到羞愧，为自己的羞愧而感到羞愧。在潜意识里，他发展出了应对生活的方法——一个虚假的自我，并很快就完全对其产生了认同感。他继续说，所有人都使用过这样的应对策略，而且它们可能看起来非常不同。有些人工作到崩溃，有些人通过总是开玩笑来转移对困难的注意力，有些人想拯救世界，许多人酗酒。他们都在对自己撒谎。

这是一种代代相传的行为，它并非出于恶意，而是由于那些本身没有能力处理自己情绪的父母影响了他们的孩子也这样做。

坦纳把自己的行为打扮得既浪漫又叛逆——他吸食"手卷烟"是为了抗议传统的英国中产阶级，他尝试药物是因为他想拓宽视野。

但是，这一切的核心都归于羞耻的沉默。药物已经成为一个柔软的怀抱，让人沉睡其中。

在别人的帮助下，蒂姆·贝里林将几把躺椅抬到屋顶上。他俯瞰着花园，一边是爬上白色石墙的粉红色叶子花，另一边是延伸到很远的耕地，他可以一直看到海岸。

保罗·坦纳给了蒂姆一个蓝色的笔记本，让他写下他到现在为止的生活情况。起初蒂姆发现很难写出东西来，所以他开始画画。

他画了一个背对着观众的人物。

这个年轻人坐在凳子上，上身赤裸，驼着背，低着头。

他的身体看起来很紧张，向内收拢。黝黑多节的树枝刺入他的背部。

像长矛一样插在背上。

在治疗中心的碎石车道旁有一间员工室，里面有一个保险箱。工作人员拿走客户的手机、平板电脑和电脑，然后把它们锁起来。治疗中心最重要的规则之一就是大部分时间客户都不能接触屏幕。

据运营经理约翰·麦基翁说，这样做有几个重要原因。当戒断症状肆虐身体时，坐在治疗室本身就是一个令人痛苦的过程。在这种情况下，当然不应该出现电话铃的声响，这是对情况严重性的基本尊重。这是其一。

还有其他原因，也是更令人担忧的趋势。最近的研究似乎说明了这个小设备对年轻人的影响。

值得人们回想的是，数字革命的发展速度有多快，它的破坏性就有多大。

当约翰·麦基翁在十多年前开始担任治疗师时，没有人知道自拍是什么。当时没有"油管"，也没有脸书和"照片墙"。每天有几次小规模的新闻播报，人们对一卷有二十四张底片的胶卷进行冲洗，然后在相册里看照片。任何焦虑之人不会只是坐在谷歌搜索引擎面前过度紧张，而是直接去看医生。

随着所有新的生活条件的出现，年轻人的精神疾病也在急剧增加。一项美国的调查显示，自 2011 年以来，高中生的抑郁症状在男孩和女孩中都急剧上升。对于女孩来说，增幅在短短几年内就达到了百分之五十。即使在大学生中，曲线也在令人沮丧地直线上升，而且很快将有比以往更多的美国学生患上精神疾病。

智能手机在这一发展中的作用仍有争议。当然，互联网随时在人们的口袋里，这带来了惊人的好处——人们可以在网上发起强大的抗议，也可以与政治家或艺术家直接接触，这在以前是无法想象的。但人们也可能陷入嫉妒和愤怒的破坏性潮流中。这种集体行为让麦基翁感到恐惧——如果没有什么让人不满意的事情，社交媒体就会创造出一些事情。

在网上，一个人往往要么完美无缺，要么一文不值。如果有人犯了错，不仅是他的行为，这个人本身也往往会受到攻击——这一点对公共人物来说尤其如此。

最重要的是，麦基翁认为工作和休闲之间的分界线几乎完全消失了。他的许多客户在工作中被要求二十四小时随时待命——在床上回复电子邮件，在地铁或公交车上开会。信息的提示声从未停止，与压力有关的症状也在增加——长期的压力是抑郁症最常见的原因。

确实如此，蒂姆·贝里林发现避开外界的干扰是一种解脱。没有需要处理的电子邮件，没有最后期限，没有关于他应该在哪里或何时出现的电话或短信。

相反，保罗·坦纳从书架上拿起一本书递给蒂姆，蒂姆迟疑地开始翻阅。《充实生活：精神觉醒之路》（*Lev Livet Fullt Ut: En Väg Till Andligt Uppvaknande*）是一位名叫埃克哈特·托勒（Eckhart Tolle）的新近精神自助作家写的。在前言中，他说自己长期被抑郁症和自杀的想法困扰，后来他找到了通往内心平静的道路。

托勒认为，西方人太容易为需求和期望所困。我们都在不由自主

271

地与自己进行内心对话，与一个评判、比较、攻击和抱怨的声音进行
对话。这个苛刻的声音就是我们的自我，而对自我来说，唯一重要的
是我们在过去取得的成就，以及我们在未来需要取得的成就，现在并
不存在。但是，在繁忙的工作之外，在压力和截止日期之外，托勒认
为人们可以找到真正的自我。

蒂姆饶有兴趣地阅读着，感觉文字在与他对话，并开始在实践中
测试托勒的想法。

作者认为，迈向内心真正自由的第一步是学会存在于当下。作者
鼓励读者尝试关注即使是最细微的日常行为，例如冷静地走完楼梯的
每一步，或观察自己的呼吸。"或者在你洗手时，"托勒写道，"注意与
这项活动相关的所有感受：水的声音和感觉、手的运动、肥皂的味道。"

当蒂姆读到最后一页时，他仿佛被迈克·泰森[①]打了一拳。在他发
给朋友杰西·韦茨的信息中，他这样写道，在治疗中心待了三个星期后，
他终于觉得自己准备好再次与外部世界接触了。

2015 年 9 月 22 日

> 蒂姆·贝里林
> 我仍在学习。

> 但我现在意识到了以前没有意识到的东西。

> 应对策略。

[①] 迈克·泰森（Mike Tyson，1966— ），有"拳王"之称的前美国重量级拳击职业运动员。

它可以是禁药、酒精、药品——甚至是有用的事情，如健身锻炼，忙于工作。社会赞美你的狗屁成就，但最终这种焦虑仍会存在。

我对自己最大的两个见解是关于无力感和拖延症。我一直知道这些事情，但从未理解它们之间的联系。

以我经常迟到为例。

这已经是一个大约持续四年的问题了。同时，我感到完全无能为力，被"艾维奇"这一机器击垮——永不停息的巡演，等等。我从来没觉得我有选择的余地，因为根据阿拉什的说法，另一种选择是作为一个音乐人，然后基本在一夜之间消失。所以，虽然我一直有选择，但在实践中仍然没有去做。

杰西 · 韦茨
听起来非常符合逻辑。

所以回到我迟到的问题上——这是我唯一感到真正可以控制的事情。

它成了我处理焦虑的一种方式。

哇！

这样容易理解了。

273

2015 年 10 月初，艾维奇的第二张专辑《故事》终于发行了。各大音乐杂志的评论都表现得很冷静。"是时候停止把艾维奇的音乐称为电子舞曲了。"《公告牌》杂志写道，并把它描述为一张由熟练的流行音乐家精心制作的专辑。蒂姆·贝里林非常有意识地避开了电子舞曲的狭窄范围，但许多评论家认为他在力量民谣、说唱歌曲和主流摇滚中失去了方向，仿佛音乐家本人在回避一直以来作为自己流派标志性的节奏循环。最严厉的评论家说，这是一张普通的歌曲合集，其中只有一点浩室的味道，他们认为艾维奇是在提炼典型的浩室歌曲《自言自语》(Talk to Myself) 和《触碰我》(Touch Me) 式曲调并形成自己的音乐。"让人难过的是，《故事》并没有为电子舞曲的讨论增加多少内容。"《滚石》杂志在其酸溜溜的评论中总结道。

现在，评论家的意见并不重要。因为在精神上和身体上，蒂姆·贝里林完全在另一个地方。

晚上，他在治疗中心周围的树林里探索。在松树丛中，野兔睡在地下隧道里，四周一片寂静。蒂姆唯一能听到的是他自己踩在泥土和草地上的脚步声。

在午后的阳光中，他经常来到楼下的花园中锻炼，那里有一个简单的户外健身房——几个旧哑铃和杠铃，几个平衡球和橡胶垫，一个挂在绳索上的拳击袋。蒂姆在瓷砖上舞动，听着双手与沙子接触时发出的沉闷声响。

再次开始接受这一切，感觉几乎是超现实的，就像他的大脑已经生锈了。他的身体已经接受了这么多年的化学性援助，以至于它快没有必要自己工作了。二十分钟后，拳击袋上沾满了蒂姆指节上的血，但他很喜欢这样。

他想到了治疗主任保罗·坦纳告诉他的应对策略。

蒂姆看到了与自己多年来行为的联系点，他认为过去没有正视自己的感受，而是放了烟幕弹。这是一个他很适应的概念——战场上的步兵通过向天空发射烟幕来掩盖他们的行动。

他已经成为假装一切正常的专家。通过他放的烟幕，他不仅迷惑了自己，也迷惑了阿拉什和克拉斯，以及其他所有人。尽管每次他编造借口不接受采访、不拍照、不拍宣传片，每次他都躲在被窝里的时候，他知道在大厅里等他的人最终会处理这些破事，而且他们都很恼火。

他对表演幻觉很在行，真的很在行。但这种有点笨拙的策略把问题推到一边，反过来又造成了更多的焦虑。

事实上，他现在意识到，这甚至不是从成为艾维奇开始的。在一封电子邮件中，他向他的母亲解释道：

这种行为可以追溯到我十几岁开始长痤疮的时候，如果我今天心情不好，我就开始逃学，等等。这只是在逃避问题，其实和药物治疗一样，只是把问题推掉、推掉，最后就变成了混乱的焦虑，当然，不仅仅是对我自己，对其他人来说也是如此。

在治疗中心过了一个月后，一切都感觉不同了。蒂姆已经剃掉了头发，平整的发型象征他的新起点，正如通过拳击获得的肌肉一样。他迫不及待地想看看家人们看到他的新风格时会有何反应。

他在"油管"上找到了一段视频，是他三个月前在摩洛哥拉巴特市的演出片段。人海中有一只手举起摄像机，拍摄到黄色和绿色的激光光束在观众的头顶上方跳跃，一个光膀子的家伙坐在他朋友的肩膀上，一面瑞典国旗在人群稍稍靠前的地方舞动着。数以万计的人随着《唤醒我》高声呐喊，而沙漠景观的美丽图像从后方照亮了蒂姆的身影。

"一直以来我都在寻找自我，殊不知已经迷失方向！"

他的歌曲真正触动了人们，这是显而易见的。他已经深深地陷入了火热的疯狂中，以至于没有时间去接受这些。他已经相信了这样一个前提：没有营销计划和采访，没有烟火和激光光束，艾维奇将一无是处。但艾维奇真正的核心是他自己的内心，一些人们能感同身受的东西，以及他与别人情感的共振。

他给保罗·坦纳写道："很长时间以来，我第一次真正感到有点骄傲。"

他觉得自己在短短几周内成熟了好几岁，真希望有人能早点教他这样思考。负面情绪没有什么好害怕的，也没有什么好抵制的。疼痛不一定预示着坏事，相反，它可能是健康的第一个迹象。

一个警告标志。

"现在掌控权在我手中。"他在给杰西·韦茨的短信中写道。

倾听你内心的其他感觉，以及它们告诉你的
关于你周围世界的情况和它们给你的建议。你是
否为某些事情感到难受？如果能正确解释难受的
感觉，就会给你带来最好的结果。

几个月后，蒂姆坐在美国沙漠中的一张折叠椅上，面对着远处纪念碑谷①高耸入云的火黄色岩层。这片标志性的景观曾在蒂姆童年时期的许多好莱坞西部老电影中出现。风掠过荒凉的大地，吹拂着矗立在红土地上的话筒架。蒂姆在电脑前蹦蹦跳跳，而大型扬声器在旷野中释放着强有力的鼓声。

"男孩帮"的一名成员建议蒂姆在结束治疗中心的疗程后应该离开一段时间，从新环境中汲取灵感。

也许他们应该去旅行。

说做就做。这一大群瑞典音乐人从马里布出发，分乘三辆大巴向东行驶。他们的想法是，在短短一周多的时间内穿越整个国家，到达迈阿密。2016年3月，蒂姆将再次登上超世代音乐节最大的舞台进行表演。一路上，他们会驻足各个国家公园，在岩石和沙地上摆出装备，在凉爽的春日中写歌。

"卡兹特"组合的成员塞巴斯蒂安·富雷尔（Sebastian Furrer）也来了，还有桑德罗·卡瓦扎②和达尼·伦内瓦尔德③，这两位年轻歌手

① 纪念碑谷（Monument Valley），位于美国科罗拉多高原的一片由砂岩形成的巨型孤峰群区域。
② 桑德罗·卡瓦扎（Sandro Cavazza，1992— ），瑞典词曲作者、歌手。
③ 达尼·伦内瓦尔德（Dhani Lennevald，1984— ），瑞典词曲作者、唱片制作人。

协助编写了《故事》中的两首歌曲。另一位同行者是卡尔·福尔克①，他是一位瑞典歌曲作者，曾为男子组合"西城男孩"②和嘻哈明星妮琪·米娜③等不同音乐人制作热门歌曲，此刻他正在一台合成器前尝试一个和弦进行。

　　这段旅程发生时，一个新的音乐景观正在形成。最近，浩室音乐的步伐已经放缓，轰轰烈烈的气氛也已消退。被称为"热带浩室"④风格的领导者是凯戈⑤，这个比蒂姆小两岁的挪威人一直把艾维奇当作自己最大的榜样。凯戈的衣着和他的偶像一样，身穿格子衬衫，反戴着帽子。在许多方面，他的风格建立在蒂姆最有趣的创作时期——康加鼓和冥想的排笛遇到了克制的舞场雷鬼⑥和地中海流行音乐⑦；马丁·盖瑞克斯现在用深沉的口哨声录制歌曲，而在卡尔文·哈里斯和蕾阿娜最新合作的《这就是你出现的原因》（This Is What You Came For）中，猛烈的渐强声变成了闪烁的音符，高潮使旋律向前游动，充满活力且克制的节奏；贾斯汀·比伯的全球热门歌曲《对不起》（Sorry）由斯克里莱克斯等人制作，带有些许波多黎各雷鬼音乐的味道，让人联想到雨林中的迷雾。

---

① 卡尔·福尔克（Carl Falk，1980— ），瑞典作曲家、唱片制作人，曾与"单向"组合、妮琪·米娜、埃莉·古尔丁、麦当娜等艺人合作。

② "西城男孩"（Westlife），成立于1998年的爱尔兰流行音乐团体。

③ 妮琪·米娜（Nicki Minaj，1982— ），出生于特立尼达和多巴哥的说唱歌手、词曲作者。

④ 热带浩室（Tropical House），浩室音乐的子流派，结合了舞曲和巴利阿里节拍（Balearic Beat）等元素，常常采用马林巴、吉他、萨克斯风等乐器，乐曲听上去往往令人振奋和放松。

⑤ 凯戈（Kygo，1991— ），挪威DJ、词曲作者和唱片制作人。

⑥ 舞场雷鬼（Dancehall），起源于20世纪70年代末的一种牙买加流行音乐，比雷鬼音乐旋律更轻快，节奏更鲜明。同时也是牙买加街舞的一种。

⑦ 地中海流行音乐（Mediterranean Music），来自希腊、意大利、西班牙、法国等国家，风格优美、轻松且浪漫。

音乐的新方向非常符合蒂姆的心情。他周围的开阔空间让歌曲富含特点，它们听起来像是蒂姆在休息后获得了新的觉醒，具有羽毛般的轻盈和敲击油罐般的跃动。

在沙漠中，蒂姆刚刚养的小狗可以自由地翻滚。利亚姆是一只斗牛犬，白色的毛发上有黑色的条纹，左眼周围有黑色的斑。在巴士上带着狗一起旅行非常不便，它在地板上滑来滑去，拉出的排泄物数量惊人，没有人愿意去捡。

电影制片人莱万·齐库里什维利也参加了这次旅行，就像他三年前加入澳大利亚之旅一样。现在他已经认识了蒂姆，实际上他已经成为团队中的一员，并且正在为另一部关于艾维奇的电影收集素材。一个专门建立的网站直播了他们穿越国家公园的部分行程。因此，最忠实的粉丝可以看到这帮人在大峡谷待了一天后坐上大巴，疲惫不堪，傻笑不止。几个月前，塞勒姆·法基尔和文森特·庞塔雷给蒂姆寄来了一份样本唱片。副歌是摆脱束缚的有力咆哮，首先让人联想到的是一段关系的破裂，但《没有你》（Without You）的歌词可以有比这更广泛的解释——离开一些东西，在生活中做出艰难但必要的改变。

塞勒姆和文森特第一份样本唱片的副歌很到位，但歌词段落太慢、太模糊。有人在车上带了一个小型塑料合成器，卡尔·福尔克当晚想出了一个更有效的重复段，感觉像是大调的瑞典民间音乐。蒂姆喜欢这个新主意，桑德罗·卡瓦扎的人声为歌曲注入了令人沉醉的吟唱，蒂姆期待着为迈阿密的观众表演这首作品。

当巴士驶向新墨西哥州的一座山脉时，他们有足够多的时间可以消磨。蒂姆在网上找到了一个性格测试，这些问题是关于当他感到焦虑或平静时如何处理不同情况的。

"你喜欢和很多人一起参加热闹的社交活动。"

蒂姆在七分制标度的边缘点了一下，表示这句话对他来说不符合。

"你与自己相处的时间往往比你与其他人相处的时间更有趣、更令人满意。"

蒂姆点击了屏幕的另一端——事实正是如此。当他回答完所有的陈述后，电脑思考了一会儿，得出结论：蒂姆是 INTP，或者更巧妙地说是一个逻辑学家。一段长长的文字告诉测试者，逻辑学家是内向的，为了解释这个概念，这段文字还提到了这个想法背后的人。

卡尔·荣格是 20 世纪最具影响力的心理学家和思想家之一。这位瑞士人最重要的论点之一是人类的两种基本类型。荣格认为，外向的人依赖他们周围的世界，能熟练地适应环境。对他们来说，社交是有趣且有价值的，正是通过他人的注视，他们获得了自我价值。另一种类型是说，内向的人是自给自足的，由自己的情感驱动。他们不需要很多朋友，可能会难以应付社交场合。即使是内向的人也可以变得健谈，但这是出于需要，而不是渴望。他们聚会后疲惫地回到家中，精力耗尽。

蒂姆浏览这些文字，感到越来越惊讶。他觉得这是在用一种全新的语言阅读自己。

除了性格内向外，蒂姆还被归类为直觉和思考者，这显然是一个不寻常的组合。这种类型的人，也就是逻辑学家，可能难以与他人相处。在职业上，他们最终往往从事科学或技术工作，进入深入研究，并成为所在领域的杰出人物。他们可能对执行截止日期有困难，难以理解其他人的信号，难以找到共同生活的伙伴。但这有什么关系呢？他们催生了新的思想和表达方式，他们推动了社会的发展。文中列举了一些例子：阿尔伯特·爱因斯坦、艾萨克·牛顿、哲学家苏格拉底，然后是卡尔·荣格本人，也就是蒂姆现在想要了解的那位思想家。

"我今天过得太开心了。"当回到巴士的沙发上时，蒂姆告诉"卡兹特"的成员塞巴斯蒂安·富雷尔，"你知道卡尔·荣格是谁吗？"

"是的，我知道。"富雷尔有点犹豫地说道。

"他就像一位老心理学家。他发明了一个有很多不同性格类型的系统，这真是太酷了！我已经阅读了一整天。这对我来说完全解释了心理学。"

蒂姆挥舞着双手。他说自己现在有了一些概念，这些概念描述了他在后台与各种唱片公司人员进行交谈时总感到的不适感。

"我一直觉得我被评判为内向的人。我终于明白为什么自己不应该关心别人的想法。这真好。对我来说，这就像一种路径……让我感觉良好。"

蒂姆咬着自己的指甲，显得很高兴。

"听起来真不错。卡尔·荣格？"

"卡尔·荣格。一个该死的厉害人物。"

几周后，2016 年 3 月 19 日，蒂姆和卡尔·福尔克坐在一辆黑色大车的后座上，两人的腿上都放着一台电脑。

他们终于到了迈阿密，而且忙得不可开交。蒂姆想在超世代音乐节的演出中以《没有你》作为开场，这是巴士旅行中诞生的新歌，但电脑屏幕上的块状物并不在它们应该在的位置上。受 U2① 壮丽的舞台表演的启发，卡尔·福尔克制作了一个宏伟的前奏，为整场演出定下

---

① U2，成立于 1976 年的爱尔兰摇滚乐队，在《滚石》杂志评选的"百年百大音乐家"中位列第二十二名。

了基调，但他们仍然不确定副歌之后会发生什么。

当汽车驶向海湾公园时，蒂姆和卡尔互相发送文件，进行编辑和微调。当他们走近音乐节的区域时，场地传出的沉闷砰砰声在傍晚的黑暗中流淌。蒂姆已经有六个多月没有上台表演了，他感受到身体里涌起的刺痛感，这可不是一种好的感觉。

司机把车开进了骚动的人群，数万名挤在霓虹灯下的观众戴着假发、蝴蝶翅膀，身上画着人体彩绘，他们渴望一场派对。

"哦，天哪，是艾维奇！"

有人发现了后座上的蒂姆。现在，人们正向汽车跑去，像顽固的蜜蜂一样蜂拥而至。

"艾维奇！艾维奇！艾维奇！"

蒂姆盯着屏幕。保存歌曲的优盘出现了问题。声音震耳欲聋。他想小便。当他的保镖拉开车门时，手机摄像头立即出现了，闪光灯开始在黑暗中闪烁。

表演很精彩，观众中没有人能够想象蒂姆的感受。他首次表演了九首歌曲，找到了自己的节奏，在舞台上移动时充满了控制力和权威感。但事后，人们可以从蒂姆的肢体语言中读出他有些不对劲。

"蒂姆，该死的。怎么了？"当他们回到后台时，卡尔·福尔克问道。周围的表演者和技术人员正匆匆忙忙地为下一场表演做准备。

"我无法再忍受了。"蒂姆说。

"你是什么意思？"

"我只是觉得已经受够了这些糟心事，所有这些目光。我会打电话给阿什，告诉他。我甚至无法忍受直视别人的眼睛。"

蒂姆又消失了，去和别人打了个招呼。

这是他六个多月来的第一场演出，他被自己的反应吓到了，而且不只是一个方面。一部分原因是再次面对这么多人的压力，以及一些总是会出错的技术问题。但更可怕的是，在他内心深处的某个地方，他感到自己是多么想念这一切——成为艾维奇，通过自我而活。

晚饭过后，他们来到利瓦俱乐部（Liv）拥挤的舞池前。蒂姆叫来了视觉制作人哈里·伯德。

"我只是想在公开之前让你知道。我已经下定决心了。"

"什么？"

他们不得不在人群中喊话。

"我取消了其余的演出！"

"好吧。但你不应该考虑一下吗？"

"不，我一走下舞台就感觉到了。我不想再这样做了。"

哈里对蒂姆的决心感到惊讶。如果他要取消已经签约的演出，他就必须偿还预付款，而且这可能会让很多人不高兴。

"你为什么不把最后几场演出完成呢？这样粉丝们至少可以向你挥手告别。"

"不，我现在要告诉大家。我不能再这样做了。"

仅仅一周后，蒂姆、弗里科·博贝里和其他"男孩帮"的兄弟们躺在好莱坞冠蓝鸦路新装修的玻璃别墅里。

经过两年多的建设和修缮，房子终于可以居住了。蒂姆取来一条毯子，然后舒服地躺在玻璃墙旁边的米色沙发上。室外的洛杉矶在高悬的月亮下熠熠生辉。

"在此特别感谢每一位已经……的人。"

蒂姆一边写，一边大声读着这些话。他很紧张，不知道自己将要发布的信息是否会被"照片墙"上的三百多万名粉丝接受。但既然他已经下定决心，他希望观众能尽快知晓。

当他告诉那些没有看到这种生活另一面的人自己要停止巡演时，他们会作何反应？许多人肯定会不高兴，认为他被宠坏了，变懒惰了。但是，这是正确的做法。

在迈阿密的所有喧嚣和繁忙都成了对他以前错误的确认。以胰腺为例。他胃里的炎症一直被解释为一种威胁，甚至被他解释为拖累自己职业生涯的事情。但现在，蒂姆认为他们都应该从另一个角度来解释这种疾病——这是来自身体的阵阵恳求，这是朝着更好的健康状态迈出的潜在第一步。

蒂姆写道：

我的道路上充满了成功，但也不是没有颠簸。在成长为音乐人的同时，我也长大了，我更了解自己，意识到我的生活中有很多我想做的事情。我对各个领域都有强烈的兴趣，但是探索它们的时间太少了。

我意识到自己很幸运，可以环游世界并进行表演，但我留给音乐人背后的真实人物的生活空间太小了。

他停下来，咬着指甲，试图回忆起他想感谢的每一个人，每一个使他的职业生涯成为可能的人。但这个职业生涯现在将发生巨大的变化。音乐永远不会消失，恰恰相反，他这样做也是为了能够完全专注于写歌。

"这样做有一个很大的风险，人们会说你的坏话。"他的一个朋友说。

"没关系，"蒂姆回答说，"我很想尽快把它发出去。"

"你急着要发吗？"

"是的。"

"为什么？"

"因为我的身体告诉我有问题。这就是事实。你现在说的和我一直以来听到的一样：'冷静下来，这不是压力。'"

蒂姆·贝里林在沙发上坐了起来，表达着他的观点。

"我很难解释，压力就是我的生活。这是我的身体告诉我的，而且八年来一直在提醒我。"

这个消息一发布，蒂姆就从沙发上站了起来。这是一种完整的幸福感，他以前从未有过这样的感受。他躺在弗里科和其他儿时伙伴身旁，翻阅着纪录片和电影，感觉人轻飘飘的。这让他想起了很久以前在利涅街的游戏之夜，但感觉更加美妙。

几天来，蒂姆感觉就像一直飘浮在空中。

他密切关注着人们的反应。令他欣慰的是，他得到的是理解，而不是抗议。许多粉丝表示感同身受，他们也意识到了这个时代对快节奏的高度期望。"照片墙"和脸书上充满了哭泣的表情符号和破碎的心。

有时你只需要让自己开心，不需要考虑其他人。

你应该得到自己想要的生活。不是因为你是一个伟大的DJ，而是因为共通的原因——我们是人类。

享受你的青春和自由，看看世界，体验所有你一直想做的事情。

玩得开心点，宝贝。你现在是一只自由的小鸟。

然而，事实证明现实比这更难。蒂姆在2016年春天和夏天大约有三十场演出，这些演出已经计划了很久，几乎不可能取消。无奈之下，他同意再巡演几个月。他去了阿拉伯半岛，穿越了巴林和阿拉伯联合酋长国。令观众高兴的是，艾维奇终于回到了亚洲——他曾连续三年取消了在上海的演出——现在这些演出终于实现了。他在大阪和东京之间奔波，还去了曼谷和首尔。

具有讽刺意味的是，告别巡演的制作比以往任何时候都更加雄心勃勃、壮丽华美。哈里·伯德曾在伦敦郊外的一个森林里用绳索灯、胶合板和雪橇制作电影，描绘月亮之神玛尼①把新月拖在身后的画面。哈里自己穿着浴袍，戴着化装舞会的面具，一个朋友挥舞着玩具剑，通过双重曝光和节奏变化，让这些图像看起来极具命运感，充满暗示性。就在一切快要结束的时候，他们找到了终极的视觉语言。

除了停止巡演的决定外，蒂姆还做出了另一个变革性的决定——他将结束与阿拉什·普诺里和"夜间"的合作。这是他在治疗中心期间形成的一种感觉，而且这种感觉越来越正确。他将永远爱阿拉什，他是兄弟，但他们之间的摩擦已经存在许久，争吵的事情也变得越来越琐碎。蒂姆聘请了一位拥有家具巨头宜家公司总法律顾问背景的人建立了财务情况概览，此人使这位音乐人和他的经纪人在合作了八年之后通过谈判达成和解。

阿拉什还通过一名商业律师进行沟通，在这个过程中，双方都觉得是对方背叛了自己的信任，使情况变得纷争不断、错综复杂。这就是他们的结局。曾经，他们不同的个性常常是相辅相成的，现在却发生了碰撞。

然而，蒂姆做出这个决定最根本的原因与枯燥的法律条文无关。

---

① 玛尼（Máni），北欧神话中月亮的化身，他驾驶的月车后方有狼追赶，当狼追上他时，就会出现月食。

蒂姆希望摆脱无法持续的生活方式。在巡演的喧嚣之外，他看到了完全不同的生活——躺在家里的沙发上玩电脑游戏，穿着运动裤制作比萨，有时间和他的哥哥姐姐们一起喝啤酒。

7月末时，巡演已经到达了中东地区。在特拉维夫和贝鲁特的演出间隙，蒂姆通过观看"油管"上的讲座来打发时间。在治疗中心度过了一段时间后，他对由大师、人生导师和激励演讲者组成的世界越来越感兴趣。

在这段视频中，一位衣着光鲜的女士从观众席中站了起来。她走到麦克风前，介绍自己叫玛丽，在人力资源部门工作。最近他们参加了一个课程，学习如何支持他们的同事，她说，帮助别人是件好事，但要对自己好一点就更难了。

"如果我没有取得任何成就，在我自己眼中，我就是一个失败者。"玛丽说，"所以我想知道，你对我们这些对自己没有太多同情心的人有什么建议？"

蒂姆看着电脑屏幕上的那个人，他蜷缩着身子坐在舞台上的扶手椅上。那是埃克哈特·托勒，在过去六个月里，蒂姆越来越喜爱这位精神自助作家。

"当你无法再从你所做的事情中获得快乐时，你必须小心了。"托勒用柔和的蹩脚英语说，暗示着他的德国背景，"如果脑海中里有一个声音不断地批评你，告诉你做得还不够好，这样的生活是很可怕的。我的意思是，如果你被迫与这样的人一起生活，你将会无法持续这种关系。"

当这位明星作家露出他温和的笑容时，观众们发出了大笑声。托勒认为，这是自我在脑海中说责备和批判的话语，但实际上有办法阻止精神上的喋喋不休。

蒂姆已经知道这些思想是受到东方哲学的启发，因此进行了深入寻求。现在他的平板电脑中不仅有《守望者》漫画和卡尔·荣格的书，还有下载的释一行禅师①的十本书，这是一位生活故事令人印象深刻的佛教僧侣。60年代初，越南的内战逐渐加剧，释一行禅师和他的盟友向平民偷运被禁止的文学作品、大米和药品，这促使马丁·路德·金②提名他为诺贝尔和平奖得主。如今在法国的寺院里，这位老者继续组织越南的援助人员，同时向西方人传授佛教的基本教义。

蒂姆被哲学的实用性吸引，佛教不仅是一种宗教，也是一种实用的教义，需要身体力行的实践。没有神灵，没有预先确定的命运，所有人都可以向好的方面发展，这是一种信念——任何人都可以通过充分的修炼而开悟。

这种哲学的基本思想是，人永远不会满足，更多的渴望总是深深地扎根于我们的天性之中，以至于我们就像在仓鼠轮中不停地追逐。生命中无休止的生死循环是由人类的这种欲望维持的，只有通过自我认识与内心的平和才能打破它。这就是被宠坏的王子悉达多曾经在喜马拉雅山麓的一棵树下意识到的，他开悟后，成为人类的第一尊佛。

蒂姆读了《平和是每一步：日常生活中的正念之路》(*Peace Is Every Step: The Path of Mindfulness in Everyday Life*)，释一行禅师在其中描述了正念的概念，这是一种生活态度，是佛教八正道③的一部分，

---

① 释一行禅师（Thich Nhat Hanh，1926—2022），越南佛教僧侣、和平活动家、作家、诗人，被称为"正念之父"，对西方佛教和正念的实践有重大影响。
② 马丁·路德·金（Martin Luther King，1929—1968），美国社会活动家、黑人民权运动领袖，1964年获得诺贝尔和平奖，1968年被种族主义分子暗杀。
③ 八正道，指达到佛教最高理想境地的八种方法和途径，包括正见、正思维、正语、正业、正命、正精进、正念、正定。

这套行动准则被认为可以引导人类远离痛苦。

从本质上讲，正念是关于发展关注自己体内和周围发生之事的能力。在静止状态下，修炼者会观察流经身体的思想、感情、幻想、欲望和感觉。重要的是要让自己在观察中保持开放和好奇心——没有任何感觉比另一种感觉更差，目的不是为了评判。通过承认自己的焦虑或压力，最终可以使自己从这种力量中摆脱出来，但第一步仅仅是注意到这些感觉。释一行禅师写道：

"说'走开，恐惧。我不喜欢你。你不是我的。'是没有意义的。说'你好，恐惧。你今天好吗？'要有效得多。"

2016 年 8 月下旬，巡演团队继续上路了。对于艾维奇将在伊维萨岛举行的最后一场演出，每个人都既疲劳又紧张。在酒店外的一辆车上，安东、戴维和琳达正等着蒂姆从房间出来。

"该死，现在是最后一场了。"戴维说，他们将出发前往海滩和"乌斯怀亚"。

"我知道。"蒂姆说，语气中透露出他比平时更紧张。

他准备了一组不同寻常的节目，其中有许多晦涩难懂的歌曲，比如他用电子乐演绎说唱歌手迪齐·拉斯科（Dizzee Rascal）的歌曲《黑钱》（Dirtee Cash），这是七年前他在卡玛卡尔街的住所里用平板电脑创作的。《街头舞者》中不寻常的排笛和霹雳鼓的组合也是那时候创作的，《新新新》和《发推特》（Tweet It）也是如此。

三个兄弟姐妹站在舞台右侧的贵宾席，观看一个时代的华丽落幕。

"该死，现在我们要开始这么做了！"安东在戴维的耳边嘶吼道。

他们前一天就在讨论这个想法，主要是开玩笑——他们应该给自己的弟弟一个惊喜。在戏剧界有一个传统，就是在最后一场演出中对你的同伴搞恶作剧，让他们惊讶。想要在一万一千个蹦蹦跳跳的人面前引起注意，你甚至需要准备一些特别的东西。

兄弟俩各喝了一口啤酒，为自己打气。他们挤到舞台边缘，经过一番解释和劝说，他们获准通过。他们隐藏在 DJ 台后面，在蒂姆和观众的视线之外，开始脱掉自己的牛仔裤和卫衣。

就在蒂姆调高《剪影》的音量时，安东把他的黑色内裤尽可能地拉高到屁股上。当他慢慢走上舞台时，他努力让自己显得平静，身穿白色平角短裤的戴维紧随其后。

他们在台上跳来跳去，高举双手鼓起掌来，安东还特意扭了一下屁股。在结束这段舞蹈之前，他们转身面向高处的 DJ 台，向他们的弟弟鞠躬致意。

在黄色的光柱后面，蒂姆笑得很开心，唇烟在他的齿间颤抖着。

克拉斯·贝里林在花园里找到了他最喜欢的地方。在下午和傍晚的时候，光线会过于强烈，但当太阳还在希灵厄这个古老渔村的上空时，空气是湿润的，令人愉快。

现在只有他一个人在乡下的房子里。克拉斯懒得摆桌子了，他直接坐在通往草坪的石阶上，吃起了燕麦粥。

他把一个"考古发现"带到室外。这是他在前一天晚上发现的，当时他正在厨房边的小办公间里清理一个纸箱。这个带蜡封的笔记本肯定已经被放在那里二十多年了。在克拉斯之前写满思考和笑话的草稿中，泛黄的页面上写满了过去他们在这里时蒂姆说过的话。

1993 年的冬天，蒂姆四岁，他们参加了安琪父亲的葬礼。

"骨架被埋葬，皮肤上天堂。"

"外公可能不会把沙子弄到眼睛里，因为他把盒子关上了，对吗？"

克拉斯边读边笑。一个聪明又敏感的男孩，拥有自己的想法和表达方式。"妈妈病"意味着对安琪的渴望，"调高一点"是希望克拉斯把音响的音量调大。

"有时候，巨人真的很愚蠢，今天就是'有时候'。"

"什么都没有看起来是什么样子的？"

另一张纸条是蒂姆六岁时写的：

"爸爸，你看我是怎么改变的。我会帮忙，我不会马上离开桌子。

我可能很快就会开始吃土豆了。"

克拉斯的小儿子已经关掉了他的手机。蒂姆在赤道的相思树和干枯的绿色植物之间颠簸。他们看到一群大象、长颈鹿和一头母狮从他们乘坐的汽车旁经过，这是一辆经过改装的吉普车，两侧是敞开的。

现在他们的导游暂停了颠簸的旅程，蒂姆和他的朋友各自举起一副望远镜。

"那些是牛羚。"导游指着大约四十米外的一群黑色巨兽说道。

在 2016 年 8 月的最后一场演出结束后，蒂姆直接去了肯尼亚西南部。他和一个高中同学一起住在马赛马拉边缘的一顶华丽帐篷里。马赛马拉被称为世界上野生动物最丰富的动物保护区之一。每年的这个时候，大迁徙正在进行中，一百多万只动物从坦桑尼亚的干旱地区迁徙至此，寻找水和鲜草。

在更远的黄土地上，不仅有牛羚，还有一些正在吃草的斑马。它们在等待时机渡水，河床那里有鳄鱼晒太阳。任何时候，捕食者都可以嗅到气味并发起攻击。

"该死，我应该带着那款真正的相机。"蒂姆笑着对导游说。

但不携带任何东西，完全被数英里长的从未被人类开垦过的土地包围，这种难以抗拒的方式甚至让最令人兴奋的音乐节也无法企及。没有摄制组，没有苛刻的巡演经理，在短短一周内，邮箱中不断涌现的请求、抱怨和承诺都已消退，除了导游乐呵呵地说他喜欢《嘿，兄弟》之外，肯尼亚的大草原上没有多少人认出他。

简而言之，蒂姆是自由的。

在他们入住的几个夜晚，他和童年好友坐在豆袋椅上，脚下是广阔的大自然。蒂姆意识到这里的环境让人联想到贫瘠之地（Barrens），即《魔兽世界》中由部落派系控制的干旱大草原景观——一样的光线，一样的广袤无边。工作人员在大草原弯曲的树木前点燃了噼啪作响的火堆，这些树木慢慢消失在黄昏中。当蒂姆喝着用蜂蜜、酸橙和一丁点杜松子酒调制的饮料时，一群红衣男子在酒店客人面前围成一圈。他们是马赛族的战士，在欧洲的武装殖民者到来之前，他们自古以来就是以自然为生的游牧民。

其中一个红衣人显然是合唱队的领头人。当他带头唱出第一个音符时，其他人以同步的甩头动作做出回应。战士们一边唱歌，一边发出隆隆声向前走去。蒂姆全神贯注地看着舞者交替向前、向后弯曲他们的上身，就像一条润滑良好的拉链，而无字的歌声越来越洪亮，首饰在他们拍手时哗啦作响。

然后，其中一个人举起一只扭曲的羚羊角，在旷野上吹响了有力的号角。

蒂姆被这种猛烈和复杂的节奏震撼。

"我想和这些音乐家一起工作。"事后他告诉导游，"我之后会回到这里，录制一些歌曲，然后把所有的收益捐给你，捐给马赛人。"

随后，蒂姆回到斯德哥尔摩的家中，停留了很长时间。他卖掉了卡尔拉路的公寓，并于 2017 年春天在他父母居住的同一条街上租了一套公寓，就在他和朋友们曾经举行秘密聚会的悬崖边。

现在又有时间锻炼了。蒂姆开始实施一个新的私人教练的训练计划，这个教练也是由文森特·庞塔雷推荐的。蒂姆会在一分钟的时间里交替进行自行车和拳击训练，持续二十分钟，然后根据不同的肌肉群，进行十五或十八组的举重练习。

蒂姆还在公寓的柜子里放了能建立肌肉蛋白的氨基酸，以及能改善消化的酵素。维生素 D 和益生菌对肠道有好处，他还会服用一种药片以达到最佳的胃酸平衡。

"看看我走路的姿势，妈妈！我再也不会走得歪七扭八了。"

蒂姆自豪地在公寓里来回踱步，向他的母亲炫耀。他有一种她从未见过的态度。他现在身姿挺拔，充满自信，目光坚定。

"你真棒！"安琪感叹道，"天哪，你太帅了！"

蒂姆的见解一个接一个地出现。他给伊维萨岛的治疗主任保罗·坦纳发了一条信息："巡演后的这段时间是自我管理的良好训练期，"他写道，"我的自我在我'旧'的生活方式和看待世界的方式中找到了很多安慰，即使它让我感觉很糟糕！"

他感觉和艾维奇不再是一体的了，这不寻常，也有点痛苦。但与此同时，这种感觉恰到好处。"我不再有焦虑、担心或类似的感受——总之不是以同样的方式。"他写道。

蒂姆发现他和治疗师保罗·坦纳讨论的那些应对策略非常有趣。他想知道为什么他花了这么长时间才开始为自己设定界限——不是以那种迫使他放烟幕弹或躲在酒店房间里的绝望方式，而是以一种更健康的方式。为什么需要面对自己的感受？

很可能正如保罗所说，每个家庭都有一些功能失调的行为被传递给了孩子。在不知不觉中，一代又一代的父母教导他们的后代逃避负面情绪，而不是面对它们。

但问题不是更严重吗？毕竟，整个社会都在赞扬成就和成功，一旦事情变得更加复杂，人们就会轻易地转移注意力。

难道社会不也是会对很多事情保持沉默吗？这在学校时就已经开始了。蒂姆一边推断，一边在给保罗的电子邮件中写下自己的想法：

我在斯德哥尔摩学校的经历和大多数人一样，既不实用，也没有在自信心方面获得特别的启迪。

我在很小的时候就学会了以一种非常不健康的方式压抑自己的情绪。人们鼓励我们谈论情感，只是别谈论不好的情感，这造成了混乱不堪的局面。

如果学校里有家政课，你在课上学会了如何煮一个该死的土豆，但为什么不教学生如何处理成年后的所有消极情绪？为什么不多教他们一些压力管理的知识？为什么不把如何克服失眠和黑暗想法列入课程？

为什么要在痛苦面前表现得那么坚强、强硬和安静？

蒂姆在这一时期的许多想法并不是以音乐为主的。蒂姆想在新的领域挑战自己，用艺术的方式来评论社会问题。《更好的一天》的视频就是朝这个方向迈出的第一步。

如果说艾维奇以前的许多视频都是兴高采烈又琐碎的故事，那么蒂姆希望这个视频能引发人们对儿童的讨论，这些孩子在战争的阴影下落入损人利己的人贩子的魔掌，并遭到性剥削。一个冷血的人贩子从装满儿童的集装箱中选择他的受害者。知名演员克里斯特·亨里克松①是蒂姆母亲最亲密的朋友之一，他扮演了这个无情的暴发户。最终，两个孩子报了仇，在折磨他们的人的背上烫上了"恋童癖"的字样，并在欢呼的人群面前吊死了他。

这是一段无情的视频，但也代表了一个梦想，即所有人都有权充分发挥自己的潜力，摆脱苦难和贫困的桎梏。对观众来说，这个故事是原本令人欢欣鼓舞的艾维奇的一个意外之举，但这段视频勾起了蒂姆的兴趣。

现在，他想做更多类似的事情，在治疗中心待过之后，他的精神发展与自己的心贴得更近了。

他邀请佩尔·松丁到他的公寓讨论下一个音乐项目应该做些什么。

---

① 克里斯特·亨里克松（Krister Henriksson，1946— ），瑞典演员，最知名的角色是《沃兰德探长》（*Wallander*）系列中的主角。

这将是一个三部曲，分为三部分，每部分有五六首歌。这样他们就可以更频繁地推出新的音乐，并将急切的音乐消费者牢牢控制在自己手中。蒂姆觉得音乐本身其实并没有那么多可谈的。电脑里早就有《没有你》和一年前巴士旅行时的许多其他草稿。他曾与吉他手迈克·艾因齐格一起录制了《我想把它变成什么》（What Would I Change It To），最近又增加了《我的朋友》（Friend of Mine），这是与文森特·庞塔雷和塞勒姆·法基尔共同创作的另一首歌曲。

蒂姆对曲目的构架本身更感兴趣。他对三部曲的呈现方式做了细致的勾勒。该项目将包含十六首歌曲，每首歌的灵感来自佛教地狱的不同层次。他的想法是，每个视频也将代表蒂姆走向启蒙和力量的部分旅程。

主角将在额部陀①启程，这是一个被荒凉的山脉包围的黑暗世界。他将独自行走，冰雹和冰块击打着他赤裸的身体。这些图像代表充满怀疑的学生时代，当时蒂姆试图在东瑞尔高中的等级制度中找到自己的位置，但没有真正成功。第六首歌曲的灵感将来自优钵罗②，一个冰冻的环境里，主角会在演出前把自己喝得酩酊大醉而变成蓝色。到第八首歌时，他因获得了止痛药，身体反而变成了令人愉快的温暖红色。

然后，破坏性的螺旋会变得越来越明显。胰腺感染：更多的药片。胆囊破裂：更多的药片。阑尾胀破：更多的药片。同样的错误会一次又一次地重复，主角在试图买药摆脱他的痛苦时，脸色会越来越红。但无论是新养的狗、昂贵的手表、房子，还是更多的文身，都毫无帮助。

---

① 额部陀（Arbuda），意为疱或肿物，佛教的八寒地狱之一。意思是说，受罪的人因严寒所逼，皮肉冻起泡。

② 优钵罗（Utpala），意为青莲花，佛教的八寒地狱之一。意思是说，受罪的人由寒苦增极，冻得皮开肉绽，就像青莲花一样。

它们只是应对策略。

最后，这次地狱之行将证明没有人被困在他们的环境中，控制自己的情绪和生活是可以实现的。为了表达这一点，这组作品的第一部分会用蒂姆为自己取名的地狱的佛教拼法命名——《阿鼻地狱（01）》［*Avīci (01)*］。封面上的树代表希望。

"有可能可以走出这个洞。"蒂姆说，"当你把脸抬起来时，可以看到整片蓝天，还有鸟和光。"

2017 年夏天，蒂姆继续旅行。尽管在世界各地跑了这么多圈，但除了酒店套房、出租车、后台休息室和私人飞机上的座位之外，他很少看到其他景象。

亚马孙是截然不同的世界。当货船载着蒂姆越来越深入秘鲁雨林时，浑浊的棕色河水在高温中几乎静止不动。船的下层装载着香蕉和牲畜，而蒂姆、杰西·韦茨和一些童年的好兄弟坐在上层。

杰西的叔叔，那个住在夏威夷丛林里的老嬉皮士，给他们出主意去秘鲁喝死藤水。这种饮料是由致幻植物调制而成的，南美原住民饮用它已有数百年的历史。一开始，这种仪式只对最大胆的游客有吸引力，但近年来死藤水在美国和欧洲也很流行。据说这种仪式可以帮助实践者更接近直觉、自然和永恒。

当然，这种饮料会唤起身体的反应。有许多故事说，在原住民所谓的净化过程中，人们在腹泻的同时也会不停地呕吐，然后出现幻觉。饮料产生的幻觉似乎取决于当天的状态——如果你不走运，可能会有被钉在地下的感觉，脸上长出畸形的东西，或者感觉蛇在你的鼻孔里爬行。但是，陶醉的状态也可能把你送到壮丽的山谷，或者让你仿佛看到神奇的能量场。有人说，一次仪式的意义不亚于多年的治疗。

在船上时，蒂姆对丛林更深处等待着他的东西感到兴奋。他坐在一张摇摇欲坠的塑料椅子上，腿上放着电脑，为杰西·韦茨播放他最新创作的歌曲。最近，他在纳什维尔待了几周，与凯茜·马斯格雷夫斯[1]、凯斯·厄本[2]和安德森·伊斯特[3]等乡村音乐明星一起工作。在这趟行程的合作中，他最喜欢的歌曲是《你就是爱》（You Be Love），这是他与泰勒·斯威夫特的制作人内森·查普曼（Nathan Chapman）等人共同创作的。

蒂姆为这首歌的歌词感到自豪，他是歌词创作的推动者，这篇歌词充满了诗意和丰富的画面。这些词句可以被理解为一个无条件的爱的故事，也可以解释为拥有更大的意义。蒂姆觉得，自从他决定停止巡演之后，奇怪的事情开始发生了。例如，他学会了如魔法般快速地弹奏钢琴。

仿佛宇宙，甚至可能是一种精神能量，都希望他能好起来。他就像黏土，在一股巨大力量的手中被重塑，被塑造成他想成为的人。

你若是陶工

我愿成为你的黏土

你若是铁匠

我愿成为你的刀刃

在沿着河流经历一天多的路程后，他们在亚马孙河的深处登陆。

---

[1] 凯茜·马斯格雷夫斯（Kacey Musgraves，1988— ），美国乡村音乐歌手、词曲作者，曾多次获得格莱美奖。

[2] 凯斯·厄本（Keith Urban，1967— ），澳大利亚乡村音乐歌手、词曲作者、唱片制作人。

[3] 安德森·伊斯特（Anderson East，1988— ），美国创作歌手，他的音乐风格包括节奏布鲁斯、灵魂乐和根源摇滚（Roots Rock）。

一位药师前来迎接，他用烟斗向他们的鼻子吹入某种烟草混合物，然后把他们带到一座建在泥地桩子上的木屋里。他们将在这里的蝙蝠和大蚊子之间待上将近一个星期。

傍晚时分，他们放下背包，一起去抓青蛙，以获取巨猴树蛙（Gaint Leaf Frog）在紧张时分泌的分泌物。萨满用一根燃烧的棍子伸向蒂姆，当表层的皮肤被烧掉后，药师将青蛙的分泌物塞进伤口。据说这种毒药可以稳定血压，加强免疫系统，是净化过程的第一部分。随着毒药在他的血液中蔓延，蒂姆感到呼吸变得困难。他嘴巴周围的皮肤开始收紧，嘴唇肿胀起来。同伴们互相看了看，满含泪水地笑了起来。他们看起来都有怪异的皱纹和扭曲的形态，仿佛已经三百岁了。

第二天将举行第一次仪式。蒂姆和其他人必须进入丛林寻找酿制饮料的根、藤和树皮，这些会被一起放入火上的大锅里煮沸。朋友们从木屋拿出破旧的床垫，放在一间小屋的地板上。然后，萨满把烟草的烟雾吹到他们脸上，并开始挥舞树叶拨浪鼓，一边吹口哨，一边唱出对自然和圣灵的赞歌。

蒂姆和其他人获得了装在小杯子里的黏稠的绿色饮料。他们费了很大劲才把发霉的泥浆咽下去，它的味道简直令人作呕。

但蒂姆享受在这里的每一秒钟。躺在雨林中间的床垫上，等待一场盛大的净化，这是为了真正地体验生活。

尼尔·雅各布森和洛杉矶唱片公司的其他人别无选择，只能习惯一个开始保护自己自由时间的音乐人。迷你专辑①三部曲的第一部分《阿鼻地狱（01）》在不到两周的时间里就要发行了，但蒂姆仍然没有

———————
① 迷你专辑（EP），指收录歌曲数目介于单曲与专辑之间的唱片。传统专辑一般收录十首歌曲或以上，迷你专辑通常收录四至六首歌曲。

完成《孤独地在一起》（Lonely Together）的最终混音，这是他与歌手瑞塔·奥拉①合作的歌曲。可能不会有什么大问题，这更像是一种形式。蒂姆只需要听几遍歌曲，让他们都同意鼓声与低音放置的位置，保证人声足够清晰即可。这基本需要大约半小时完成。

环球公司制订了一个营销计划，其中的亮点是十个黑盒子，它们将被寄给一些特别忠实的歌迷。当盒子被打开时，内部就会亮起来，底部的扬声器开始播放歌曲《你就是爱》。唱片公司预测，收件人会在他们的社交媒体上发布盒子的视频，通过这种方式，他们将获得看起来很自然的廉价传播。唱片公司还有很多计划，当然这都是以蒂姆能够参加为前提的。

但当尼尔·雅各布森打电话给他时，蒂姆的手机关机了，或者可能是信号不好，他什么都没收到。

一个多星期后，即 2017 年 7 月底，雅各布森正在为一个具有意义的夜晚做准备——他和妻子邀请了一位有影响力的电影经纪人在姻亲家吃饭。就在他打领带的时候，环球公司的市场经理打来电话。

"你不会相信这个的。去看看艾维奇的'照片墙'吧！"

雅各布森在手机屏幕上看到的是一只从后面拍摄的羊驼。凉爽的微风似乎让它的毛舞动了起来，这只动物在那里眺望着南美洲的某个山谷。是马丘比丘②吗？

雅各布森从这段视频中认出了一些音调。那是他一直在追问蒂姆的《孤独地在一起》的前奏，这首歌将成为迷你专辑的单曲之一。蒂

---

① 瑞塔·奥拉（Rita Ora，1990— ），英国创作歌手，她的多首歌曲曾在英国单曲排行榜上获得冠军。

② 马丘比丘（Machu Picchu），一座建于前哥伦布时期（15 世纪）的印加帝国城市遗迹，位于秘鲁南部。

姆写了一个简短的标题：

"新的音乐即将到来，非常（非常）快！"

"这到底是什么？"雅各布森喃喃自语道。几个月来，他们一直在准备以完美的方式启动艾维奇的回归。在沉寂了近两年之后，他竟发布了一个羊驼的视频。

雅各布森开始浏览"照片墙"上的评论。

我等不及了！！！这种音乐真令人惊讶！！！哇！！！♥

将会疯狂起来的！！！！！

是的！哦，上帝呀，我们已经等了这么久了！！！我非常爱你。

这首歌听起来真不错@艾维奇♥你的专辑将是一个完美的杰作。

这个帖子传达的一切都让我感到高兴。

在接下来的几个小时里，雅各布森关心的每家网络报刊都报道了这个消息。推特上开始疯狂地讨论蒂姆的新歌——与电影经纪人的夜晚变成了一个漫长的庆祝活动。

几个小时后，当蒂姆终于打来电话时，他似乎完全不为所动，几乎没有意识到雅各布森已经找自己好几天了。

"嘿，伙计。怎么了？"

"该死的，蒂姆。你这个疯子！我们已经计划了几个星期，在精心策划上花了很多钱。而你贴出一张该死的羊驼的照片，所有人都疯了。互联网上已经火了，蒂姆。你是个天才！"

"嗯，我不知道。我只是觉得应该这么做。这感觉是对的。"

蒂姆·贝里林变得越来越喜欢公开谈论自己的情感生活。他告诉自己的团队，他想与能够公正描述他的故事的记者就自己的健康状况进行更严肃、更深入的采访，例如电台主持人霍华德·斯特恩[1]或音乐记者赞恩·洛[2]，就像加拿大广播公司的文化节目《Q》以一种尊重的方式对"电子鼠"进行的描述。只要蒂姆找到合适的环境，他就会乐于讲述自己的故事，并对药物成瘾、精神和心理健康进行一定的反思。他告诉一些朋友，他之后想写一本回忆录——自己的故事肯定能帮助其他处于类似情况的人。

2017 年 8 月，他接受了《滚石》杂志的真诚采访，解释了自己停止巡演的原因。

"我需要厘清我的生活，"他向记者总结道，"整件事情就是为了成功而成功。我再也感受不到快乐了。"

《阿鼻地狱（01）》刚刚发行，但粉丝们已经习惯了蒂姆·贝里林推荐自助书籍，而不是讨论旋律。

---

① 霍华德·斯特恩（Howard Stern，1954— ），美国电台主持人、喜剧演员和作家。他最出名的是广播节目《霍华德·斯特恩秀》（*Howard Stern Show*），该节目于 1986 年至 2005 年期间在美国播出时获得了广泛的关注。

② 赞恩·洛（Zane Lowe，1973— ），新西兰电台 DJ、唱片制作人和电视节目主持人，早期在新西兰从事音乐创作、制作和 DJ 工作，1997 年移居英国。2015 年，他在苹果公司的国际电台"苹果音乐 1"上主持自己的节目。

蒂姆联系了为他设计洛杉矶豪宅的建筑师，请他规划一个会议场所。住在附近的时装设计师卡尔文·克莱因①在他别墅下面的岩石中建造了一间地下车库，蒂姆也为自己的居住地设想了一个类似的方案。

这个想法是让有才华的创造者和各领域的佼佼者可以见面并合作。游戏开发者、电影导演、发明家和哲学家将组成一个社团，蒂姆想称之为 Aeterni（永恒）——他认为这个拉丁语词汇听起来具有一种传统和教育的感觉。人们将通过蒂姆工作室旁的一个竖井到达此处。一部电梯会把参与者带入好莱坞的山中，就在别墅游泳池的下面，然后来到蒂姆计划装饰的七间地下掩体室。在那里，聪明的头脑将萌发真正有可能改变世界的想法。

此外，蒂姆还概述了关于一款电脑游戏的设想，这是对游戏《孢子》(Spore)的进一步发展。在原作中，玩家最初是一种原始的微生物，游戏的挑战是让它进化成肉食性生物。蒂姆设想了一个类似的模式，但内容完全不同。这将是个现实主义的游戏，建立在他学到的关于人格类型、应对策略，以及生死循环的基础上。最后，当主角完成游戏时，他会变成一个无欲无求之人，一个像树下的佛祖一样开悟的人，获得精神上的满足。

"该死，如今我们都无法处理自己的情绪，"蒂姆告诉《滚石》杂志，"这就是我必须停止巡演的原因，因为我无法正确解读我的情绪。"

蒂姆终于有时间住在四年前他在好莱坞买的房子里了。室内已经变得和他一直以来想要的那样舒适、优雅。结实的咖啡桌是用铜和亮

---

① 卡尔文·克莱因（Calvin Klein, 1942— ），美国时尚设计师，于 1968 年创办了与自己同名的服装公司。除时装外，该公司还经营香水、手表、珠宝等产品。

漆石制成的，吊灯的链子落在地板上，像一绺柔软的秀发。主浴室中铺着斑纹大理石瓷砖，家中还有一张能俯瞰整座城市的黑色的床。楼下的放映室里挂着《教父》和《发条橙》等他最喜欢的电影的原版海报，浴室里有他童年时在希灵厄的跳蚤市场上买的磨损的《唐老鸭》杂志。

入口处摆放着家中最引人瞩目的物品———一架闪闪发光的黑色施坦威三角钢琴。它价值五十万克朗，鉴于用瑞典钢材制作的琴弦能发出丰富而清晰的音色，也算是物有所值。蒂姆十分喜爱弹琴，并形成了一种独特的钢琴演奏技巧。他没有使用黑键和白键组合的常规和弦，而是几乎只在黑键上演奏。他的右手经常只弹两个音符，一个五分音符和一个四分音符，而在键盘的另一边，他会做出大动作。当右边不完整的和弦与左边丰富的低音音符相遇时，传出了一种让人意想不到的、打破传统的声音。

然而，蒂姆并不关心理论方面的问题。他只是在寻找内心中感觉正确的东西。

洛杉矶的生活节奏令人感到舒适。蒂姆会躺在床上看《南方公园》，这部动画仍是他所知的最有趣的事物之一。最新一季的内容是关于脸书上的假新闻、微型啤酒厂和主角卡特曼的，他爱上了一个数字语音助手。

在其中一集中，城市中的儿童节目演员开始一个个地死去。原来，主角斯坦的祖父被一位老太太勒索，这位老太太强迫他在不知情的孙子的帮助下将奥施康定从养老院偷运出去。

老太太抓着阿片类止痛药时放了个响屁，蒂姆的狂笑声充满了整间卧室。2017 年秋天，他的新女友经常陪在他的身边。特蕾莎·卡切罗娃（Tereza Kačerová）带着强烈的情感和愉悦的气息进入了蒂姆的生活。他们最初在约会软件"拉亚"（Raya）上聊天。第一次约会时，特蕾莎就怂恿蒂姆穿着衣服跳进游泳池。第二次约会时，她向他展示了她最喜欢的垃圾食品——蘸着能多益①的膨化奶酪条。

从那之后，他们就变得形影不离，特蕾莎实际上已经搬进了蒂姆的家。他们很少下床，然后会从弧光电影院（Arclight）订购爆米花，将 M&M 巧克力豆倒入杯子，把它们拌在一起。他们变得非常懒散，蒂姆甚至不再步行去厨房，而是骑着赛格威代步车前往。当他去拿更多的果汁和冰淇淋时，两轮车的蓝色霓虹灯一路上照亮了镶木地板。

特蕾莎在捷克共和国出生和长大，后来她来到洛杉矶，成了一名模特。她曾为时装品牌迪赛（Diesel）拍摄照片，并出演了"魔力红"乐队②的音乐视频。现在，她正在寻找一条脱离模特的道路。穿上外套，笑着摆弄自己的头发，那太傻了。她想写童书和电影剧本。蒂姆喜欢她有创造力的一面，她的公寓里堆满了心理学教科书，她非常清楚卡尔·荣格是谁。

特蕾莎不仅有旺盛的创造力，而且她觉得自己很成熟——也许是因为她有一个将近两岁的儿子，名叫卢卡。

起初，蒂姆对这个男孩表现得一直很生硬和紧张。当他们在三角钢琴前坐下，蒂姆向卢卡展示弹琴的基本知识时，一切变得轻松起来。很快，他们就创造了属于自己的世界。当特蕾莎带着早餐来到卧室时，她发现蒂姆和卢卡待在他们用被子搭建的小屋里。他们盘腿坐着——卢卡穿着尿布，蒂姆穿着内衣——用无意义的语言讨论着什么。特蕾莎试图爬到被子里，却遭到了儿子的大声抗议。

"妈咪，这里只能有男孩！"

---

① 能多益（Nutella），意大利巧克力制造商费列罗旗下的一个巧克力榛子酱品牌。
② "魔力红"乐队（Maroon 5），成立于 20 世纪 90 年代的美国流行摇滚乐队，曾多次获得格莱美奖和公告牌音乐奖等音乐大奖。

这对新结识的朋友会在狭窄的泳池里躺上几个小时，把卢卡的鱼儿填充玩具扔来扔去，那些玩具看起来像是动画片中的多莉和尼莫[①]。蒂姆学会了换尿布。当卢卡在游泳池里大便时，蒂姆会找来一个滤网捞起这些脏东西。他惊奇地发现照顾孩子是多么有趣。晚上，他会给卢卡读睡前故事，讲的是一辆有爱心的卡车教镇上其他车辆如何礼貌地行驶，而卢卡会爬到他身边的枕头上。

蒂姆想到了自己作为一个父亲会是什么样子。现在可能是时候了，他一直想做一个年轻的父亲，与他自己的父亲有所不同。

他在与铁斯托共进晚餐时谈到了这个话题。他们在贝弗利山庄的华尔道夫酒店吃意大利面，喝了几杯葡萄酒。他和铁斯托已经多年没有见面了。蒂姆很有活力，很健谈，他们谈到了很久以前在伊维萨岛共度的夜晚。

"实际上，我一直在考虑重新进行表演。"蒂姆说。

现在，蒂姆在钢琴方面更加得心应手，他和卡尔·福尔克讨论过与塞勒姆·法基尔和文森特·庞塔雷组建一支乐队。蒂姆设想自己在DJ台上控制现场音乐，用过滤器和效果器对其进行扭曲和处理；心情好的时候，他可以坐在钢琴前，或背上一把吉他演奏。这对观众来说将是一种全新的体验，而且他不必在舞台上孤军奋战。巡演不会像以前那样紧锣密鼓，也许他们可以先去杰西·韦茨在拉斯维加斯棕榈树赌场新开的俱乐部尝试几场演出，看看观众的接受度如何，然后再做决定。这支乐队在他心目中的名字是"艾维奇和野兽"（Avicii and the Animals）。

蒂姆为自己消失了几年、变得难以捉摸而向铁斯托道歉。他们应

---

① 多莉（Dory）和尼莫（Nemo）是动画电影《海底总动员》中的主角。

该像以前那样重新出去玩，也许可以去看看"瑞典浩室黑手党"，他们将在 2018 年 3 月的超世代音乐节上重聚。

这是一个协调与平静的时期。

这座房子变得越来越像一个机器公园。蒂姆订购了无人机、广角变焦双筒望远镜和一台先进的相机。他最满意的是那三台显微镜——这些沉重而结实的仪器是为实验室的生物分析设计的。

蒂姆对有关真菌的新研究结果产生了兴趣。事实证明，一个单一的真菌菌丝可以在地下蔓延数英里，这是森林根系的细密延伸，有助于树木吸收养分。不幸的是，好莱坞的山上很少有真菌生长。蒂姆走到花园里，捡起一些树叶、树皮，或者一只昆虫，把它们放在镜头下。

特蕾莎看着蒂姆沉浸在显微镜前，她看到他的手是如此漂亮。

我需要重新学习如何听音乐。将自己从所有与音乐有关的压力性想法，甚至是没有意义的想法中解脱出来。

　　我需要找到一种平静或意志，来对抗我追求成功的世俗野心，因为这不是一种健康的状态，它会导致更多的压力和"渴望"，而不是幸福。

在音乐制作方面，蒂姆·贝里林变得停滞不前。

不难看出，浩室音乐的泡沫已经在某种程度上破灭了。年事已高的企业家罗伯特·西勒曼想要建立电子舞曲音乐节和音乐网站联合体的宏伟计划很快就化为了泡影——公司上市时，他曾自豪地与艾佛杰克合影，但几年后他的公司就破产了。

一位与酋长关系密切的商人被警方逮捕，他投资了拉斯维加斯的大型俱乐部哈卡桑，并在一起仍在扩大的腐败丑闻中涉嫌洗钱。

因此，派对散场，"淘金热"也就此告终。

但浩室音乐继续塑造着它的时代。在2017年秋天的洛杉矶电台中，蒂姆的同辈们制作的许多歌曲仍在被播放。"烟鬼"组合①、捷德和凯戈现在做的音乐基本上都不再具有高潮，取而代之的是一种适度的上升感，就像暖气片慢慢温暖整个房间。也许这并不那么奇怪。一种风格的原始性和不妥协性在一段时间后总是习惯性地趋于软化。当摇滚乐在70年代初浸入加利福尼亚的阳光时，当朋克运动在80年代变成睿智的新浪潮时，当"吹牛老爹"在90年代打磨出第一波激进的嘻哈音乐时，情况就是如此。

很少有人还在谈论电子舞曲，这实际上说明了浩室音乐的影响

---

① "烟鬼"（The Chainsmokers），成立于2012年的美国电子音乐双人组。

力——十年前感觉具有挑战性的声音，到 2017 年已经被嵌入几乎所有的现代流行音乐中了。

瑞典人在这一发展中并非无足轻重。在洛杉矶，一个由瑞典创作人组成的小团体已经兴起，并影响了美国广播的内容。

马克斯·马丁在 90 年代为布兰妮·斯皮尔斯和"后街男孩"制作的歌曲巩固了他作为美国青少年生活诠释者的地位，最近他还在好莱坞建立了自己的工作室。在这所曾属于弗兰克·西纳特拉①的房子里，一群瑞典人与马克斯·马丁一起，为泰勒·斯威夫特、阿黛尔和阿里安娜·格兰德②精心打造世界热门歌曲。另一个瑞典团体包括埃里克·哈斯勒③和音乐人扎拉·拉松④，后者被《时代》杂志评为世界上最有影响力的青少年之一。现在可以肯定的是，瑞典人守时、可靠、乐于工作，不怕厚颜无耻地做旋律性流行音乐，让人们跟着哼唱。

许多歌曲的创作者是女性。琼纳利·帕梅尼乌斯⑤以艺名诺米·鲍（Noonie Bao）发表作品，她在演唱艾维奇的《我能成为那个人》中取得了突破性进展，她还为凯蒂·佩里⑥和其他人写了大量歌曲。

帕梅尼乌斯想到几年前她第一次来到洛杉矶时的情景。在斯德哥

---

① 弗兰克·西纳特拉（Frank Sinatra，1915—1998），美国歌手、演员，以其充满魅力的爵士歌声风靡全球，被认为是 20 世纪最优秀的美国流行歌手之一。

② 阿里安娜·格兰德（Ariana Grande，1993— ），美国歌手、词曲作者，以跨越四个八度音阶的音域而广受赞誉。格兰德常被视为流行偶像，是当今唱片最畅销的音乐艺人之一。

③ 埃里克·哈斯勒（Erik Hassle，1988— ），瑞典歌手、词曲作者，他的歌曲曾在全球和美国的声田排行榜上名列前茅。

④ 扎拉·拉松（Zara Larsson，1997— ），瑞典歌手，在获得瑞典版《达人秀》第二季冠军后一举成名。

⑤ 琼纳利·帕梅尼乌斯（Jonnali Parmenius，1987— ），瑞典歌手、词曲作者、唱片制作人，与大卫·库塔、捷德、凯戈等知名音乐人有过合作。

⑥ 凯蒂·佩里（Katy Perry，1984— ），美国歌手、词曲作者、配音演员，全球唱片销量超过一亿张，是史上作品销量最多的音乐人之一。

尔摩的一间地下室里挣扎了很久之后，她攒够了钱，能够支撑自己在洛杉矶工作三个星期。在从机场来的路上，帕梅尼乌斯打开了车里的收音机，立即在蒂姆·贝里林和尼基·罗梅罗激昂的节拍中听到了打动自己的声音，意识到她的生活即将发生改变。

这就是在"梦想之城"可能发生的那种事情，一扇门虚掩着，你走了进去。一个小小的瑞典奇迹，蒂姆·贝里林是其中的关键一环。但是，这对现在的他来说有什么用呢？他坐在楼下的工作室里，浏览着同行们的"照片墙"，感觉自己不再真正属于这个群体。

他感到创意枯竭，思路受阻。年初在纳什维尔写的那些歌毫无进展，蒂姆已经对它们失去了感觉。他否定了自己的新歌，没有给它们任何真正的机会。最糟糕的是，他已经不再相信自己的直觉了。虽然旋律还会从琴键上流淌而出——直接在乐器上创作，而不是在屏幕上写歌也很有趣，但他丧失了为音乐着色的能力。"这就是我卡住的地方，"他在给一个朋友的短信中写道，"我有很多歌曲方面的想法，但在制作和声音设计方面，我迷失了方向。"长期以来，音乐一直与紧张和表演联系在一起，以至于他一想到工作就备感压力。

环球公司的人变得越来越沮丧。蒂姆假装对他们的建议感兴趣，但从未完成任何事情。他说想和年轻的热门音乐人说唱者钱斯[①]合作，但不愿意坐飞机去芝加哥。他得到了《16》(Sixteen)试听版的第一选择权，这首歌最后由埃莉·古尔丁[②]演唱。他在其他人之前得到了《回到你身边》(Back to You)——当赛琳娜·戈麦斯[③]最终抢到这首歌后，

---

① 说唱者钱斯 (Chance the Rapper, 1993—)，美国说唱歌手、词曲作者、演员和活动家。
② 埃莉·古尔丁 (Ellie Goulding, 1986—)，英国歌手、词曲作者，音乐风格涵盖电子流行、合成器流行、电子民谣、独立流行。
③ 赛琳娜·戈麦斯 (Selena Gomez, 1992—)，美国歌手、演员，在担任迪士尼频道原创电视剧《少年魔法师》的主角后迅速走红。

它成了世界各地排行榜上的热门作品。尼尔·雅各布森和他的同事们甚至还在昆西·琼斯①的家中安排了一次会面，这位传奇人物曾制作过迈克尔·杰克逊的专辑《颤栗》。

"我超级上心的！！"蒂姆写道，然后他取消了会面。

蒂姆开始想念阿拉什·普诺里了，或者至少是一个担任同等角色的人。现在没有明确的领导者，只有他、尼尔·雅各布森和佩尔·松丁之间大量的小组邮件。当然，他信任他们两个，但他们有很多音乐人要照顾，有其他的最后期限要处理。他需要有人能把所有注意力放在2017年的艾维奇身上，而且更重要的是五年或者十年后，艾维奇将会是谁。"如果没有阿拉什鞭策我，告诉我应该专注于什么歌曲或是他热衷于推动什么歌曲，等等，我发现自己很难像以前那样对创作音乐感到兴奋，"蒂姆给尼尔·雅各布森写道，"我之所以不去完成我的数十亿个想法，是因为没有人推动我。如果我不完成它们，就不可能找到真正的潜力！"

一段时间后，蒂姆发现摆脱义务并不像想象的那样容易。现在他有很多时间去思考和感受，在保持健康方面他几乎已经变得痴迷。

春天，他在"酷玩"乐队主唱克里斯·马丁推荐的一位替代医学医生那里进行了检查。在阿古拉山②的时尚诊所里，蒂姆进行了淋巴系统排水，接受输血，并做了背部拔罐，这将有助于血液循环。

不过，他的身体还是发出了一些信号，蒂姆不知该如何解释。"过

---

① 昆西·琼斯（Quincy Jones，1933— ），美国音乐制作人、词曲作者。在长达七十年的职业生涯中获得了八十次格莱美奖提名，二十八次获得格莱美奖，并于1992年获得格莱美传奇奖。昆西·琼斯曾与迈克尔·杰克逊合作数张大受欢迎的专辑，并于1985年制作了著名的公益歌曲《天下一家》。

② 阿古拉山（Agoura Hills），美国加利福尼亚州洛杉矶县的一座城市。

去的一周开始，我在早晨感到有点恶心。"他给一位与他联系的营养师写道，"我不明白为什么！！"

不适感通常在一段时间后就会消失，特别是当蒂姆以红茶菌开启一天的生活时——这是一种在洛杉矶流行的发酵茶饮料。但很难解释为什么他会感到恶心，有时还会胃痛，耳朵里的疼痛也会时不时地冒出来。这是一种突然出现的情况。他的背上还有一块看起来很奇怪的黄褐斑，是椭圆形的。它的颜色没有一点变化吗？它可能是癌症吗？

蒂姆想得越多，就越认为自己终于还是得了他从小就最害怕的疾病。

他的烟瘾又变得越来越大了。厨房右上方的一个抽屉里，有烟草研磨机、卷烟纸和烟灰缸。当蒂姆在中午前醒来时，他就会走到厨房，卷几根"手卷烟"，然后带回卧室。他发现"手卷烟"平息了他的焦虑，并在他的头脑中打开了创造性的新大门。

在美国，人们对"手卷烟"的态度发生了急剧变化，尤其是在洛杉矶。就在一年前，加利福尼亚人需在总统候选人希拉里·克林顿[1]和唐纳德·特朗普[2]之间做出选择的同时，还要投票决定是否在该州将个人使用"手卷烟"合法化。一个受管制的市场随时都有望开放，企业家们已经开始装修商店，并在高速公路上挂出标语，吹嘘"无与伦比的效果"和"洛杉矶最好的'手卷烟'"。

在美国，人们对迷幻蘑菇的看法也开始出现了类似的转变。它曾被认为是 60 年代嬉皮士文化的破坏性残余，但现在已经成为硅谷时髦

---

[1] 希拉里·克林顿（Hillary Clinton，1947— ），美国政治家，第六十七任美国国务卿，前美国第一夫人。

[2] 唐纳德·特朗普（Donald Trump，1946— ），美国政治家、企业家、房地产商人，第四十五任美国总统。

科技公司的硬通货。几家公司正在争先恐后地开发合成版迷幻药，即真菌致幻物质，以生产全新类型的抗抑郁药物。

蒂姆对这种蘑菇的特性相当着迷。一些人认为它可以重启大脑，并持续数月地缓解抑郁和焦虑。在一年前的秘鲁探险中，他迷上了迷幻药的效果，当时这群朋友在丛林中得到了导游赠送的一袋蘑菇。在返回文明社会的船上，他们都产生了幻觉，在亚马孙河上的红色夕阳下，蒂姆觉得自己比以往更了解生活，每一块拼图都落到了实处。即使在洛杉矶的露台上，蒂姆有时也会有温暖的、充满活力的幻觉，他觉得这些幻觉给他带来了新的见解和视角。

但有时，幻觉导致了很多不愉快的经历。

"有点像我理解了宇宙，但很难真正地掌握它，"他向一位朋友描述一次煎熬的经历，"感觉有点像要疯了。"

2017 年 8 月 17 日

> **蒂姆·贝里林**
> 我的朋友 :D！只是想到你了，我很想你！
> 如果你有时间，我很想听听你的意见，
> 咱们聊一聊 <3

> **保罗·坦纳**
> 哇！虽然听起来很老套，但我也正
> 准备给你发消息。我在迪拜。好呀，
> 我们聊聊吧 :D

> 哈哈，这种同步现象对我来说真是个谜，
> 在过去的两年里经常发生！！
> 啊，那里已经很晚了！也许明天我们可以
> 聊聊?

治疗师保罗·坦纳和他的前客户蒂姆继续保持着联络。

蒂姆在打电话时从来不会拐弯抹角。他会忠实并简单地提一下他的女朋友，或谈论他的斗牛犬的近况，但他更愿意直接进入哲学和存在主义的讨论。他热切地讲述着关于炼金术和凭空发电的悬浮式发电机的纪录片。他认为真正有意义和令人兴奋的事情发生在科学的边缘。他曾读过一位病毒学家的文章，作者认为电磁信号可以被储存在水中，并通过电子邮件转移到新的水源地——如果这种事情是真的，将颠覆整个科学界。

蒂姆对改变社会有很多想法。例如，他联系了自己最喜欢的导演

达伦·阿罗诺夫斯基①，他的电影《梦之安魂曲》给青少年时期的蒂姆留下了深刻印象，他询问这位电影人是否愿意合作，也许他们可以拍一部电影，突显伊维萨岛派对生活的弊端，每年夏天岛上有多少人死于药物过量，或者是一个关于佛祖年轻时的传记故事。

保罗·坦纳认为蒂姆帮助他人的想法很美好，但他自己的真实感受如何？

令人沮丧的是，蒂姆不想就某一个概念进行深入挖掘。他在音乐创作上所特有的不安分的探索乐趣同样存在于他的精神追求中。蒂姆接受治疗已经有两年了，在保罗看来，他需要保持最基本的洞察力。蒂姆似乎在探索的过程中相当孤独，他们的谈话经常停留在想法领域，这让治疗师很恼火。

保罗对他前客户的日常生活到底了解多少？蒂姆提到了新养的狗，还谈到了特蕾莎和她儿子的情况。在谈话中，他偶尔会提到一个朋友，或克拉斯和安琪——然而他们只是被一带而过。

保罗建议他们应该一起去某个地方旅行，也许可以在巴厘岛的稻田边待上几个星期。保罗自己也有精神上的追求，他知道那里有一位大师，蒂姆会想见见他的。或者保罗可以在蒂姆在家的时候直接乘飞机去斯德哥尔摩。

但这些都没有发生，蒂姆让人难以捉摸。

保罗感觉蒂姆并不像他希望周围人相信的那样好，或者像他自己想要相信的那样好。

难道蒂姆又开始放烟幕弹了？

---

① 达伦·阿罗诺夫斯基（Darren Aronofsky，1969— ），美国电影导演、制片人、编剧，以超现实主义和令人不安的元素著称，代表作有《梦之安魂曲》《摔角王》《黑天鹅》等。

伊维萨岛治疗中心的所有者约翰·麦基翁也很担心。如果锻炼和冥想能给蒂姆带来内心的平静，那很好，但在治疗师眼中，更好心态的基础要比这简单得多。

这是关于保持清醒这种基本的事情。

在蒂姆离开治疗中心之前，麦基翁曾试图让他明白，保持完全清醒是唯一真正可持续的康复之路。他知道这对于一个二十六岁的人来说听起来太无趣了，但这是他的经验之谈。

和蒂姆一样，年轻时的麦基翁发现了一种简单的放松方式——一条粉末、一粒药片，几毫升以及很快就变成了一瓶的酒。他教会身体去捕捉它的情感生活，这是一项无法消失的技能。对于一个上瘾者来说，无论你是否愿意，按钮都在那里。复发的路径仍持续存在，这就是为什么约翰·麦基翁照旧去参加自助支持小组，尽管他已经清醒了三十多年。与其他上瘾者见面能提醒他事情仍然非常容易就会陷入地狱般的境地——当你对自己特别满意的时候，当你想要奖励这个系统的时候，当你放松下来，认为自己已经变成一个能够适度麻木自己之人的时候。

麦基翁曾听到传言说蒂姆在洛杉矶的家中使用扩展思维的蘑菇，而且他显然抽了很多"手卷烟"。

与阿片类药物相比，"手卷烟"听起来可能很无辜，但事实上，它是导致精神疾病的风险因素之一。

在精神疾病发作时，解释现实的能力会衰退或者被完全破坏。这些都是变化莫测、难以评估的情况，尤其是对于那些从未遇到过类似情况的人来说。这种疾病可能在几年内悄然发生，也可能在几天内爆发。正常思维和非理性思维之间的界限会变得模糊不清，由于患者自己经常感到快乐自在，这就使情况变得更加难以判断。他们可能会体验到一种神奇的能力，看到无形的关联，进行原始的联想，或与上帝及宇宙产生密切的联系。

这种情况的发生可能与用药过量直接相关，但也可能在几天或几周后出现。在时而愉快的开始过后，情况通常会变得越来越令人焦虑，患者会感到自己与环境和自我失去了联系。

那是一种不真实的感觉。

2018 年新年刚过，他们就去了洛杉矶东部的滑雪胜地——大熊湖。

蒂姆和特蕾莎正在车上互相怄气。他们没有安排任何住宿，因为蒂姆并不想在网上快速地预订一间小屋，而是想让他的旅行社参与进来，旅行社的工作人员在他巡演期间负责安排酒店房间和航班。特蕾莎认为，如果蒂姆想摆脱作为世界明星的压力，他至少应该能够自己预订一个酒店房间。

他们租了三天的滑雪板和滑雪靴，但特蕾莎只滑了一个小时就厌倦了平缓的斜坡。她是一位经验丰富的滑雪者，需要一些挑战和速度。她想退还为设备支付的一千多克朗，并试图说服蒂姆向租赁人员谎称他们撞到了对方，无法再滑雪了。特蕾莎一瘸一拐地走进商店，龇牙咧嘴地呻吟着，但蒂姆在租赁人员面前揭穿了她，因为他认为在这种事情上撒谎非常愚蠢，而且还为了这么一点钱。

这引发了一场激烈的争吵，他们甚至可能还分手了——至少蒂姆在滑雪场不辞而别，独自返回了洛杉矶。

几天后，当特蕾莎来到蒂姆家时，空气中弥漫着火药味。蒂姆盖着被子躺在卧室里，自回家以来他既没有洗澡，也没有换衣服。

"你还在难过吗？"特蕾莎问。

"不，不再是那个问题了，"蒂姆回答，"我遇到了某种生存危机。"

这是特蕾莎第一次看到蒂姆以这种方式消沉，虽然他以前也对生活进行过专注的思考。有一次，他谈到了周围的环境很不真实。

"如果我身边的人都只是我自己头脑中的投影呢？如果没有人真的在这里，而我只是孤零零地在世界上呢？"

特蕾莎不知该如何回应。这是一个没有尽头的幻想，细想起来都觉得可怕。

"没关系，"她试着说，"我知道抑郁是一种什么感觉，每个人都会遇到这种情况。"

这一次，蒂姆想一个人静静地思考，所以特蕾莎把他留在了昏暗的卧室里。几天后，蒂姆很高兴，想再次出去玩，但整个情况中有一些令人不安的地方让特蕾莎难以释怀。

蒂姆安抚他的女友。没事了，他现在很好。

"有时我只是在想那样的事情。"他说，"一切都无关紧要。"

"你是什么意思？"特蕾莎问，"这是多么悲哀的想法啊！"

"不，不是的。这意味着你可以做任何自己喜欢的事，任何你想做的事。这是一种解放。"

2018 年 2 月，蒂姆坐飞机回到斯德哥尔摩。他和特蕾莎又吵了起来，他需要休息一下。

他在诺图尔 ① 附近的乌普兰街（Upplandsgatan）租了一套大公寓，并立即把它变成了一间游戏厅。

很快，他便置身于一场激烈的战斗中——自动步枪声响个不停，激光光束在墙上飞舞，屏幕中的炮弹在对手的上空爆炸。

蒂姆买了一个曲面屏幕，把它放在餐桌上，并邀请他的中学朋友

---

① 诺图尔（Norrtull），瑞典斯德哥尔摩北部的一片区域。

弗里科·博贝里和约翰内斯·伦诺参加游戏之夜。他们买了薯片和软饮料，开始玩《守望先锋》（*Overwatch*）。这款游戏与他们以前最喜欢的《魔兽世界》是同一个开发商开发的，但其中的环境有所不同，《守望先锋》的背景发生在一个反乌托邦大都市，而蒂姆在游戏中扮演着一个对团队来说至关重要的角色。

弗里科的角色是一头野性的猪，约翰内斯的角色是一名胸有成竹的士兵，而蒂姆的角色是一个飘浮在莲花中的和尚，在治疗他人的同时，会说一些具有生命智慧的话。

"愿宇宙拥抱你。"这个人物用机器人般的声音说道，然后从他那只嘎嘎作响的机器人手中射出用于治疗的球体。

弗里科认为这个和尚对蒂姆来说是一个完美的角色，近年来他对精神发展具有极大的兴趣。他感觉这位儿时的朋友正朝着正确的方向发展，似乎以一种不同于以往的方式理解了休息和恢复的价值。这种情况不就是一个很好的例子吗？位于乌普兰街的公寓成了一个气囊，在这里，蒂姆的手指敲击着键盘，时间就像过去一样流逝，甚至连薯片的味道都和以前一样。

他们能再次像这样以朋友的身份一起玩，而不再作为娱乐业的同事，真是太棒了。

"感受平静。"机器人的声音说，并在他的周围创造了一个圆圈，这么一来，团队中的其他人在几秒钟内不会受到伤害。

约翰内斯扮演的受伤士兵恢复了生命力，他再次用自动武器向敌人开火。

在战斗间隙，弗里科炸了冷冻肉丸，把它们与通心粉和青酱①盛放

---

① 青酱（Pesto），用罗勒叶、松子、大蒜、奶酪和橄榄油制成的一种意大利调味酱。

在一起。蒂姆说他已经受够了洛杉矶，厌倦了一直被区别对待，感觉他遇到的每个人与艾维奇的关系都比与蒂姆的关系更密切。这以一种无益的方式满足了他的自负。

因此，冬季时，弗里科帮蒂姆在斯德哥尔摩寻找房子。除了其他地方，他还去看了位于国家城市公园（Norra Djurgården）的一处房产，它曾是国王古斯塔夫六世·阿道夫 ① 的财产。这座别墅就坐落在海滩边，蒂姆很喜欢它，除了一个重要的细节——傍晚的阳光照不到此处。

毫无疑问的是，他想搬回斯德哥尔摩。他想在将来建造温室和种植园，甚至可能实现自给自足。

"我将得到一座很不错的房子，我们都可以在那里逗留，"他说，"这将会很棒！"

在斯德哥尔摩时，蒂姆还借机见了阿拉什·普诺里。

实际上，蒂姆现在有马克·苏达克 ② 的帮助。马克曾经是和尼尔·雅各布森一起打高尔夫的经理，但蒂姆意识到他缺少自己前搭档的耳力。顺便说一句，不仅仅是耳力——他想念阿拉什。

当然，他们已经消磨了彼此的关系——他们发生过强烈的冲突，看到了对方最糟糕的一面。但他们也永远地融入了彼此，被无法与其他人分享的经验联系在一起。

大约六个月前，阿拉什给蒂姆发了一封电子邮件，表达了自己的心声。他现在已经走上新的道路——海滨路从未真正成为阿拉什设想的创作者的超级中心，而且他在音乐方面的工作越来越少了。他与著

---

① 古斯塔夫六世·阿道夫（Gustaf VI Adolf, 1882—1973），1950 年至 1973 年任瑞典国王。
② 马克·苏达克（Mark Sudack, 1978— ），美国唱片制作人、经纪人、音乐会推广人。

名金融家马茨·奎贝里[①]一起推出了一档数字选秀节目，并与环球公司的佩尔·松丁等人成了一家出租办公空间公司的合伙人。他与塞巴斯蒂安·因格罗索共同启动了一个项目，在"油管"上培养有影响力的人，比如一对来自韦斯特罗斯的双胞胎兄弟，他们用足球进行运球和杂耍。阿拉什和声田创始人丹尼尔·埃克主持的"聪慧头脑"会议现在已在斯德哥尔摩的商界有了一席之地，甚至吸引了谷歌公司的前首席执行官埃里克·施密特[②]等大人物来到这里。

阿拉什的电子邮件充满了和解与平静的语气，他强调自己既不气愤，也不苦恼。

蒂姆在回复中写道：

很难说我们到底是在什么时候从一个对音乐充满激情，并准备接管世界的超级团队变成了一台没有激情的复杂机器，一切都不再奏效了。

就我自己而言，现在回想起来，可以说我把自己逼得太紧了，年复一年地做着我认为很难的事情（演出），一段时间后，它就剥夺了生活的乐趣。暂停并停止这列火车是很可怕的，因为本来一切都很顺利，也并非世界末日。在多次撞墙和撞破墙之前，我应该早点这么做的。

蒂姆不希望阿拉什再经营他的生意了，但作为一个创造性的策划者，他是无价之宝。在音乐方面，没有人能像阿拉什一样让蒂姆信任。如果他们接受彼此的差异，为对方创造新的角色，也许他们可以找到回到当初那段神奇岁月的方法。

---

① 马茨·奎贝里（Mats Qviberg，1953— ），瑞典金融家、商人。
② 埃里克·施密特（Eric Schmidt，1955— ），美国企业家、软件工程师，2001年至2011年在谷歌公司担任首席执行官。

于是，他们终于见面了，这是近两年来他们第一次碰面。他们先在莱克斯坦[①]的一家豪华酒店——蒂姆的哥哥戴维在那里工作——吃了晚饭，然后他们去了伯恩斯酒店，这是一家位于斯特尔普兰拐角处的俱乐部，弗里科·博贝里现在已经成了这里的宾客经理。

看到蒂姆和他的前经纪人之间的关系似乎有所改善，弗里科认为这真是太好了。他们又在一起笑了起来。弗里科拿了一些酒，请他们到酒吧的一个独立区域。在那里，他们可以避开喧闹的人群进行交谈。

蒂姆和阿拉什坐在那儿聊了一整晚，从周五的夜晚到周六的早晨。尼布罗湾[②]上空已经天色渐亮，清晨五点分开时，他们一致感到自己有多么爱对方，并承诺很快会再联系。

---

① 莱克斯坦（Lärkstan），瑞典斯德哥尔摩厄斯特马尔姆区的一处街区。

② 尼布罗湾（Nybroviken），瑞典斯德哥尔摩中部的一个小海湾。

一盒盒的健康食品被送到了好莱坞的别墅，里面装着糙米、鱼和西蓝花。一位管家准备了用松子仁、甜椒和芝麻菜做的沙拉。无盐杏仁、核桃和南瓜子可以作为零食。在训练日，蒂姆可以放纵一下，吃几个加了粉红色喜马拉雅盐的煎蛋。显然，食物链底层富含脂肪的鱼是特别有营养的，所以吃沙丁鱼很重要。

塞勒姆·法基尔坐在楼上的厨房里，听着蒂姆给文森特·庞塔雷讲有关饮食和营养的内容。这一幕让他很高兴。现在的蒂姆看上去与他们几年前合作的那个疲惫身影相去甚远。如今，蒂姆练出了肌肉，脸颊有了气色。他似乎又恢复了健康状态，几乎和七年前他们在厄斯特马尔姆的小地下工作室相遇时一样快乐。

至少，这是塞勒姆·法基尔的感觉。

蒂姆的新经纪人马克·苏达克曾试图打破创作的僵局，请蒂姆列出他最想合作的音乐人。不是那些他认为会表现最好的，而是能和他在录音室里愉快相处的人。

塞勒姆·法基尔和文森特·庞塔雷当然入选了。事实上，这份名单中全是瑞典人，而且不久，卡尔·福尔克和摇滚乐队"肯特"[①]的主

---

① "肯特"乐队（Kent），成立于1990年的瑞典摇滚乐队，拥有十一张冠军专辑，曾获得二十三次瑞典格莱美奖，被认为是瑞典和整个斯堪的纳维亚半岛最受欢迎的摇滚乐队。

唱约克·贝里①也将加入。一周后，阿尔宾·内德勒和克里斯托弗·福格尔马克这两位在几年前参与制作《竭尽所能》的音乐人也受到了邀请。

然而在音乐方面，与塞勒姆和文森特在一起的前两天进展极其缓慢。他们在楼下的工作室里录制了一份又一份草稿，蒂姆一如既往地乐于倾听，他显然没有丧失以往那种敏锐的音乐感受力，但后来就停止了。蒂姆似乎对进一步处理草稿不感兴趣，他展现出的自我意识是他们从未见过的，仿佛他只是在寻找最初遇到的美好感觉，一个能让他激动不已的和弦进行，并不真正关心歌曲的风格和表达方式。

"这非常棒，"他每次都会这样说，"我们可以稍后继续制作。我不想现在就埋头于此。"

"但我们必须把一些内容输入电脑，"文森特反驳道，"这样我们就可以开始琢磨现有的东西了。"

"我们再试试另一个想法，"蒂姆说，"感觉现在我们一切都进展顺利！"

到了第三天，歌曲创作者们鼓起了勇气，当他们再次来到山上时，文森特立即表达了自己的看法。

"现在我们必须换一种方式进行，蒂姆。"

他们一致赞成在音乐中寻找一个"空位"——现在的广播不会播放的是什么？这就是他们要寻找的方向。

当他们开始谈论 90 年代那段光怪陆离的时期，每个朋克乐队和摇滚乐手都在勇敢地尝试说唱时，灵感就出现了。对蒂姆来说，那些歌曲是童年的声音。除了像"吻""林肯公园""堕落体制"这些热门乐

---

① 约克·贝里（Jocke Berg, 1970— ），瑞典歌手、词曲作者，摇滚乐队"肯特"的主唱。

队外，在蒂姆的青少年时代还有比如"狂城"①这样的乐队，这群金发、赤膊的人制作了温和金属乐。他们听了"狂城"乐队的歌曲《蝴蝶》（Butterfly），这首歌在蒂姆上中学的时候大受欢迎。

随后，比蒂姆年长许多的文森特·庞塔雷播放了这首奇特的混合之作的原型之———《失败者》（Loser），这首歌是歌手贝克②在90年代中期的重大突破。这是一首自我讽刺的敷衍之作，它的嘻哈节拍马马虎虎，作词人甚至不关心歌词的连贯性。

从这种能量中诞生了《不好意思，先生》（Excuse Me Mr Sir），这是很长一段时间以来蒂姆想要完成的第一首歌曲。塞勒姆带着说唱歌手的狂妄，对那些怀疑艾维奇能卷土重来的人发出了近乎嘲讽的致意。

三位朋友坐在露台上，谈论着他们所处的时代。如今有太多的压力和躁动感。他们三个人都对手机这个奇妙的设备有点过度依赖，它一直都近在咫尺，从未关闭。他们晚上在床上做的最后一件事是浏览手机，而早晨的第一个"伴侣"就是电话。现在有这么多人通过共享播放列表、聊天线程和"照片墙"上的评论联系在一起，但很容易让人感到孤立和孤独。手机带来了一种过度的刺激和厌烦。

他们来到录音室，写了《心灵的平静》（Peace of Mind），这首歌表达了信息无休止的喧嚣和他们对平和与安宁的渴望。

清晨，蒂姆在他搬到阳台上的一张矮凳上打坐。从"油管"上传出了用木棍轻轻摩擦金属碗的边缘时发出的振动声，这是藏族人进入

---

① "狂城"乐队（Crazy Town），成立于1995年的美国说唱摇滚乐队。

② 贝克（Beck，1970— ），原名为贝克·戴维·坎贝尔，美国音乐家、创作歌手。1994年，他因嘻哈民谣风格的单曲《失败者》而备受业界瞩目。

状态的传统。柔和的声音充满了整间卧室，并传到室外的晨光中，蒂姆坐在那里，双手掌心朝上放在膝盖上。

蒂姆试图回到曼怛罗中，但他的思绪一直在飞驰。他的脑海中响起了一段旋律，他在想早餐吃什么，并感觉到背部的紧绷感。他明白每个人都是如此，即使是那些长期进行这种冥想的人也一样——注意力溜走了，你必须不断提醒自己回到自我和隐秘的声音中。咒语没有实际意义，它会吸引人们的注意力而不产生新的想法。在仪式持续的二十分钟里，这个声音会反复出现。

蒂姆继续寻找着能让自己感觉更好的方法。最近他发现了超然冥想（Transcendental Meditation），这是一种由印度大师在 50 年代末推出的技巧。玛哈礼希·马赫什·约吉^①曾致力于实现他所谓的"启蒙时代"，并得到了"披头士"乐队^②明星的大力支持，他们对他的教义很感兴趣。保罗·麦卡特尼^③和约翰·列侬^④曾在大师位于恒河岸边的冥想中心创作了经典的《白色专辑》（*White Album*）和《艾比路》（*Abbey Road*）的部分内容，尽管这次旅程以争吵告终。据说，这位大师曾向演员米娅·法罗^⑤示好。在与弗兰克·西纳特拉分手后，米娅与妹妹普

---

① 玛哈礼希·马赫什·约吉（Maharishi Mahesh Yogi，1918—2008），印度瑜伽大师，因发展和普及超然冥想而闻名。

② "披头士"乐队（The Beatles），成立于 1960 年的英国摇滚乐队，被认为是有史以来最具影响力的乐队，对 20 世纪 60 年代反主流文化的发展和后世的流行音乐影响深远。

③ 保罗·麦卡特尼（Paul McCartney，1942— ），英国音乐家、创作歌手，"披头士"乐队成员之一。《吉尼斯世界纪录大全》中记载，保罗·麦卡特尼为流行音乐史上最成功的作曲家。

④ 约翰·列侬（John Lennon，1940—1980），英国音乐家、创作歌手、活动家，"披头士"乐队的创始成员。2008 年，《滚石》杂志将约翰·列侬评选为"史上最伟大的歌手"第五位。

⑤ 米娅·法罗（Mia Farrow，1945— ），美国演员，代表作有《罗斯玛丽的婴儿》《西力传》《开罗紫玫瑰》等。

鲁登丝（Prudence）一起来到了印度。经过几周坚持不懈的精神探索，普鲁登丝进入了一种类似精神疾病的状态。在四天的时间里，她一直坐在小屋里一动不动，不进食也不睡觉，沉迷于摆脱生活中所有的不安全感。

一位来自洛杉矶冥想中心的导师来到蒂姆家，教授这种技巧的基本知识。大多数当代导师强调超然冥想并不是一个模糊的概念，而是一种摆脱压力的简单技巧。按照蒂姆的习惯，他想了解原始资料，因此他阅读了《存在的科学与生活的艺术》（*Vetenskapen om Varandet och Livets Knonst*）。马赫什的这本书是他在 60 年代初用录音带口述记录的。蒂姆已经很久没有被一篇文章打动过了，他被其中讲述的变革力量吸引。这种冥想形式与他以往尝试过的那些冥想不同。如果说正念是指静静观察你内心发生的一切，那么超然冥想更重视能够达到新的意识状态。蒂姆写道：

读了超然冥想创始人马赫什的一本书，书中讲了到达思想的起点，以及世界是如何具有两面性的——一部分是绝对不变的，另一部分则是不断变化的表象世界。

他的基本思想是，在世俗层面上，有些事情是相对的、琐碎的，但通过实际练习和许多小时的冥想，所有人都可以触及更微妙的意识层面，即马赫什所说的"存在"。那是所有生命的源头——所有时间、空间和来龙去脉。那里涵盖了过去、现在和未来的一切，包罗万象的存在的起始和终结，天地万物的终极要素。

根据大师的说法，任何有足够奉献精神的人都可以获得宇宙意识。这样的人将从所有罪孽中解脱出来，不必到世俗生活中重生。据说这种冥想技巧是一条异常快速的途径，可以让人摆脱世俗条件、生死轮回和人类命运的痛苦。

一辆旅游巴士在山上狭窄的街道上摇摇晃晃地行驶着，乘客们发现蒂姆盘腿坐在阳台上。他兴高采烈地向游客挥手，深知从他们的角度来看，这一幕一定很精彩。艾维奇坐在自家的玻璃别墅外冥想——几乎没有比这更好莱坞的事情了。

蒂姆发现，冥想对他非常有帮助。他和特蕾莎正在经历一段艰难时期，他已经开始在约会软件"拉亚"上与其他女孩聊天了。令他惊讶的是，他现在敢于做那个主动开启对话的人，这是他从未做过的。他为此感谢那些秘密咒语。

当阿尔宾·内德勒到他家拜访时，蒂姆告诉这位二十七岁的创作者，他现在知道了什么是真正的快乐——快乐就是自己刚刚发出停止巡演消息时的感受。想到两年前最初的那些轻松岁月时，他仍然会起鸡皮疙瘩。

"我从未感到那么自由过，"蒂姆在厨房里一边喝着红酒，一边对阿尔宾·内德勒说，"那种感觉就像我几乎飘浮在空中。"

这是他想再次实现的解放感。

在音乐上，蒂姆现在已经有了起色。他想尝试阿拉伯的节奏和非洲的声音。他的哥哥戴维给他发了一段阿尔及利亚民间音乐家哈立德[1]的视频，这位音乐家在 90 年代将传统的贝都因人[2]音乐——锐乐[3]带入了大众视野。在"全景"（Omnisphere）数字合成器中，蒂姆找到了北非的拨弦琴和西非的金贝鼓。在《怪胎》（Freak）中，他使用了来

---

① 哈立德（Khaled，1960— ），阿尔及利亚歌手、词曲作者。

② 贝都因人（Bedouin），阿拉伯游牧民族，主要分布在西亚和北非广阔的沙漠和荒原地带。

③ 锐乐（Raï），一种起源于阿尔及利亚的通俗音乐。

自津巴布韦的拇指钢琴声，而《恶名》（Bad Reputation）则包含了日本的传统乐器十三弦筝。

蒂姆认为这些歌曲很有趣，与众不同。传统乐器赋予了节拍本身的特点。

他向阿尔宾·内德勒展示了他正在阅读的另一本书。在这本厚重的著作中，一位有争议的生物学家宣称人类可以通过潜意识改变自己的 DNA。

阿尔宾不知道自己该怎么想，这听起来相当匪夷所思。而且，在蒂姆转移想法时很难保持专注工作，也很难接受所有关于量子计算机、炼金术和水具有感应正能量能力的理论。

楼下弥漫着烟草的味道。蒂姆把"手卷烟"塞进雪茄，吹出甜美的烟雾。一天晚上，当他们烤完素食汉堡后在露台上逗留时，他的一个朋友对"手卷烟"发表了意见。

"天哪，蒂姆，别再抽'手卷烟'了。你到底抽了多少？"

"也许有点多，但它确实对我有很大帮助。它让事情变得容易多了。"

经过一个月的工作，到 4 月初，蒂姆有大约二十个样本歌曲可供选择。"感觉非常强烈，"他向新经纪人马克·苏达克报告，"命中的潜力真的很大。"

蒂姆给肯尼亚南部荒野中的酒店发了电子邮件，他在刚结束巡演时曾在那里住过，他说想在不久之后租下整个场地，"我们将有二十个人左右，需要在某个地方建一间工作室。"他写道。他的计划是让所有音乐人都飞过去，在大草原上完成第二张迷你专辑，甚至可能是第三张。他在一年半之前看过马赛人跳舞，他们有节奏的合唱和复杂的拍手可以给歌曲带来全新的感觉。

"有没有谁是部落中被称为'最好的'、最了解马赛族音乐的人？"他给酒店写信问，还给阿尔宾·内德勒看了他手机上这个地方的照片。

"我们可以在这些帐篷里建一个工作室。"他指出。当蒂姆谈到在狮子和羚羊之间录制音乐时，他的眼睛都亮了起来。

2018年4月7日晚上，他们站在三角钢琴前，眺望着洛杉矶，创作了《永远别离开我》（Never Leave Me），这是一首关于爱的治愈力量的情歌。蒂姆的手指以特殊的方式在黑色琴键上移动着。

难道蒂姆所经历的一切不可能的步伐，他所撞过的墙，都是为了找到一种感觉如此丰富且珍贵的表达方式所必经的过程？

几天后，管家为蒂姆收拾行李。他要去阿曼旅行一周。

杰西·韦茨认识的一群朋友计划了这趟旅行。他们中的一些人在秋季时去过阿拉伯半岛，并爱上了这片地区。与其邻国沙特阿拉伯和阿拉伯联合酋长国不同，阿曼缺乏大量的石油储备，因此这片动荡不安的地区成了一片平静的、有点被遗忘的"飞地"。现在，越来越多的游客发现了这片未经开发的贫瘠沙漠，对那些富裕且对新事物感兴趣的人来说，可以通过舒适的探险旅行来游览此地。

这个旅行团大约由十个人组成，他们在电子邮件中相互吹捧，说他们将在沙漠中玩滑翔伞，喝上等的葡萄酒，在海岸边上风筝冲浪课。出发前的最后时刻，杰西被困在了拉斯维加斯——他正忙着在棕榈树赌场开办一家新的夜总会。这让蒂姆有点紧张，虽然他以前见过其他几位旅伴，可跟他们都算不上亲密的朋友，并不真正了解他们，但他仍然期待着这次旅行。

阿尔宾·内德勒和克里斯托弗·福格尔马克会留在洛杉矶的房子里，在房主出游的时候完善新歌。

蒂姆在门厅里拥抱了他们，然后拽着他的包坐上了出租车。

2018 年 4 月 9 日

蒂姆·贝里林

几年来，我一直在阅读和谈论这些东西，但过去几周很疯狂，它改变了我的生活。

杰西·维茨

请给我点提示，让我成为更好的人。

一旦你开始清除自己头脑中所有的胡言乱语——你只能通过冥想（不仅仅是超然冥想，而是任何形式的冥想！）来做到这一点，其他部分就会迎刃而解。例如，十年来我一直认为我需要解决一些问题才能获得快乐和自信，但现在我明白，我只需要用冥想"锻炼"我的大脑，我就会感到快乐，其他的就会随之而来。

我可能会在两周后回到原来的状态，无法维持这种新的"领悟"，所以并不是说我已经想通了——但我可以感觉到有所差别。

过去三周，我感觉自己所有的不安全感都消失了，我注意到自己不再焦虑了。

而我是一个非常、非常焦虑的人！

蒂姆一入住阿曼首都马斯喀特的切迪酒店，就马上来到了他的房间。唱片公司主管佩尔·松丁在电话上等着，洛杉矶的尼尔·雅各布森和马克·苏达克也在线上。

他们需要讨论哪些歌手适合演唱哪些歌曲。没有人对蒂姆会想到这么独特的一群人感到惊讶。他想请迈克尔·麦克唐纳[①]或彼得·加布里埃尔[②]。也许是夏奇拉[③]，如果她能唱得克制、正常一点的话。《怪胎》这首歌，也许说唱歌手波兹·马龙[④]会更合适。《求救信号》（SOS）需要一个饱满的声音。《心灵的平静》最好是和一个在生活中受过挫折的人合作，也许是"红辣椒"乐队[⑤]的安东尼·基迪斯[⑥]。如果能有一位非洲歌手来演唱其中一首歌就更酷了，那首歌需要一个富有个性的深沉嗓音。尼尔·雅各布森建议让老将安热莉克·基乔[⑦]来演唱。

"的确，那会非常完美！"蒂姆说。

---

① 迈克尔·麦克唐纳（Michael McDonald，1952— ），美国创作歌手和唱片制作人，以其独特、深情的嗓音和作为摇滚乐队"杜比兄弟"（The Doobie Brothers）和"斯蒂利·丹"（Steely Dan）的成员而闻名。

② 彼得·加布里埃尔（Peter Gabriel，1950— ），英国歌手、唱片制作人和活动家，20世纪七八十年代前卫摇滚乐队"创世纪"（Genesis）的成员。

③ 夏奇拉（Shakira，1977— ），哥伦比亚歌手，被称为"拉丁音乐女王"，以其在音乐方面的多才多艺而闻名。

④ 波兹·马龙（Post Malone，1995— ），美国说唱歌手和词曲作者，他的作品融合了流行、嘻哈、节奏布鲁斯等风格。

⑤ "红辣椒"乐队（Red Hot Chili Peppers），成立于1983年的美国摇滚乐队，他们的音乐融合了另类摇滚、放克、朋克摇滚和迷幻摇滚等风格。

⑥ 安东尼·基迪斯（Anthony Kiedis，1962— ），美国歌手、词曲作者，摇滚乐队"红辣椒"的主唱。

⑦ 安热莉克·基乔（Angélique Kidjo，1960— ），非洲西部国家贝宁的创作歌手、演员和活动家，因其多样化的音乐风格和创造性的音乐视频而备受关注。2007年，被《时代》杂志称为"非洲头号天后"；2021年在东京奥运会开幕式上表演，同年，被《时代》杂志选入"全球一百位最具影响力人物"名单。

蒂姆想去肯尼亚尽快完成十二首歌曲。然后他们可以在夏季发布其中的六首，并在 2018 年秋季发布迷你专辑三部曲的最后一部分。

第二天，蒂姆和其他人被一个有活力的年轻人接走了，他在阿曼的沙漠和沿海地区安排了定制的探险之旅。

当团队的吉普车驶向沿海峡谷时，白色的石头房子在热浪的映照中闪闪发光——早上的气温已经超过了三十摄氏度。当他们进入山区时，空气变得越来越稀薄。在这里，黑山羊在悬崖边游荡，汽车在崎岖的路上颠簸——直到最近，他们正在行驶的这条土路只能靠骑驴子通行。

在一些古代墓葬遗址旁吃过简单的午餐后，他们在下午到达了旅程中的第一个营地。食物被端上桌：炖肉、鸡肉、米饭、简单的面包、多汁的蔬菜，旅行团中有人从英国的酒窖里带来了陈年葡萄酒，结果与传统菜肴相得益彰。

当宜人的阴影蔓延开来时，蒂姆和其他人坐在靠垫上，听一位游吟诗人用乌德琴演奏轻柔的旋律，这种短颈拨弦琴在阿拉伯音乐中十分常见。成对的双弦发出柔和、摇摆的曲调，在傍晚的空气中飘散。这位游吟诗人穿着长及脚踝的长袍，他的手沿着琴颈滑动。蒂姆想，他当然应该在他的下一张专辑中加入拨弦琴——为什么不这么做呢？

天黑后，他们一起欣赏夜空。在演奏乐曲的间隙，游吟诗人介绍了散落在苍穹中的星座——金牛座和猎户座，当然还有大熊座。御夫座很容易辨认。东边是仙后座，西边是人马座。贝都因人一直利用星空进行导航。白天太热，无法长途跋涉，所以到了晚上，星座和月亮就成了他们的地图和指南针。

关于太空的故事让蒂姆想到了哈勃望远镜，他在童年时就对那台仪器很着迷，当时他坐在厄斯特马尔姆的房间里研究气体云和超新星的彩色照片。近三十年来，哈勃望远镜一直在其轨道上日复一日地旋转，帮助研究者们认识到星系的数量比以前人们认为的要多很多倍。从宇宙的范围来看，银河系只是其中一个微不足道的郊区。

因此，现在他们在天空中看到的点点繁星只是一些表面的现象，是第一层，它的背后是难以理解的、尚未被绘制的、真正诱人的未知事物。

克拉斯·贝里林停下脚步喘息。狭窄的小路沿着山谷陡然攀升，阳光晒得他双腿发软。

山上的环境与山下的石头城拉斯帕尔马斯截然不同。高原上，郁郁葱葱的植被蔓延开来，空气湿润而厚重。克拉斯和其他几名退休的瑞典人一起在早上乘车离开城市，沿着蜿蜒的小路有目的地走了几个小时。现在可以听到远处传来山羊的铃铛声，这意味着他们很快就会到达一个有白色房子的山村，用应得的啤酒犒赏自己。

与此同时，安琪躺在海滩上，在阳光下津津有味地读着侦探小说。每年的初春时节，游客还没有涌入这座城市，海滩上的人还不多，只有几个来运动的人在木板路上闲逛。安琪在这里时总是会读很多书，当她读完后，就会散步来到老市场走廊的斯堪的纳维亚小吃店，把书转给其他瑞典游客。换句话说，对于在加那利群岛的蒂姆父母而言，日子还是一如既往的慵懒。

几个星期来，他们一直都很难联系得上小儿子，但这次他们感觉蒂姆很积极——他会非常自豪地把最新的歌曲发过来。克拉斯坐在山上喝啤酒时想，这就是创造力的运作方式，它就像大西洋上的波浪一样起伏不定。

现在，蒂姆正再次经历那种波动。

当克拉斯和安琪在岛上时，莱万·齐库里什维利制作的关于蒂姆的纪录片终于在 2018 年 4 月初由瑞典电视台播出了。在海滩边的小公寓里，他们坐在沙发上观看了这部名为《艾维奇的真实故事》（*Avicii: True Stories*）的作品。

影片中有四年前他们的儿子在澳大利亚时的画面，当时他刚刚出院，正坐在一辆汽车里前往下一个演出地。当经纪人罗布·哈克提出一个新的采访时间，以便向音乐节的观众展现这位明星已经好起来时，父母看到了蒂姆疲惫且昏昏欲睡的眼神。

蒂姆在影片中谈到了酒精是如何帮助他在演出前平息焦虑的，他同意展示在伊维萨岛时的画面，那时候在压力和药片的作用下，他几个小时都没有碰过摆放在一旁的食物。

安琪和克拉斯认为儿子的坦诚令人印象深刻。

"我感觉很糟糕，"蒂姆在一次采访中解释道，"但我得到的唯一解决办法是服用一些药物，或与之斗争。每次我去医院时，他们都会说：'吃了这个，你会感觉好一点。'"

蒂姆边笑边说。只要出现一点差异，他就会意识到情况是多么荒谬。他曾依赖医生的建议，但现在他认为这一代的医生开阿片类药物太随意了。最后，药物只会让他更加焦虑。

"止痛药让我感觉糟透了，"他继续说道，"对我来说，那就像走入了一场持续的迷雾。"

安琪·利登走到阳台上，点了一支烟。她看着这些片段，心里很不是滋味。但她也感到很自豪。对蒂姆来说，公开谈论他的感觉有多么不适是需要勇气的。他们的儿子经历了这一切，但所幸他现在终究回到了正轨。

纪录片的最后一幕是在马达加斯加的海滩上拍摄的。蒂姆刚刚结束巡演，抱着吉他坐在那里，显得轻松而特别。

在阿曼的旅行团继续着他们的探险活动。当四轮驱动的吉普车穿过沙丘时，风将沙地上留下的清晰线条变得模糊不清，这些沙丘有时高达一百多米。吉普车摇摇晃晃，颠簸不堪，就像在海上漂浮一样，扬起的沙尘在旅行者的机动房车后面形成了一条长长的尾巴。

突然，地面变成了像闪亮雪地一般的状态。他们进入了一片盐碱地，穿过连绵数英里的白色地面，最后到达海岸。岸边建有一座现代化的营地，宽敞的帐篷沿着海岸一字排开。在那里，每个人都有自己单独的床铺。每个住所的入口都铺着漂亮的地毯，在防风屏障的阴凉处摆着一张餐桌。

在遥远的天际线处，油轮将石油从波斯湾运往印度。

经过一个凉爽的夜晚，大多数人早早就醒了。随着乳白色的晨雾渐渐散去，一些人准备上风筝冲浪课，另一些人则在等待早餐。咖啡、麦片和椰枣很快就会被端到海边的桌子上。

蒂姆·贝里林却不见踪影。他的帐篷位于海岸线边那一排的尽头，微风轻轻吹拂着淡褐色的帆布，里面却很安静。

蒂姆终于出来了，他面带兴奋的笑容，解释说他花了一上午的时间进行冥想。

他一直专注于自己的呼吸，悄悄地在自己的脑海中越游越深。在他刚刚读过的关于超然冥想的书中，创始人玛哈礼希·马赫什·约吉正是用这样的比喻来形容的，他写道："经常冥想的人是一个潜水员，他从水的上层开始不断深入。渐渐地，这个游泳者对水的深层越来越熟悉，最终他可以轻松自在地从水面游向水底。同样，通过超然冥想，人们有可能接近自己的内心，直到揭露隐藏的一切，这就是创始人的承诺。"根据这位印度大师的说法，意识有七种状态，凡是逐个经历的人都不会转生到痛苦的世界。相反，心灵将获得极其强大的力量，再也不会受到工作压力、紧张或疾病的影响。在意识的局限性之外，生活中的欲望和琐碎的问题将显现它们的真面目——无足轻重。在其他东方传统中，开悟被说成是一种几乎无法实现、需要多生多世才能达到的状态。而马赫什打包票说，任何遵循他指示的人都可以在五到八年内达到他所谓的宇宙意识。

蒂姆认为这听起来很有希望，为了能更快地达到目的，他放弃了每次只坐二十分钟的指示，而是有目的地连续打坐好几个小时。

"这很神奇。"他告诉那些愿意听的人，"我很快就突破了意识的最内层。这应该需要很多年才能实现，但我已经到达了深处。"

蒂姆为自己取得的成就感到骄傲。也许他仍然尚未实现目标，没有完全达到宇宙意识，但他很专注，也取得了进展。

在通往圆满生活的路上，他正在将自己的全部精神能力提高到最大限度。而最令人惊讶的是，随着他的自我改善，社会也会发生变化——这是东方哲学的基本思想之一。引发痛苦的原因不在于物质世界，而在人本身。因此，整个世界的苦恼和痛苦都可以通过冥想得以化解。

他想让全世界都知道这一点。

2018 年 4 月 16 日，保罗·坦纳接到一个电话。这位治疗师已经离开了伊维萨岛的治疗中心，为一家瑞士诊所工作。正是受到诊所的委托，现在保罗在迪拜帮助一个家庭，这家人的儿子正处于失控的毒瘾中。

当保罗出乎意料地接到蒂姆打来的电话时，他立即听出这位老客户被某些事情困扰着。

"我感觉不是很好。"蒂姆说，"我感到非常困惑，保罗。"

沙漠探险结束了，蒂姆的旅伴们已经回家了，蒂姆和他认识的几个阿曼人留在了那里。他们在马斯喀特山庄住了几晚，这是一家位于阿尔吉萨湾①的时尚酒店。他们在那里游泳，坐船出游，还喝了酒。酒店里的一些游客认出了蒂姆，他对着镜头微笑，现在这些照片已经在"照片墙"上公开了。在那里，他又变成了世界明星艾维奇，而不是蒂姆。无论他走到哪里，这个镜像似乎都会与他如影随形。

蒂姆渴望回归自然。他想再次去沙漠，想试图赶上一个天气比上次更晴朗的夜晚，这样他就可以好好研究星空了。在这里的海岸边还可以看到章鱼和虎鲸，所以他也许会在离开前去潜水。无论如何，蒂姆决定延长他的行程，再多待一个星期。

---

① 阿尔吉萨湾（Al Jissah Bay），阿曼东北部的一个海湾。

与保罗·坦纳在一起时，他对这些世俗的实际情况只字不提，而是像往常一样，想迅速进入思想领域。他解释说他发现自己正处于一个特别混乱的阶段，这一点也不轻松。在过去几周里，他一直在冥想和思考，各种想法在他的脑海中碰撞，对此他一直在手机上进行记录，试图理解任何新的见解。"感觉就像我的思想处于出厂时的默认模式，这非常新鲜，而且有点吓人。"他写道，"过去几天的焦虑仿佛对我的内心造成了极大的混乱，但我提醒自己要专注于呼吸。"

"问题是，我想过正常的生活。"他告诉保罗，"我想有一个女朋友和一个家庭，但我也需要开悟。我需要帮助这个世界。我需要践行一个目的。"

这是保罗熟悉的主题。蒂姆是如此真诚地想让他的同胞们感觉更好。这位"兴奋之王"为别人创造了这么多充满美妙体验的音乐，但同时也把一个不可能实现的重担压在了自己的肩上。蒂姆渴望着一个一切都将改变的明天，届时，人类会从无望和痛苦中解脱出来。现在，他已经深深地沉浸在自己的想法中，仿佛一切都开始旋转起来了。他说话的声音有些颤抖，这种不满足的、没能尽快帮助世界前进的感觉似乎让他很痛苦。

"你可以做到这两点。"保罗试图安抚他，"你可以拥有自己的生活，同时寻求开悟。"

保罗提醒蒂姆，佛教的重点是慈悲和分享经验。通过转变自己的内心，他也可以改造自己周围的环境。一切都是息息相关的，真理蕴含在每个人的体内，那些为自己内心找到和谐的人会以更大的理解力回应他们身边的世界。存在于个人心中的恐惧、嫉妒和对权力的欲望也可以在这个世界得以化解，只要人们认出并意识到它。因此，在发展自我和为治愈世界而努力之间没有任何矛盾，两者其实是互通的。

他们继续讨论着，蒂姆听起来比较平静，稍显释然。在谈话中，他突然转身离开了电话。

"我要鸡蛋和面包。"他说。

保罗·坦纳以为蒂姆在洛杉矶，现在才意识到他们处于同一个时区。显然，蒂姆正准备吃早餐。

"嘿，蒂姆，你到底在哪儿？"

"我在阿曼。"

"真是太巧了！我在迪拜。来我这儿吧，我们一起讨论这些问题。听起来我们真的需要谈谈。"

保罗想，这真是一个令人幸福的巧合，他们只相隔一个小时的航程。蒂姆说他很乐意坐飞机去迪拜拜访，这样他们就可以进一步讨论了。保罗挂掉电话，心想这终于要发生了，他可以再次见到蒂姆了。如果能对一些被搁置太久的讨论进行深入探讨，肯定会很有意思。

几个小时后，就在午饭后不久，蒂姆发来了一条信息。

"嘿，兄弟！我刚刚进行了一次很棒的冥想，还写下了一些笔记，以便日后能记得告诉你。如果你有什么共鸣，请告诉我！"

保罗松了一口气。事情似乎有了转机，真是太好了。

"我将在几天或几周后到迪拜，"蒂姆继续说，"等确定后，我会给你打电话！"

同一天下午，唱片公司主管佩尔·松丁也收到了一条消息。蒂姆发现了一位年轻的英国歌手阿丽莎 ①，并请松丁听听她的单曲《心不会说谎》（Hearts Ain't Gonna Lie）："嘿，兄弟！看看这个小妞吧！"

---

① 阿丽莎（Arlissa，1992— ），出生于德国的英国歌手、词曲作者。2018 年，她与英国 DJ、唱片制作人乔纳斯·布卢（Jonas Blue）合作了电子舞曲《心不会说谎》。

蒂姆还联系了尼尔·雅各布森，为新歌的合作者提供了更多建议。他想与雷鬼艺术家奥祖纳[①]、地下说唱歌手"MF 杜姆"[②]和埃及歌手阿姆鲁·迪亚卜[③]合作。蒂姆认为《艰难的爱》（Tough Love）可以让男女歌手来二重唱，他们可以用近乎戏剧性的方式演绎充满脆弱性的歌词——为什么不让布鲁斯·斯普林斯汀和他的妻子帕蒂·夏法[④]来试试呢？

尼尔·雅各布森认为蒂姆恢复了状态，这非常棒。

"顺便说一句，我还将在阿曼待八天！"

在拉斯帕尔马斯，蒂姆的父母继续过着悠闲的生活。散步时，安琪戴着耳机听儿子的新歌，最近她一直在仔细聆听。她特别喜欢《艰难的爱》中的东方弦乐。"也许我很唠叨……"她在给蒂姆的信息中写道，"但我喜欢你的几首新歌，它们真是太好听了！"

几小时后，即 2018 年 4 月 16 日，星期一，蒂姆回复了消息。

"爱你，妈妈！"他写道，"阿曼真是令人惊奇！想你和爸爸！"

安琪对这种语气感到很高兴。最近，蒂姆在她生日时发了一条甜蜜的信息，说他感觉比很久以前好多了。充满信心，他写道。再过一个多星期，他就要和哥哥姐姐们一起去冒险了。琳达要过生日了，他

---

① 奥祖纳（Ozuna，1992— ），波多黎各雷鬼、拉丁陷阱（Latin Trap）歌手，"油管"上拥有超十亿次播放量视频最多的艺术家之一。

② "MF 杜姆"（MF Doom，1971—2020），美国说唱歌手、唱片制作人。21 世纪初地下嘻哈和另类嘻哈的主要人物之一，以歌词中复杂的文字游戏、标志性的金属面具和"超级恶棍"的舞台形象而闻名。

③ 阿姆鲁·迪亚卜（Amr Diab，1961— ），埃及和阿拉伯世界的著名歌手、作曲家、演员，作品最畅销的中东艺术家之一，被称为"地中海音乐之父"。

④ 帕蒂·夏法（Patti Scialfa，1953— ），美国歌手、词曲作者和吉他手，摇滚乐队"E 街"的成员之一。

们将去冰岛泡温泉。虽然雷克雅未克的气温只有九摄氏度，而且还在下雨，但安琪仍然很高兴四个兄弟姐妹能见面，因为他们的时间表很少能有机会吻合。

在阿曼的日子里，蒂姆给母亲写信说他明确地下了决心，准备卖掉洛杉矶的房子，搬回家。如果要建立家庭，他想在瑞典进行。他仍在继续寻找完美的住所，他的一个朋友曾去看过冰球明星彼得·福斯贝里（Peter Forsberg）在比尔格·雅尔街（Birger Jarlsgatan）的公寓，在萨尔特舍巴登 ① 和韦姆德 ② 也有一些很有意思的房产。

作为回应，安琪拍摄了丈夫坐在拉斯帕尔马斯公寓里的小厨房桌前的视频。克拉斯晒得黑黑的，光着上身，配合《永远别离开我》的节拍在桌子边缘敲打着，这是蒂姆发给父母的最新歌曲之一。

"哦，真是太棒了！"安琪对着镜头喊道。

4月19日，星期四下午，克拉斯的手机响了。电话来自一个他不认识的号码。

电话那头的人自称阿米尔，他解释自己在阿曼参加过沙漠探险，并在帐篷营地里结识了蒂姆。他们曾一起讨论音乐、思考宇宙，他表示蒂姆热爱荒原中的生活。

由于后来蒂姆想在这个国家多待一段时间，阿米尔请他在自己家的庄园住了几晚，房子位于马斯喀特的西部。蒂姆住在一间有小阳台的客房里，阳台面向花园和凉亭。

"他们玩得很愉快。"克拉斯一边听，一边记录下来。

---

① 萨尔特舍巴登（Saltsjöbaden），位于瑞典斯德哥尔摩省纳卡市镇，地处波罗的海沿岸。1904 年，康有为曾购买此地的一个小岛居住到 1907 年。
② 韦姆德（Värmdö），位于瑞典斯德哥尔摩省的一个市镇。

然而，阿米尔打电话来其实有另一个原因。在过去几天里，他开始担心这位客人的安危。

蒂姆变得很被动、很内向。

阿米尔讲述了最令人担忧的情况——他的客人已经很久没有吃饭了，而且变得越来越沉默。

"不说话。"克拉斯在他的笔记本上写道，现在这个本子上写满了令人沮丧且潦草的蓝色墨水圆圈。

蒂姆这几天一直在泳池边打坐。他连续好几个小时坐在那里，沉浸在自己的思考中。当阿米尔或其他人试图让他至少移到阴凉处时，蒂姆没有回应。他只是跳进水里凉快一下，出来继续思考。他显然哭了很久，但阿米尔很难理解是什么让他如此难过。当他们问起时，蒂姆没有说话，他更愿意通过文字进行交流。

"他都写在纸上，"克拉斯潦草地写道，"连续几天不说话。"

阿米尔告诉他，现在发生了更令人不安的事情。

蒂姆弄伤了自己。不过只是皮外伤，本身并不危险，他已经去医院进行了包扎。

但担忧让克拉斯的胃里翻江倒海。他手中的笔转了一圈又一圈，然后用力一压，笔尖几乎戳破了垫板。

与此同时，阿尔宾·内德勒和克里斯托弗·福格尔马克在蒂姆的洛杉矶别墅楼下，蒂姆曾邀请他们留下来，在他不在的时候继续进行歌曲创作。

他们在蒂姆的私人影院里安装了麦克风和扬声器，在柔软的扶手椅上自得其乐，他们为《怪胎》这首歌创作了一个巧妙的吉他编曲。蒂姆对他想要的节奏有明确的感觉，他还把日本歌手坂本九①几十年前的经典作品《寿喜烧》中的口哨旋律也加了进去。阿尔宾认为，这是"音乐狂人"蒂姆一个典型的突发奇想——用60年代初的口哨声把歌词段落和副歌连接起来。

蒂姆前往阿曼之前的最后几天是很特别的。他们离开工作室，在楼上的沙发上坐了很久，全情投入到歌词的创作中。蒂姆在歌曲含义方面的果断力给阿尔宾留下了深刻印象。他和克里斯托弗曾协助修改了一些词汇，改进了一些短语，但很明显，蒂姆有一个叙述的愿景。他追求的是一种原始性，歌词中运用了愤怒的语言和清晰的想象，所有人都会清楚地知道故事的叙述者是一个失意之人。

---

① 坂本九（Kyu Sakamoto，1941—1985），日本歌手、演员、主持人，他演唱的歌曲《昂首向前走》于1962年在日本海外发行时改名为《寿喜烧》，至今广为流传。国内较为知名的翻唱版本有香港歌手梅艳芳的《愿今宵一起醉死》。

我不想让人看到我现在的模样

我不想让你看到我有多沮丧

你从来不是高高在上之人，从来不想英年早逝

我不想让你看到内心所有的伤痕

直到现在，阿尔宾才真正理解这些话的含义。为什么歌词会如此阴郁？当然，蒂姆的歌曲中一直有黑暗的主题，但在此之前已经拨云见日，自由触手可及，因此像《怪胎》和《恶名》这样的歌曲则显得更加无望。

不过，阿尔宾还是充满了信心。他发现这些歌词是一种有益的回顾，是蒂姆对曾经挣扎过的一段时期的反思。这感觉很真诚，很美好。蒂姆显然有想要分享的生活经历。

阿尔宾·内德勒也知道感觉一团糟是何种滋味。一年前，一场痛苦的分手把阿尔宾拖入了谷底，他发现就算是对自己也很难承认这种感受——他一直认为自己是一个快乐的人，充满活力和渴望，有雄心壮志，可靠、稳重、目标明确。当他的朋友说他们感到失落时，他只是摇摇头——生活就在他们前方，到底有什么好抱怨的呢？

但是，分手的痛苦让他无法入睡、喘不过气，他的心在被子下面怦怦直跳。在内心深处，他意识到应该找人谈谈，但他不想让周围的人知道他的麻烦。这已经够难的了，他不想看到连自己的朋友或父母都被卷入他的黑暗中。

经过几个月的压抑，情况迅速恶化。痛苦的郁闷升级为更严重的状况。医生给阿尔宾开的药不再有任何明显的效果，在睡意全无的一个星期里，陌生的想法开始在他的脑袋里滋生。

阿尔宾看着奥尔斯塔湾^①上方的桥，可怕的想法涌上心头。他沿着南部火车站的月台行走，害怕自己会做出什么举动。他厌恶这些新的冲动，不想与它们有任何瓜葛。然而，它们指挥着他的一举一动。

现在回想起来，阿尔宾可以看到黑暗是多么迅速地笼罩了他。他了解到这就是自杀念头的运作方式——它来得很快，并完全接管一切。

在那段短暂的时间中，他觉得自己在一条隧道里，隧道的两端都在迅速缩小。随着光线的消逝，空气也变得稀薄，未来让人无法想象。他所承受的任何身体上的痛苦都无法与他脑海中发生的事情相比。他感觉自己的大脑正在腐烂，好像除了一个选项外，别无选择。

这种想法特别难以摆脱。

如果他坐上车，开到一条偏远的乡间小路，朝着一棵树冲撞上去，那他就终于可以入睡了。

---

① 奥尔斯塔湾（Årstaviken），瑞典斯德哥尔摩瑟德马尔姆附近的一个海湾。

太阳在拉斯帕尔马斯的地平线上升起。2018 年 4 月 20 日，星期五，城市中为数不多的游客在酒店吃完早餐后慢慢走到海滩。远处的码头边，退休的人们正在动作一致地做晨间操。

那是一个没有尽头的无眠之夜。蒂姆·贝里林的父母已经无法收集他们的想法，连深呼吸都变得困难起来。克拉斯在公寓的几个房间里来回踱步，焦急地与曾经为蒂姆预订旅游行程的旅行社交谈。拉斯帕尔马斯和马斯喀特之间最快的转机是在法兰克福停留的长途航班——蒂姆的父母已经买了票，将在第二天，即星期六到达阿曼。

安琪想，这似乎是一个时间无穷无尽的过程。她呆呆地坐在沙发上，感到茫然无措，像是瘫痪了一般。在等待飞机时，他们到底要做什么？他们都试图鼓励对方，可从他们嘴里说出来的话听起来却很空洞。他们仿佛在厚重而黏稠的时间里慢慢漂流。他们从来没有像现在这样明显地感知到自己和儿子之间的距离。

克拉斯再次与阿曼的阿米尔交谈，就是前一天发出警报说蒂姆受伤的那个人。阿米尔已经取消了自己的计划来照看他的瑞典客人。蒂姆的父母告诉阿米尔，尽管发生了那些事，他们还是应该尽量保持冷静。毕竟，蒂姆住在马斯喀特一个富有的郊区，这里是该国上层阶级居住的地区。大庄园有修剪整齐的草坪、高墙和保安。在他们到达那里之前，儿子会很安全。

357

他们从未想过蒂姆会伤害自己。他们曾经会害怕药物过量或者某种医学上的并发症，因为他的身体已经出了不少问题。但是伤害自己？房间在早晨阳光的照耀下变得温暖起来，但他们还是感到阵阵寒意。

阳台下面，拍打着沙子的海浪悄悄涌了过来。潮水在夜间退去，露出了海湾中的黑暗沟壑，再过几个小时，海湾就会被填满，人们就可以正常游泳了。餐馆老板在户外露台上撑起了一把遮阳伞，一个女人在太阳椅上铺上毛巾——拉斯帕尔马斯在公寓下方悄悄苏醒，感觉很不真实。

克拉斯脑海中的思绪不安地飞转着。为什么没有更早的航班？阿曼怎么如此遥远？整片大陆，整个非洲，把他们和儿子分开了。

临近午饭时间，电话又响了。克拉斯按下绿色按钮接听。他沉默地站着，凝视着空气，立即从另一端的语气中意识到发生了什么。一切都清楚无疑，令人不寒而栗。然而，电话里的声音重复着同样的事情，说着不应该出现的话语。

远在山间的白色村庄，也就是克拉斯几天前走过的地方，隐藏在雾中。

他听到了，明白了，然而为时已晚。

通过我的音乐传播喜悦的信息。享受成功，
但不是物质上的成功。

将情感转移到歌曲中，歌曲中的情感会感染
其他人。

你能拥有的最重要的口头禅是"我爱你"。

斯德哥尔摩迎来了第一个真正温暖的春日。在耐心忍受了六个月的黑暗和寒冷之后，这座城市的居民在星期五下午早早地冲出了办公室，买好奶酪和葡萄酒，在城市赖以建立的岛屿和小岛各处铺上了毯子，享受春光。

东瑞尔高中外面的木兰花即将绽放白色微光，草坪变得干燥，吐出新绿，而在城市公园的斜坡上，蓝钟花再次热烈地盛开。这一年的夏天也将如期而至。

傍晚七点过后不久，数万人的口袋都收到了嗡嗡作响的消息提醒。《每日新闻报》（*Dagens Nyheter*）发出了一条新闻快讯：

"艾维奇——蒂姆·贝里林——去世了，享年二十八岁。"

第一条新闻发布后，其他新闻纷纷跟进。斯德哥尔摩人不解地盯着他们的手机。大家的话题从办公室八卦和周末计划变成了这件可能发生的事情。

艾维奇？那个还如此年轻的人？在阿曼？他在那里干什么？

很快，南梅拉海滨①附近的公园里响起了《层次》的隆隆声响，水岸另一边的国王岛传来了《唤醒我》的曲调。在斯特尔普兰的俱乐部，舞池里一片寂静，以示尊重。消息在一夜之间传遍世界，悲伤的情绪

---

① 南梅拉海滨（Söder Mälarstrand），瑞典斯德哥尔摩瑟德马尔姆地区的一条海滨街道。

在推特和脸书上蔓延。

刚看到新闻。我完全崩溃了，心碎了一地。

你不知道你的音乐对我的帮助有多大。

你的气场无人能及，兄弟！

我希望你能在某个地方看到我们的评论……看到我们有多爱你……

第二天，成千上万人聚集在首都中心的塞格尔广场①。几个年轻人运来了大型扬声器，电视台和报社的摄制组来到现场直播这次悼念活动。下午四点钟，嘈杂声停止了，所有人聚集在一起默哀一分钟，唯一打破寂静的是呜咽和哭泣的声音。《孤独地在一起》的旋律慢慢响起，集会者犹豫地拍起手来。在哀悼时拍手和跳舞是可以的吗？

一位组织者拿起麦克风，站在通往"文化之家"②入口的台阶上发表演讲，讲述了蒂姆·贝里林如何让人们在音乐中听到他的灵魂，这就是为什么他用全世界通用的语言表达自己。

"塞格尔广场上所有的人，让我们举起手来，做一个心形手势来纪念艾维奇，好吗？如果你想跳舞，如果你想欢呼，就去做吧！"

随后，人群伴随着《层次》的节奏活跃起来。在欢呼声和掌声中，一个女孩被她的朋友高高举起，整座广场在成千上万释放悲痛的舞步

---

① 塞格尔广场（Sergels Torg），瑞典斯德哥尔摩的一个主要公共广场，建于 20 世纪 60 年代，以 18 世纪雕塑家约翰·托比亚斯·塞格尔的名字命名。

② "文化之家"（Kulturhuset），位于瑞典斯德哥尔摩塞格尔广场的一个公共空间，会举办戏剧演出、艺术展览、电影放映、音乐表演等活动。

中震动着。

安琪站在拉斯帕尔马斯小客厅里的电脑前。她收到一个朋友的短信，内容是斯德哥尔摩媒体发布的消息。安琪看到屏幕上发生的事——人们随着她儿子的音乐跳舞、哭泣，但这些画面似乎离她很遥远，她发现自己很难相信这些都是关于她儿子的，而此刻她想的是那些在这种情况下看起来无关紧要的事情。没想到收到死亡通知还真像电影里演的那样——她以前一直对那些场景抱有怀疑，觉得它们被过度渲染了，是现实生活中不会出现的刻板场景。但当他们收到消息时，她真的瘫倒在地，尖叫声来自她身体里某个连她自己都不知道的深处。

克拉斯现在正通过不稳定的电话连线与戴维和安东通话。由于他们的父母被困在拉斯帕尔马斯，蒂姆的哥哥们已经尽快飞往阿曼。现在他们正坐在马斯喀特的一个警察局里，等待一份验尸报告和死亡证明。离他们最近的瑞典驻沙特阿拉伯大使馆的工作人员已经赶来协助这对兄弟。

发生的事情没有任何不确定性。

在一个毫无防备的短暂时刻，蒂姆回到了他居住的客房里。警方和两兄弟都没有任何理由怀疑发生了犯罪行为。蒂姆结束了自己的生命。

对于安琪和克拉斯来说，这些信息并不能真正改变什么。

蒂姆还是去世了。

当安琪和克拉斯回到家时，此时的斯德哥尔摩已经时过境迁。熟悉的环境变得陌生起来。位于利涅街的家中摆满了粉丝们前来哀悼时带来的花束和信件。现在，这间公寓已今非昔比，蒂姆再也不会在那里吃大虾意大利面，也不会在阳台上抽烟了。即使做像倒垃圾和吸尘这样简单的事情也感觉不一样了，通往奥斯卡教堂的人行道看上去显得缥缈而柔和。

有一天，安琪和克拉斯走了一小段路去教堂，那里离蒂姆在斯蒂尔曼街的第一个工作室和他十几岁时参加聚会的悬崖只有一步之遥。两人站在教区教堂对面的巷子里，希望没有人注意到位于树后面的他们。中午 12 点整，教堂的钟声开始演奏《唤醒我》，当蒂姆创作的耳熟能详的旋律在厄斯特马尔姆上空响起时，这几乎神圣的乐曲让人想到一首赞美诗。

几周后，安琪站在位于国王岛的安东的花园里，努力把一条腿放到另一条腿前面。她正准备去厨房，但她的身体拒绝听从大脑的指令。显而易见，悲伤也是一种身体上的痛苦。蒂姆每时每刻都在她的心里，这也是他的离开让人如此痛苦的原因。安琪倒在了玫瑰花丛边。

那年的夏天是几百年来最热的季节。电视中快乐并且汗流浃背的瑞典人在游泳码头接受采访，而新闻头条则是关于极端天气和气候变化的内容。安琪小心翼翼地走向炮兵街（Artillerigatan）的治疗中心——她靠着克拉斯，这样她还能够在稀疏的假日车流中缓慢前行。她费力地迫使自己走上台阶，进入一个挂着精美帷幔、点着蜡烛的僻静小房间。

她的治疗师是一位敏锐而富有经验的女性，她帮助过许多受到惊吓的人——当他们处于最脆弱的状态时，对自己和突然消失的人都会感到愤怒。治疗过程帮助安琪整理了她的想法和感受。治疗师告诉她，对于几乎所有自杀者的亲人来说，自杀都是出乎意料的事件，即使是在之前有信号的情况下也是如此。自杀通常会有一个触发因素，其本身可能看起来微不足道，因此对活着的人来说很难理解。人们不应纠结于此——各种小事件的总和才是决定性的。自杀的人往往拥有隧道式的视野，这会使他们的视线受到限制。他们解决问题的能力下降，判断后果的能力减弱，选择变得极少。对别人来说很容易的事情，对被困在隧道里的人来说也许是不可能做到的。

治疗师还解释说，在这种情况下，产生内疚感是很常见的，记忆力下降和失眠都是正常现象。事实上，安琪所经历的都是受到惊吓后的典型反应。

最重要的是，她开始从不同的角度看待发生的事情。就像她感到悲伤一样，她也能体会感激——对她与儿子在一起的时间充满感激，为他在她生命中出现的二十八年而高兴，为他所触动的心灵而快乐。

此外，这位治疗师从来不会溺爱病人。和一个不是斜坐在椅子上频频点头，而是给出清晰且令人释然线索的人在一起，让人感觉好多了。

克拉斯则试图尽可能坚定而实际地处理眼前的情况。2018年7月，他飞往洛杉矶，那座好莱坞的玻璃别墅将被清空并出售。他来到山上，几乎不敢打开蒂姆房子的门锁，踏入一栋空无一人、安静得令人痛苦的别墅。

克拉斯完成了许多必须履行的职责，尽管这些事情让人感觉难以应付，甚至难以理解。他开始制订遗产清单，签署了死亡证明，并与殡仪馆的负责人会面，准备最后的告别。他不得不使用遗产和遗留物等词汇，然而最困难的部分是签署授权火化的文件。所有的程序和概念都是如此正式和无用，这些内容不可能与他心爱的蒂姆有关。

感到浑身发热的克拉斯在洛杉矶的大房间里走来走去，强迫自己翻看每一个抽屉和柜子。他在大衣柜里收拾衣服，把所有的小物品都放在厨房后面游戏室的桌子上。他将一些椅子和其他家具放到了车库里，准备送人。他像一台机器一样不停地运转，不想拖延任何事情，最好把它们都尽快做完。

临近傍晚，他被蒂姆的卧室吸引，他打开房门，环顾这个家具稀少、有落地窗的转角房间。他小心翼翼地躺在蒂姆的床上，想仔细了解他，与他产生联系。他躺在那里，盯着天花板，感到一种永无止境的渴望，那种感觉如此强烈，几乎把他吓坏了。

各种画面如潮水般向他涌来。蒂姆在2月最后一次拜访斯德哥尔摩时，一直和父母待在家里。那不过是几个月前发生的事情，现在看仿佛已过去了好久好久。安琪做了饭，之后她和蒂姆坐在阳台上抽烟，他们一致认同吉恩·哈克曼[①]是有史以来最杰出的演员之一——他总是很克制，任何一个表情都不会让人觉得过分。那只是一次日常的对话。

然后，父子俩拥抱告别，蒂姆跑下楼梯间。他瞥了一眼自己的肩膀，他们的目光相遇了，随后蒂姆消失在电梯后面的拐角处，就像以往许多次一样。

这个画面仍在克拉斯的脑海中清晰可见。

他依然对很多事情感到疑惑。他的儿子在那些困难时期经历的是什么呢？蒂姆的手机里有他在最后几天写的笔记，当时他坐在阿曼郁郁葱葱的花园里，似乎和自己进行了一场对话。那些都是半成形的想法，是吉光片羽。许多笔记似乎都很积极：

"我与我的心灵相通，并与我的能量相协调。"蒂姆写道，"而当你好好照顾自己，用正能量包围自己时，这一切就会很容易坚持下去——

---

① 吉恩·哈克曼（Gene Hackman, 1930— ），美国演员，曾多次获得金球奖和奥斯卡奖，代表作有《雌雄大盗》《不可饶恕》《国家公敌》《天才一族》等。

这就是人！"

"我的工作是帮助那些最不能控制自己生活的人振作起来！"

"每个人都需要有人给予他们鼓励。"

有时，笔记中会闪现另一种语气，一种感觉更黑暗、更绝望、更困惑的语气。蒂姆似乎失去了自己的立足点，在现实中迷失了方向。他似乎渴望解脱，但他是否明白他将要做的事情的后果是不可逆转的？

"在重新开始前，灵魂的暗淡是最后的承受之重。"

"有时我们需要感受强烈的恐惧和巨大的痛苦才能成长！"

"啊啊啊，但我还在试图弄清楚所有事情，我需要接受自己独处！"

"我需要学习如何处理这些情绪。"

"放松。"

在洛杉矶待了几天后，环球公司的尼尔·雅各布森安排了几个人来到别墅，帮克拉斯拆除蒂姆工作室里的设备。一家搬家公司搬走了五颜六色的画作，蒂姆在附近存放东西的一个仓库也被清空了。

克拉斯坐在阳台上，盯着日落大道的一块霓虹灯招牌。上面的第一个字母已经消失了，所以现在只有用大写字母拼成的 UNSET。没有人来修理这块招牌，这让克拉斯感到有些困扰。这不可能是一件复杂的工作，不是吗？

他的心情很烦躁，陷入了黑暗的思绪中，而且无法阻止它们占据上风。他对自己感到非常生气，觉得自己很天真，很愚蠢。虽然他意识到这样责备自己是毫无意义的，但现在他觉得自己好像根本就没有理解任何事情。这些年来，他一直在儿子身边，看到蒂姆感到难过，他知道一切。

那为什么他从未意识到问题的全貌呢？为什么他从未怀疑过事情

会发展到这个地步呢？蒂姆怎么可能死了呢？

即使在最糟糕的噩梦中，克拉斯也从未想过事情会以这种方式告终，更何况他们的儿子正处于多年来最有创造力的时期。而且在蒂姆去世前的日子里，从他口中听到的事情就是这些歌曲有多棒，沙漠有多美，他多么期待和哥哥姐姐一起去冰岛。

克拉斯和斯德哥尔摩的治疗师交谈过。她解释说自杀是一种连续的精神崩溃。几天的痛苦和焦虑把蒂姆扔回了那个他周围的人认为他已经走出了的地方。

克拉斯坐立不安，他走进房间，在儿子的黑色钢琴前坐下。他眺望着被太阳晒得发白的洛杉矶，一边弹奏《凌晨时分》（Wee Wee Hours）的和弦，一边流泪，这是查克·贝里[1]的一首关于失去所爱的蓝调乐曲。

---

[1] 查克·贝里（Chuck Berry，1926—2017），美国歌手、词曲作者和吉他演奏家，首批入选摇滚名人堂的音乐人之一，被视为摇滚乐的先驱。

塞勒姆·法基尔和文森特·庞塔雷坐在他们位于瑟德马尔姆的工作室里，不知道该如何开始工作。

塞勒姆与佩尔·松丁通了电话，他几乎没有认出这位环球唱片公司的主管。原本效率很高、注意力很集中的松丁在表达他认为应该完成蒂姆最后创作的歌曲并发行的想法时，已经哭了起来。

塞勒姆和文森特对此表示认同。他们在 3 月见证了当创作的导火索终于被点燃时，蒂姆有多么兴奋。现在看来，那些日子是如此遥远。让全世界都听到蒂姆引以为傲的歌曲，这才是他们应该做的事情。

不过，插上硬盘并打开名为"蒂姆全套文件夹 2018"（TIM HELA MAPP 2018）中的文件还是很艰难的。这里有各种状态的草稿：一些项目文件只有几个鼓声循环和吉他独奏，而有些歌曲已经基本完成。

这些令人激动的声音把塞勒姆和文森特带回到蒂姆看起来很快乐的繁忙岁月。他们甚至可以看到他出现在面前，在楼下的工作室里蹦蹦跳跳，喧闹地喊着指令，或者坐在阳光下的露台上，谈论这些歌曲中的哪几首是他创作的最好的作品。

这些心中的想象和瑟德马尔姆工作室里的悲伤氛围之间的反差让塞勒姆和文森特无法投入工作。

一个看起来很满足的人怎么会突然消失呢？他们有什么资格摆弄蒂姆的东西？他们怎么可能知道他希望音乐该如何完成？而他们现在

是否有状态制作歌曲？一想到音乐就让人觉得不合时宜。一位心爱的朋友消失了，这是他们唯一在乎的事情。

时间就这样流逝，直到 2018 年 10 月的一个早晨，塞勒姆和文森特打开项目文件夹，用更加清晰的眼光看着那些文件。他们刚刚在林地公墓（Skogskyrkogården）举行的蒂姆的葬礼上进行了表演，他离去的这一事实变得让人感到更加确定和真实。此外，克拉斯·贝里林来到工作室，告诉他们完成这些歌曲也是蒂姆家人们的心愿。

在蒂姆去阿曼的时候，塞勒姆和文森特就已开始着手处理《心灵的平静》和其他两首进展时间最长的作品。《不好意思，先生》的主歌、桥段和副歌只需按照正确的顺序组合起来，而《艰难的爱》还缺少两位主唱。

文森特回想了一下他的记录，那是一个下午，他和蒂姆坐在洛杉矶家中的阳台上，讨论需要做什么才能让他们做好准备。他和塞勒姆明白这些音乐也是他们自己的一部分，因而对此变得越来越有信心。他们凭直觉就知道歌曲的走向，有大量的回忆可以借鉴，他们曾与蒂姆就音乐和他们所处的时代进行过深入的交谈。

蒂姆·贝里林去世后的那一段短暂时期愈加凸显了他作为音乐家的重要性。他一直在为被认真对待成一名词曲创作者而努力，这一点已经得到了充分的确认——报刊专栏充满了对艾维奇的赞美，认为他是一位无畏的有远见卓识者，他出人意料的选择为重塑整个流派起到了推波助澜的作用。

他在洛杉矶的最后几周时，这种创造性的冒险精神也表现得很明显。当时蒂姆认为从迪士尼电影《风中奇缘》中的一首俗气的歌曲里寻找灵感，就像他在利涅街公寓的床上与同学一起看《耶稣基督万世巨星》改编的电影时研究其中的拍手声一样自然。正是这种玩乐的天性使蒂姆敢于邀请带着班卓琴的音乐家上台表演，在童年的房间里毫不犹豫地使用排笛，或是在他最后一张专辑中想用津巴布韦的拇指钢琴为节奏着色，并用马赛人的音乐完成一切。

塞勒姆和文森特在《不好意思，先生》中加入了新的吉他曲，并对这首遗作感到越来越心态平和。这会奏效的，蒂姆会喜欢他们制作的歌曲。

当莱德巴克·卢克打开蒂姆的《求救信号》这首歌的项目文件时，他泪流满面。

他受到委托制作这首单曲的官方混音，但看到蒂姆的文件，他想起他们曾在网络论坛上讨论如何混合低音鼓以及何时应该出现高潮的情景。

莱德巴克·卢克对音乐产业的性质有了很多思考。2009 年，他邀请两位年轻的制作人来到迈阿密的一间小地下室俱乐部，后来他们都成了大明星。蒂姆·贝里林成就了自我，而哈德威尔也做到了这一点——他制作了《宇航员》（Spaceman）和《阿波罗》（Apollo）等热门歌曲，并连续两年在《DJ 杂志》的世界最佳 DJ 名单中名列前茅。

在蒂姆去世后不到六个月，哈德威尔也决定停止巡演。他在"照片墙"上写道："巡演已经成了无休止的过山车。"他需要处理日程表上的采访、截止日期和其他必须完成的任务，他需要重新成为罗伯特·范德科尔皮。

在其他人身上，骄傲的名人表象也出现了裂痕和更多诚实的迹象。音乐人比莉·艾利什①在采访中谈到，早期的突破让她觉得自己与社会

---

① 比莉·艾利什（Billie Eilish, 2001— ），美国创作歌手，获得多项音乐大奖，是格莱美历史上最年轻的获奖歌手。

脱轨，十七岁之前就有伤害自己的冲动；演员凯瑟琳·泽塔 - 琼斯 [1] 谈到了被诊断为双相情感障碍时的欣慰——她终于为自己长期以来的感受找到了定义；安德烈·阿加西 [2] 和迈克尔·菲尔普斯 [3] 等体育明星描述了对巅峰表现的持续要求是如何致其成瘾和抑郁的，而当体操运动员西蒙娜·拜尔斯 [4] 因为人们过高的期望而备感压力，最后决定退出奥运会时，她被誉为先锋。即使像利尔·韦恩 [5] 这样强硬的说唱歌手现在也公开了年轻时困扰他的自杀念头。

莱德巴克·卢克开始以一种新的行为准则生活。

他决定在每星期中的某一天什么都不做，只是躺在床上，盯着"奈飞" [6] 发呆，告诉自己得了重感冒。当他有想查看电子邮件或浏览消息的冲动时，他会直接忽略，最多慢慢走到卫生间上个厕所。

实际的改变使他的身体状况发生了变化，但最大的转变是精神上的。在职业生涯初期，他一直是一个孤立且沉默寡言的人，但现在他想公开谈论自己的恐慌症和成瘾问题。

那些在莱德巴克·卢克的某个休息日给他发电子邮件的人都得到了一条自动回复："DJ 也需要周末。"

---

① 凯瑟琳·泽塔 - 琼斯（Catherine Zeta-Jones，1969— ），英国演员，曾获得奥斯卡奖和金球奖，代表作有《偷天陷阱》《芝加哥》《幸福终点站》等。
② 安德烈·阿加西（Andre Agassi，1970— ），前美国职业网球运动员，是八次大满贯单打冠军和 1996 年奥运会网球男子单打金牌得主。
③ 迈克尔·菲尔普斯（Michael Phelps，1985— ），前美国职业游泳运动员，是有史以来获得最多奥运奖牌的运动员，拥有二十八枚奥运奖牌。
④ 西蒙娜·拜尔斯（Simone Biles，1997— ），美国职业体操运动员，擅长自由体操、平衡木、跳马，是女子体操史上第一个实现个人全能三连冠以及世锦赛金牌数量最多的运动员。
⑤ 利尔·韦恩（Lil Wayne，1982— ），美国说唱歌手、词曲作者、厂牌主管，全球范围内已售出超过 1.2 亿张唱片，是世界上唱片最畅销的音乐人之一。
⑥ "奈飞"（Netflix），一家会员订阅制的流媒体播放平台，总部位于美国加利福尼亚州。全球最大的媒体娱乐公司之一。

对于其他与蒂姆渐行渐远的人而言，蒂姆的离世也让事情有了转机。

菲利普·奥克松花了几个月才下定决心——2018 年夏天将是"菲尔古德"服用阿片类药物的最后几个月。

在对蒂姆的离开感到困惑和悲痛的几个星期里，奥克松花了近四万克朗，向他爱了很久也恨了很久的药片做最后的告别。然后他回到斯德哥尔摩，来到莫尔比（Mörby）的一家精神病诊所寻求帮助。

在如今的瑞典，药物滥用也成了一个主要的社会问题。如果说羟考酮是在美国开始流行的药物，那么在瑞典的同类产品就是曲马多。在 21 世纪第一个十年的末尾，这种阿片类药物开始被用于治疗运动损伤，而且作为一种让人感觉很好的药物在年轻人中流传——最初许多人似乎认为那只是一种治疗头痛的药。仅仅十多年后，曲马多在瑞典就成了仅次于"手卷烟"的第二大药物。事实上，现在瑞典是世界上阿片类药物致死率第四高的国家。

对奥克松来说，逐渐减少用量是很艰难的。当他的头脑清醒过来时，良心的煎熬也随之而来。他为自己在醉意迷蒙时对蒂姆说的每一句刻薄话，以及在酒醒后的每一次指责感到后悔。

为什么他们对自己的成瘾问题一笑置之，拿药品开玩笑，而不是严肃地交谈？为什么他们没有勇气坐下来真正地谈一谈？如果奥克松对自己的成瘾情况表现得更加诚实，他和蒂姆是不是就能一起面对他们的问题了？如果奥克松没有通过逃到洛杉矶来处理他的失败，也许蒂姆会厌恶他朋友的经历，从而更容易地抵制诱惑？

也许事情本可以有不同的结局？

蒂姆·贝里林拯救了他，这是菲利普·奥克松的看法。戒药瘾是他为纪念蒂姆能做的最基本的事。但无比糟糕的是，蒂姆的去世刚刚让奥克松明白他需要帮助来改变自己的生活。

当奥克松擦拭眼泪时，他看到了手腕上的文身。深色墨水的图案代表了青少年时期的他和蒂姆在厄斯特马尔姆一张绿色沙发上的回忆。

那是他们一起制作的第一首歌的标题。

《新希望》。

———————————————

　　爱是我们热爱的情感，是完美的指南针，可以让系统保持稳定，在我们忘记目的的时候提醒我们。

　　因此，我们称之为生命的这个系统的目的必须是——虽然听起来很俗气——遵循爱。

　　不是因为这是个可爱的想法，而是因为它具有一种可靠的逻辑。

———————————————

日子就这样一天天过去了，甚至几个月、几年都过去了。

安琪·利登坐在希灵厄的厨房桌前，吃了两块腌三文鱼和一个土豆后就再也吃不下了。喜爱美食的她已经三年没有过好胃口，蒂姆把她的食欲也带走了。

她聚精会神的能力也受到了影响。曾经喜欢读书的安琪再也做不到集中注意力，她无法进入书中，无法专注于大量文字。朋友们问她和克拉斯，随着时间的推移，情况是否有所好转。出于善意，他们想知道现在悲伤是不是容易承受一点了。事实上，情况恰恰相反。

最初，他们感觉整个世界仿佛都被包裹在棉花里，蒂姆似乎还活着，没有真的离开。但三年后，情况发生了变化。永别的感受与日俱增。他们在蒂姆去世后几个月里感到的那种发烧般的温热感早已消失。如今，麻木感已经退去，悲痛露出了尖锐的轮廓。

安琪看了她能找到的每一部电视剧，除了太空冒险和吸血鬼的内容之外。这是她应付这些日子的方式。她生活在故事里，在那里待上一段时间，为了入睡，她需要置身另一个世界。

克拉斯·贝里林在教育自己的过程中找到了解脱。他阅读报告、研究资料，通过做笔记来了解破坏性思想背后的机制和蒂姆所处的时代。这些信息往往令人失望，但它们淡化了他内心的说教和指责，以及想知道怎么会变成这样的声音。

克拉斯了解到，在过去的十年中，瑞典年轻人的精神疾病发病率几乎增加了百分之七十。让他感到沮丧的是，他读到在瑞典死于自杀的人数是死于交通事故人数的七倍，然而社会花在建设预防性道路上的钱远远多于对人类心灵的关注——似乎总是有钱来设置防撞栏或重建交叉路口，但教人如何与处于危机中的人相处的教育水平往往很低，甚至在医疗保健系统中也是如此。

克拉斯读得越多，内心的愤怒就变得越来越外露。他对自己感到愤怒，也对社会感到越来越愤怒。但在愤怒中也有一种能量——如果他和安琪对自杀感到如此措手不及，那么一定还有其他人对最坏的情况毫无准备。

夫妻俩在厨房桌边进行了长时间的讨论。他们扭转了自己的想法，并认同应该尝试从所有的悲伤中做一些建设性的事情。他们与其他家庭成员共同决定成立蒂姆·贝里林基金会，该基金会将支持自杀预防组织，并促进关于精神疾病的更公开的对话。

当然，这一举动在一定程度上也是为了缓解他们自己的悲痛，同时蒂姆的父母认为这是实现他们儿子愿望的一种方式——鼓励和帮助人们反思人类的状况。

紧张、焦虑、不安和孤独可能会影响每个人，但这些感受仍然以特定的方式讨论。身体疾病是使人痛苦的事情：你摔断了胳膊，你遇到了自行车事故。流感不会成为某个人的特征，但人是由他们的思想决定的，因此精神疾病被视为代表了人类尊严和力量的某些方面。不幸的是，告诉别人你患有抑郁症或精神疾病仍然意味着要公开和坦白，承认一些事情。

他们注意到情况有了进展。许多像蒂姆这样的年轻人坦率地说出了他们的感受。但精神疾病的污名并没有消失，仍有许多事情要做。安琪和克拉斯问了自己一个问题，他们的儿子在伊维萨岛的治疗中心也问过同样的问题，当时他已经学会解读自己身体出现问题的信号：

为什么学校里没有更多关于这类事情的讨论？

教师不应该只教物理、化学和数学——内心的真实感受也同样重要。学生们需要尽早学习如何毫不羞耻地应对生活中的阴影，如爱情问题、父母离异、成就焦虑。定期讨论心理层面的黑暗角落可以帮助年轻人实现自我认知，也能更好地注意到别人感觉糟糕的迹象。

与此同时，公众对音乐家艾维奇的讨论仍在继续，他过早地被夺走了生命，并且正在成为一个殉道者和神话。新闻报道和社交媒体都在寻找这位明星死亡原因的纯粹答案。悲伤和沮丧变成充满戾气的欲望，网友们寻找着可以指控和追究责任的人。

安琪和克拉斯觉得这种猜测毫无价值。在父母眼中，寻找替罪羊不仅具有破坏性，也不适当。这根本不可能做到，他们儿子的生活太过复杂，旁人无法轻易理解。

克拉斯·贝里林换挡让离合器和油门碰在一起，感受这辆低矮的跑车是如何过弯道的。他驾驶着一辆闪亮的福特雷鸟，这辆1965年的汽车拥有银色漆面并配有蓝色软垫的座椅。

这是蒂姆的朋友杰西·韦茨很久以前来到拉斯维加斯时买的第一辆车，当时欧洲的浩室音乐在美国本土还是一种处于边缘的亚文化。在蒂姆二十二岁时，杰西把这辆车作为生日礼物送给了他，现在它来到了这里，奔驰在希灵厄一条油菜籽田和冬季干枯的苹果树之间被雨水淋湿的乡村公路上。

蒂姆的好友杰西与克拉斯仍保持着联系。最近这位前"夜总会之王"的生活发生了巨大变化。他卖掉了在拉斯维加斯的豪华别墅，还放弃了协助在"赌城"开一家新夜总会的计划。杰西·韦茨搬到了巴厘岛，他现在住在印度尼西亚岛屿南端的一片宁静地区，显然晚上可以睡得更香。他还戒了酒，正在以一种前所未有的方式观照自己的内心——蒂姆的去世让他重新评估了自己的生活。

这种涟漪效应继续在蒂姆最亲近的人中蔓延。

弗里科·博贝里是和蒂姆在厄斯特马尔姆一起长大的朋友，他开始去看心理医生，医生给他提供了实用的建议，告诉他当不愉快的情绪袭来时该如何处理。

词曲创作人阿尔宾·内德勒曾被自杀的冲动困扰过一段时间，现在他感觉好多了。自杀的想法往往善变又短暂——它一出现，就可能消失。没有什么会永远持续下去，绝望也是如此。现在，阿尔宾即将成为一位父亲。

这些积极的变化让克拉斯·贝里林感到高兴。他坐在一辆充满活力的跑车的方向盘前，后备厢里有六个巨大的扬声器，它们正在田野上大声播放着蒂姆的歌曲《我能成为那个人》。在思绪泛滥的时候，克拉斯常常会出门兜风。随着发动机的轰鸣，感受音乐在他胸口的冲击，这也是一种治疗。

在音乐方面，他儿子的印记仍在继续增长。如今，蒂姆·贝里林毫无疑问被认为是瑞典音乐史上最伟大的歌曲创作者之一，在电子舞曲的欢迎度超越摇滚音乐节并占领世界的那几年，他一直走在前列。同时，艾维奇的名字也受到了传统音乐人的尊重，他们最初往往对任何被称为电子音乐的东西持怀疑态度。蒂姆·贝里林拓宽了舞曲的界限——在他之后的音乐人不再需要面对 DJ 不是真正的音乐家这一偏见，而是被视为具有自身实力和声望的作曲家。电子音乐已经完全成为现代流行音乐的一部分。

而艾维奇的歌曲继续在音乐节、庆祝活动和人们的耳机中播放，大家仍在从他快乐的旋律和充满希望的歌词中汲取活力。年轻人写给这个家庭的信件源源不断，信中讲述了蒂姆的音乐对他们生活的影响，以及这些歌曲带来的力量——获得参加工作面试的勇气、锻炼身体的动力、度过学校艰难一天的能量。这些旋律为婚礼和葬礼增光添彩，在聚会和哀悼时都会响起。有那么多人经历了与蒂姆相似的困难或者正处于这些困难之中，并按下了播放键，继续战斗。

蒂姆音乐中那种乌托邦式的、充满希望的内涵——云层中的缝隙、透出的阳光、温暖的光线——现在对克拉斯·贝里林来说是如此清晰。一切最终都会好起来的，这就是音乐的承诺。他的儿子能够继续通过创作的歌曲鼓舞其他人，这本身就是一种安慰。

音乐让蒂姆活得更久。

当你需要一种方法来击败压力时
当你需要找到一种方法来呼吸时
我能成为让你有这种感觉的人
我能成为那个让你自由的人

有一天，克拉斯在厨房的水槽边准备三明治。

突然间，蒂姆出现在他身边。

和以前一样，他留着金色的短发，但他已经长高了，个头超过了他的老父亲。

他的眼神温暖，眼神有一些微妙和神秘。

"嗨，老爸。"

这就是蒂姆所说的全部，他嘴角上扬，脸上绽放着笑容。然后他们就站在那里，互相陪伴，而克拉斯慢慢吃着他的奶酪三明治。

蒂姆·贝里林于1989年9月在斯德哥尔摩出生。他的父亲克拉斯·贝里林经营着一家盈利的办公用品公司，他的母亲安琪·利登是一位成功的演员。

蒂姆在厄斯特马尔姆长大，这是一个富裕的社区，学前班和朋友们都在步行范围内。

蒂姆和他的哥哥姐姐有很大的年龄差距。安东·薛贝里和其他两位同父异母的哥哥姐姐在弟弟还小的时候就从家里搬了出去，但经常会来看望住在利涅街的家人。

蒂姆童年的大部分时光都是在利涅街公寓的房间里度过的，他在那里画画、写诗，阅读所有能接触到的关于太空和科学的内容。

蒂姆深思熟虑且有点谨慎的性格在童年时就已经表现出来了，当身处新环境时，他可能会犹豫不决、焦虑不安。

蒂姆的父亲克拉斯对音乐也很感兴趣。
他会播放布鲁斯音乐，让乐曲在房间里
回荡，与此同时，蒂姆会连续几个小时
全神贯注地坐在电脑游戏前。

蒂姆在很小的时候就喜欢上了音乐，他会跟着歌曲
哼唱，并尝试用吉他和钢琴演奏。他的母亲建议他
去上课，但对蒂姆来说，重要的是自己学会一切。

在蒂姆的少年时期，他对自己的痤疮感到非常羞耻。有时，当他认为自己的痤疮处于最严重的程度时，他甚至不想和朋友们一起出门参加聚会。

2006年秋天，蒂姆发现了音乐程序"FL工作室"，并急切地开始制作浩室歌曲。菲利普·奥克松和他就读于同一所高中，两人很快就开始以"艾维奇和菲尔古德"的名义进行表演。

制作人莱德巴克·卢克是在早期就喜欢上蒂姆歌曲的旋律感的人之一。2009年3月，这位荷兰人邀请蒂姆和奥克松到美国进行他们的首次海外演出。

阿拉什·普诺里是斯德哥尔摩火热的浩室场景中一个雄心勃勃的俱乐部发起人，他也很快发现了蒂姆歌曲节奏的潜力。普诺里成了蒂姆的经纪人，并让他结识了铁斯托等明星。2010年夏天，铁斯托让艾维奇在伊维萨岛的现场为他暖场。

Handwritten schedule/calendar notes:

2011		
2011		
2011		
2011		
2011		
2011	Blue Moon Ba	Karlstad
2011		
2011		
2011		
2011		
2011		
2011		
2011		
2011		
2011		
2011		
2011		
2011		
2011		
2011		
2011		
2011		
2011		
2011		
2011	Brussel	Brussel
2011	Luxembourg B	Luxembourg
2011		
2011	Otto Zutz	Barcelona

Sweden TRAVEL AMSTERDAM → STOCKHOLM
TRAVEL KARLSTAD → STOCKHOLM

TRAVEL LAS VEGAS → CHICAGO → AMS
Blue Moon B | Karlstad   STOCKHOLM Wed Club Moments | Karlstad

Marquee
Sfera Grand Club | Melle
The Venue | Tampa | FL

TRAVEL STOCKHOLM →
TRAVEL FRANKFURT → ORLANDO → TORONTO
TRAVEL TAMPA → DETROIT
TORONTO
Palace | Guelph
Area | Winnipeg
Playhouse | Ottawa
TRAVEL — MIAMI
TRAVEL   Ultra Music Fest | Headline
TRAVEL OTTOWA → TORONTO   Ultra Music Fest | Prime T
Ultra Music Fest | Headl

TRAVEL MIAMI → FRANKFURT
TRAVEL FRANKFURT → ARLAND/STOCKH
STOCKH

Belgium TRAVEL STOCKHOLM → Brussel | Brussel   Belgi Brussels
Luxembourg TRAVEL LUX   Luxembourg | Luxembourg Beach   Luxe Luxembourg
TRAVEL LUX →   STOCKHOLM
Otto Zutz | Barcelona   Spain Otto Zutz
Spain TRAVEL

TRAVEL STOCKHOLM → FRANKFURT — ORLANDO — MIAMI
ORLANDO — MIAMI
TRAVEL   MIAMI — LOS ANGELES
TRAVEL LOS ANGELES → STOCKHOL

KHOLM — TOULOUSE
LOUSE — STOCKHOLM
KO — STOCKHOLM   Norw Sensation | Oslo
OM — OSLO Sensation W | Oslo
— STOCKHOLM
KHOLM — FRANKFURT — ORLANDO   Vain | Orlando | FL
LANDO → EDMONTON   EEC | Edmonton
MONTON → LOS ANGELES   Musicbox | Los Angeles | CA
OS ANGELES → NYC   Pacha | NYC | NY

24	
25	
26	
27	
28	
29	
30	
1	
2	
3	
4	
5	

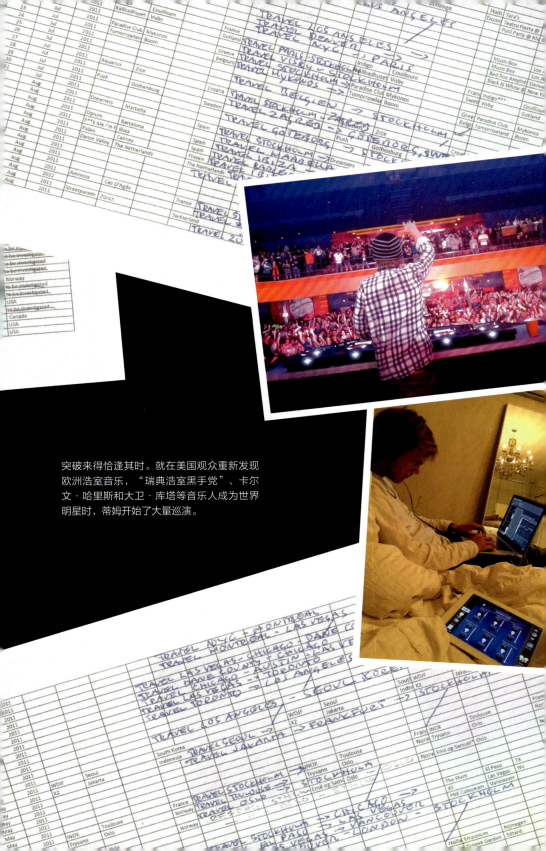

突破来得恰逢其时。就在美国观众重新发现欧洲浩室音乐，"瑞典浩室黑手党"、卡尔文·哈里斯和大卫·库塔等音乐人成为世界明星时，蒂姆开始了大量巡演。

2011年，歌曲《层次》中片刻出现的合成器节奏使之成为大热歌曲，这意味着艾维奇很快就会在世界各地的舞台上大放异彩。与老一代的摇滚乐手不同，像他这个级别的DJ从未停止巡演，蒂姆可以在同一个晚上在两个不同的国家进行演出。

CANCELLED SICKNESS NYC HOSPITAL

为了平息紧张情绪，并敢于独自站在成千上万人面前，蒂姆在演出前会喝酒。2012年春天，忙碌的巡演生活让他出现了健康问题。由于胰腺发炎，他紧急入住了纽约的一家医院。

和当时许多其他美国人一样，蒂姆的女友埃米莉·戈德伯格也喜欢浩室音乐充满希望的力量。

2013年春天，蒂姆搬到了洛杉矶，并录制了他的首张专辑。瑞典创作人塞勒姆·法基尔和文森特·庞塔雷携手发展了一种具有突破性的声音。受美国民间音乐和蓝草音乐的影响，他们与蒂姆一起写了《嘿，兄弟》等歌曲。

艾维奇的舞台制作变得越来越强大。负责视觉体验的两个人是
英国人哈里·伯德和美国人查利·阿尔维斯（后方两位）。穿
红色衣服的罗布·哈克是艾维奇在澳大利亚和亚洲的经纪人。

对蒂姆来说，摇滚乐队"梦魇"的吉他手迈克·艾因齐格是一位意想不到的音乐知音，他与灵魂歌手埃洛·布莱克共同写了《唤醒我》这首歌。当他的首张专辑《真实》在2013年秋季发行时，美国的流行电台和乡村电台都在播放其中的歌曲，这使艾维奇跻身世界最成功的音乐人之列。

在发行首张专辑之前的一段时间里，
蒂姆每年演出300多场。

胰腺发炎让蒂姆对止痛药产生了依赖。这些
药瓶既出现在工作室，也出现在洛杉矶别墅
的家中。博美犬奥利弗经常和蒂姆一起坐在
沙发上。

与他们一起巡演的还有拉克尔·贝当古，她
是蒂姆在大卫·库塔于拉斯维加斯的演出中
认识的一名加拿大学生。

蒂姆觉得他正在成长为一名词曲作者，并希望创作一张能在音乐史上留下印记的专辑。与歌手亚历克斯·埃伯特共同创作的单曲《更好的一天》标志着他向更具极简主义风格的歌曲的转变。

同时，止痛药让蒂姆变得喜怒无常、爱好争吵。2014年夏天，他的手砸到了墙上，他不得不用绷带包着手完成本季剩余的演出。

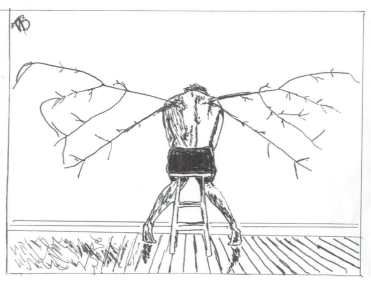

2015年秋天，在第二张专辑《故事》发行的同时，蒂姆被送进了伊维萨岛的一家治疗中心。在与治疗师交谈了几天后，蒂姆画了一幅画，描绘了他在多年服用药物和不断过度工作后的感受。

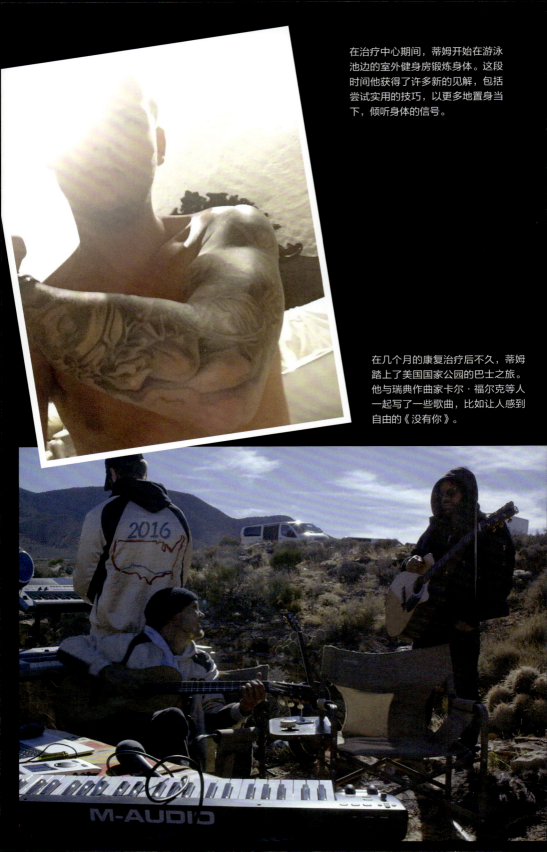

在治疗中心期间，蒂姆开始在游泳池边的室外健身房锻炼身体。这段时间他获得了许多新的见解，包括尝试实用的技巧，以更多地置身当下，倾听身体的信号。

在几个月的康复治疗后不久，蒂姆踏上了美国国家公园的巴士之旅。他与瑞典作曲家卡尔·福尔克等人一起写了一些歌曲，比如让人感到自由的《没有你》。

在迈阿密的超世代音乐节经历了一次特别紧张的演出后，蒂姆决定对自己的生活做出根本性的改变。他给粉丝们写了一封信，解释说他将停止巡演和表演。他写道："留给音乐人背后的真实人物的生活空间太小了。"

蒂姆的新生活意味着进行其他的优先事项。他继续旅行，但不再是一个四处奔波的娱乐业者——现在他是一名普通游客，与羊驼自拍或与童年的朋友弗里科·博贝里和杰西·韦茨在南非的桌山徒步旅行。

蒂姆的一位旅伴——捷克人特蕾莎·卡切罗娃——成了他的新女友。2017年秋天，她以不可阻挡的能量冲进了蒂姆的生活。她还有一个儿子卢卡，蒂姆非常喜欢他。蒂姆越来越感觉到，他希望自己能很快成为一名父亲。

旅行中穿插着在洛杉矶玻璃
别墅里度过的慵懒时光。经
过长时间的装修，别墅终于
像蒂姆希望的那样完工了。

经过一段时间的音乐创作低谷期，蒂姆在2018年春天恢复了活力。他邀请了一大批瑞典人，包括阿尔宾·内德勒和克里斯托弗·福格尔马克到他在好莱坞山的房子里录制新歌。这一次，蒂姆把大量注意力集中在歌词上，像《怪胎》这样的歌曲描述了成瘾和羞耻的话题。

2018年4月初，蒂姆去了阿曼，他立即爱上了山区和沙漠的壮丽景色，同时通过长时间的冥想寻求解脱。现在回想起来，他的许多同事和熟人都认为他可能并不像自己想要相信的那样感觉良好。

蒂姆·贝里林的离世震惊了整个音乐界。他在音乐上的勇气，以及他把不同风格和表达方式融合在一起的有趣方式受到了媒体的赞扬。同时，数百万名粉丝见证了他的音乐在他们生活中的重要性。蒂姆歌曲的旋律和歌词充满了光明和希望，会在生活的艰难时期带来一股力量。

时年28岁的蒂姆·贝里林。

蒂姆去世后，他的家人成立了
蒂姆·贝里林基金会，以支持
防治年轻人精神疾病的组织。

这个故事基于数以百计的采访，还有与那些认识蒂姆·贝里林并与之合作的人进行的无数小时的交谈。通过蒂姆的家人，我可以接触到他手机中的笔记、聊天记录、图画、照片和装满了他越来越常翻阅书籍的平板阅读器。我看过私人和专业的录像，并深入了解了蒂姆是如何在软件程序中创建他的歌曲结构的。

我参观过伊维萨岛和迈阿密的俱乐部，参观过他在斯德哥尔摩和洛杉矶的故居，也在拉斯维加斯穿越沙漠的公路旅途中、在阿姆斯特丹的电子音乐节上、在伦敦喝茶吃蛋糕的间歇、在斯科讷的希灵厄吃三文鱼和土豆时与大家聊天。

我尽可能地尝试从蒂姆的视角捕捉他对纷繁又杂乱的事件的看法。这方面的一个宝贵来源是蒂姆在十年间收到和发送的四万多封电子邮件，还有个人笔记、在线论坛上的讨论以及通过短信、飞书信（Messenger）和 WhatsApp 进行的对话。

蒂姆本人在写作时经常使用的是美式键盘，其中缺少瑞典语字母——为了便于阅读，这一点已经得到了纠正。在某些情况下，拼写错误和标点符号也得到了纠正，但仍保留了文字的本意。

在蒂姆·贝里林庆祝自己作为艺术家的最大成功之时，世界上许多地方患有精神问题的年轻人的数量正在上升。导致这一情况的原因有很多，也很复杂，但激增的数字是可测的，也无可争议。自 2006 年以来，瑞典年轻成年人有精神健康问题的比例上升了百分之七十。与压力有关的诊断数量不断增加：失眠、不安、抑郁、焦虑。另外，这个年龄段的自杀人数也在惊人地上升——在世界上的许多高收入国家，自杀已成为三十岁以下人群的主要死因之一。自千禧年以来，瑞典年轻人的自杀数量一直在稳步增长；而在美国，这些数字在过去十年里也出现了飙升。根据世界卫生组织的数据，自杀者的人数比死于胃癌、肝硬化、乳腺癌和阿尔茨海默病的人更多。

这种行为的背后总是存在某种形式的精神疾病，如抑郁症和焦虑症，然而这些都是笼罩在耻辱和沉默中的话题。与感到不适的人交谈，会让人不知所措。人们害怕说出一些笨拙的话语，从而使情况变得更糟，让沟通变得更困难。但研究表明，这些担心是没有根据的——你不需要有漂亮、完美的回答。最重要的是要敢于问对方"怎么了"，并准备好聆听回答。通过对话，而不是沉默，我们才能真正地拯救生命。

撰写涉及名人自杀的内容具有一定的局限性。为了避免引发类似行为的风险，作者应该避免详细描述事件发生的实际地点和行为本身。在这个故事中，重要的不是围绕蒂姆最后几个小时的具体细节，而是导致这一结果的原因，以及我们能从他的离世中学到什么。

如果你感觉非常糟糕，以至于有轻生的想法，请立即拨打 112[①]。

如果你有过伤害自己的想法，或者你认为身边的人需要支持，我们随时可以提供帮助。你可以与自己信任的人交谈，或拨打下列支持热线：

---

① 112 是瑞典的紧急求助电话。

心灵 ① 热线——拨打 90101 或通过 mind.se 聊天

随叫随到的同伴 ②——拨打 08-702 16 80

布里斯–社会中的儿童权利 ③——拨打 116 111

随叫随到的牧师 ④——拨打 112

---

① 心灵（Mind），致力于心理健康的瑞典组织，于 1931 年成立，最初名为瑞典心理健康协会。

② 随叫随到的伙伴（Jourhavande Medmänniska），瑞典非营利组织，为所有想找人倾诉的人提供紧急电话和聊天服务。

③ 布里斯–社会中的儿童权利（Bris- Barnens Rätt i Samhället），瑞典儿童权益组织。

④ 随叫随到的牧师（Jourhavande Präst），属于瑞典教会的一部分，提供紧急对话和危机支持服务。

资料来源说明

　　这本书的问世要感谢所有愿意讲述的人。故事中的绝大部分内容基于从 2019 年春季到 2021 年秋季这两年多时间里进行的采访。大多数受访者都愿意透露他们的姓名，只有少部分人选择在匿名的条件下发言。他们都贡献了宝贵的细节和知识。

　　大多数人不仅慷慨地分享了他们的回忆，还提供了使故事言之有据的材料——短信、聊天记录、个人笔记、电子邮件、收据和巡演时间表，这些材料支撑起了这部作品。我翻阅了数以千计的私人照片，看到了蒂姆·贝里林从新生儿到他在阿曼度过最后几周的画面。

　　通过贝里林一家，我可以接触到蒂姆的书、笔记和电子邮件，并且知道他在何时在"油管"上看了哪些视频。艾维奇在脸书、推特和"照片墙"上的官方账户也对我有所帮助——我偶尔会引用其中的评论。

　　文中对各个地点的描述主要基于我自己的实地访问，包括公寓、杂货店和俱乐部场所，以及卡玛卡尔街的屋顶，年轻的蒂姆在熬夜制作音乐后，早上就睡在那里。

　　我曾想让阿拉什·普诺里参与本书的采访，在多次请求后，他还是拒绝了。

阿米尔是那位阿曼人的化名。

本书是一本授权传记。艾维奇公司（Avicii AB）的所有销售收益将捐给蒂姆·贝里林基金会，以支持预防精神疾病和自杀等工作。

参考文献

Ludovic Rambaud, "Avicii – La Relève Suédoise" (*Only For DJ's,* april 2009), p. 75

Dancing Astronaut, "The Top 10 Tracks of Las Vegas Memorial Day Weekend" (*Dancing Astronaut*, 9 juni 2011), p. 103

Levan Tsikurishvili & Anders Boström, *Avicii på turné* (Stureplansgruppen Media Group, 2013), p. 173

Kerri Mason, "Robert F.X. Sillerman's Empire State of Mind" (*Billboard Magazine*, 17 september 2012), p. 183

Jon Caramanica, "Global Pop, Now Infused With Country" (*New York Times*, 18 september 2013), p. 194

Per Magnusson, "Aviciis nya är ett långfinger åt de gamla konventionerna" (*Aftonbladet*, 13 september 2013), p. 195

Anders Nunstedt, "Imponerande debut av Avicii" (*Expressen*, 13 september 2013), p. 195

Eckhart Tolle, *Lev livet fullt ut: En väg till andligt uppvaknande* (Massolit förlag, 2015; översättning Eva Trägårdh), p. 271

Michaelangelo Matos, "Avicii Expands his Musical Reach on 'Stories':

Album Review" (*Billboard Magazine*, 2 oktober 2015), p. 274

Will Hermes, "Stories" (*Rolling Stone*, 2 oktober 2015), p. 274

NERIS Analytics Limited, *16 Personalities Free Personality Test*, www.16personalities.com, p. 282

Levan Tsikurishvili, *Avicii: True Stories* (Opa People, 2017), p. 113, 283, 287, 345

Thich Nhat Hanh, *Peace is Every Step: The Path of Mindfulness in Everyday Life* (Bantam, 1992), p. 291

Simon Vozick-Levinson, "Avicii Talks Quitting Touring, Disappointing Madonna, New Music" (*Rolling Stone*, 5 september 2017), p. 306

其他来源

第 7—13 页

Bengt Jonsson, "Hubble 10 år – hotande fiasko vändes i succé" (*Svenska Dagbladet*, 7 maj 2000)

Sören Winge, "Fantastiska bilder från universum" (*Upsala Nya Tidning*, 25 februari 2002)

第 17—21 页

South Park, *Make Love, Not Warcraft* (Comedy Central, 4 oktober 2006)

Stefan Lundell (red.), *Stureplan: det vackra folket och de dolda makthavarna* (Lind & Co, 2006)

Calle Dernulf, *Swedish DJs – intervjuer: Axwell* (Telegram Förlag, 2013)

第 25—30 页

Michaelangelo Matos, *The Underground is Massive: How Electronic Dance Music Conquered America* (Dey Street Books, 2015)

第 31—34 页

Flashback Forum, *Tankspridd/oro utan grund?* (Hämtad 19 november 2019)

Flashback Forum, *Första gången jag rökte* (Hämtad 19 november 2019)

Flashback Forum, *Kan ej tänka!* (Hämtad 19 november 2019)

Flashback Forum, *Känns overkligt?* (Hämtad 19 november 2019)

第 35—45 页

Basshunter, *FL Studio Tutorial* (Youtube, 6 juni 2006)

Christopher Friman, "Ett bedårande barn av sin tid" (*Filter*, 10 oktober 2009)

Matthew Collin, *Altered State: The Story of Ecstasy and Acid House* (Serpents' Tail, 1997)

Blogspot.com, Isabel Adrian, "Mitt liv som det är!" , (Hämtad 23 november 2020)

Studio, mötesplatsen för musikskapare, *Feedback sökes* (Hämtad 3 november 2019)

Studio, mötesplatsen för musikskapare, *Skulle behöva lite hjälp* (Hämtad 3 november 2019)

第 46—53 页

Richard Flink, "Den revanschlystne rugbykillen som blev musikmogul" (*Resemagasinet Buss*, nummer 8, 2016)

Ebba Hallin och Nils von Heijne, *Fuckups och businessblunders: felsteg som framgångsrecept* (Lava förlag, 2016)

Niklas Natt och Dag, "Andra sidan Avicii" (*King Magazine*, nummer 6 2013)

Sommar i P1 – Arash "Ash" Pournouri (Sveriges Radio P1, 9 juli 2015)

Stephen Edwards, "Meet Ash Pournouri: The Man Behind Dance Music's Latest Phenomenon" (*Elite Daily*, 26 augusti 2013)

David Morris, "The Guy Behind the Guy" (*Vegas Seven*, 16 augusti 2012)

Jane Alexander, *The Body, Mind, Spirit Miscellany: The Ultimate Collection of Fascinations, Facts, Truths, and Insights* (Duncan Baird, 2009)

Laidback Luke Forum (Hämtad 16 november 2019)

Mark van Bergen, *Dutch Dance, 1988–2018: How The Netherlands Took the Lead in Electronic Music Culture* (Mary Go Wild, 2018)

第 57—70 页

Kerri Mason, "Blood On the Dancefloor: Winter Music Conference vs. Ultra Music Festival" (*Billboard Magazine*, 7 februari 2011)

Geoffrey Hunt, Molly Moloney, Kristin Evans, *Youth, Drugs, and Nightlife* (Taylor and Francis, 2010)

第 71—93 页

John Dingwall, "Radio 1's Big Weekend: Dance star Tiësto reveals how he lost out on love because of his music career" (*Daily Record*, 23 maj 2014)

Door Wilma Nanninga, "Tiësto draaide niet op bruiloft ex Stacey Blokzijl" (*De Telegraaf*, 17 september 2013)

Calle Dernulf, *Den svenska klubbhistorien* (Storytel Dox, 2017)

John Seabrook, *The Song Machine: Inside the Hit Factory* (W.W. Norton & Company, 2015)

Stephen Armstrong, *The White Island: Two Thousand Years of Pleasure in*

Ibiza (Black Swan, 2005)

Neil Strauss, *The Dirt: Confessions of The World's Most Notorious Rock Band* (Dey Street Books, 2002)

第 94—98 页

Ingrid Carlberg, "En dag med Salem Al Fakir" (*Dagens Nyheter*, 4 januari 2007)

Patrik Andersson, "Salem vill erövra världen" (*Göteborgs-Posten*, 19 februari 2007)

Christoffer Nilsson, "Här är artisterna som spelar i Slottskyrkan" (*Aftonbladet*, 11 juni 2015)

Avicii, *Avicii in Scandinavia – Part III* (Youtube, 20 november 2010)

第 99—107 页

Philip Sherburne, "The New Rave Generation" (*Spin*, oktober 2011)

Bryan Bass, "Twin Engines: The Waits Brothers and Wynn's Innovative Tryst" (*Nightclub & Bar*, februari 2007)

Martin Stein, "Nothing Succeeds Like XS" (*What's On Las Vegas*, januari 2009)

Sarah Feldberg, "On a Night of Excess, the First Night of XS" (*Las Vegas Weekly*, 31 december 2008)

第 108—113 页

Tore S Börjesson, "Jag passar inte in i USA. Jag är för tråkig" (*Dagens Arbete*, 20 januari 2012)

Kungl. IngenjörsVetenskapsAkademien, *Frukost IVA 20150310 Avicii manager Ash Pournouri* (Youtube, 18 mars 2015)

Magnus Broni, *Det svenska popundret: 5. Ett paradis för pirater* (Sveriges Television, 2019)

Johan Åkesson, "Stjärna i sitt eget universum" (*Dagens Nyheter*, 18 mars 2012)

第 114—118 页

Barry Meier, *Pain Killer: An Empire of Deceit and the Origin of America's Opioid Epidemic* (Random House, 2018)

Jonas Cullberg, *En amerikansk epidemi* (Bokförlaget Atlas, 2019)

Christopher Glazek, "The Secretive Family Making Billions From the Opioid Crisis" (*Esquire*, 16 oktober 2017)

Patrick Radden Keefe, "The Family That Built an Empire of Pain" (*New Yorker*, 23 oktober 2017)

第 120—127 页

Sean Hotchkiss, "First Look: Avicii for Ralph Lauren Denim & Supply Fall 2012" (*GQ*, 9 juli 2012)

Denim & Supply Ralph Lauren House for Hunger Playbutton, (Macy's, 2013)

第 128—130 页

John E Hall, *Guyton and Hall Textbook of Medical Physiology* (Elsevier, 2015)

第 149—162 页

Jon Häggqvist, "Vincent gick sin egen väg" (*Allehanda*, 10 november 2007)

"SiriusXM's Town Hall Series with Avicii" (*SiriusXM*, 9 september 2013)

第 163—167 页

Helen Ahlbom, "Vestberg på scen med Avicii" (*Ny Teknik*, 22 februari 2013)

Lars-Anders Karlberg, "Avicii och Vestberg på samma scen" (*Elektroniktidningen*, 27 februari 2013)

第 175—181 页

Zack O'Malley Greenburg, "The World's Highest-Paid DJs 2012" (*Forbes*, 2 augusti 2012)

第 182—186 页

David Ciancio, "Nightclub & Bar Announces the 2013 Top 100" (*Nightclub & Bar*, 14 februari 2013)

Lee Moran, "Instagram tycoons toast Facebook deal by partying at Las Vegas superclub ... and post a (pretty fuzzy) picture using their app" (*Daily Mail*, 17 april 2012)

Leonie Cooper, "Prince Harry to become reggae DJ after meeting Marley's widow in Jamaica?" (*New Musical Express*, 7 maj 2012)

Brian Viner, "Sheikh Mansour: The richest man in football" (*Independent*, 22 oktober 2011)

"Sheikh Mansour convinced of potential of 'sleeping giant' Manchester City"

(*The Guardian*, 1 juli 2009)

Josh Eells, "Night Club Royale" (*New Yorker*, 23 september 2013)

第 194—201 页

Jan Gradvall, "Avicii: True" (*DI Weekend*, 6 september 2013)

Zane Lowe, *In Conversation with Chris Martin...* (BBC Radio 1, 28 april 2014)

Mike Fleeman, "Gwyneth Paltrow and Chris Martin Separate" (*People*, 25 mars 2014)

Patrick Doyle, "Avicii's Rave New World" (*Rolling Stone*, 16 augusti 2013)

第 205—213 页

Per Magnusson, "Episkt och älskvärt av Avicii" (*Aftonbladet*, 1 mars 2014)

Johan Åkesson, "Så bygger han Sveriges hetaste varumärke" (*Veckans Affärer*, 17 april 2014)

第 214—217 页

Sean Pajot, "Avicii Hotel Returning to South Beach, Charging $800 Per Night for WMC and MMW 2014" (*Miami New Times*, 11 februari 2014)

Michelle Lhooq, "The Avicii Hotel in Miami is Completely Insane" (*Vice*, 30 mars 2014)

第 221—224 页

Ryan Kristobak, " 'SNL' Mocks EDM Culture With 'When Will The Bass Drop?' " (*Huffington Post*, 18 maj 2014)

第 230—234 页

David Armstrong, "Purdue Says Kentucky Suit Over OxyContin Could Be Painful" (*Bloomberg*, 20 oktober 2014)

Laura Ungar, "Lawsuit seeks to make drugmaker pay for OxyContin abuse" (*USA Today*, 29 december 2014)

BBC News, *US life expectancy declines for first time in 20 years* (BBC News, 8 december 2016)

Jessica Glenza, "Life expectancy in US down for second year in a row as opioid crisis deepens" (*The Guardian*, 21 december 2017)

第 252—261 页

Rasmus Blom, "Här är bråket steg för steg: Avicii mot brittisk press och Madonna" (*King Magazine*, 8 juni 2015)

Carol Martin, Elaine Player, *Drug Treatment in Prison: An Evaluation of the RAPt Treatment Programme* (Waterside Press, 2000)

第 270—273 页

Sissela Nutley, Siri Helle, *Mår unga sämre i en digital värld*? (Mind, 2020)

Jean M. Twenge, *iGen: Why Today's Super-Connected Kids Are Growing Up Less Rebellious, More Tolerant, Less Happy – And Completely Unprepared For Adulthood* (Atria Books, 2017)

Matt Haig, *Notes on a Nervous Planet* (Canongate Books, 2018)

第 274—276 页

Sara Martinsson, "Avicii: 'Stories'" (*Dagens Nyheter*, 30 september 2015)

Onesimus D. Zeon, *Avicii "Wake Me Up" Morocco Live Concert (June 1, 2015)* (Youtube, 8 juli 2015)

第 279—287 页

Avicii, *Avicii Live @ Monument Valley #thecrowningofprinceliam* (Youtube, 13 mars 2016)

Stim, *Hitstoria: Så skrev vi musiken – Without you @ Stim Music Room* (Youtube, 14 december 2017)

Merve Emre, *What's Your Type?: The Strange History of Myers-Briggs and the Birth of Personality Testing* (William Collins, 2018)

Jon Blistein, "Avicii Retires From Touring via Open Letter to Fans" (*Rolling Stone*, 29 mars 2016)

第 288—293 页

Talks at Google – Living with Meaning, Purpose and Wisdom in the Digital Age with Eckhart Tolle and Bradley Horowitz (Youtube, 24 februari 2012)

Kristin Olson, *Makt och medkänsla: Reportage om engagerad buddhism* (Cinta förlag, 2019)

Kulananda, *Principles of Buddhism* (Thorsons, 1996)

第 294—298 页

Pete Tong, *Avicii Chats To Pete* (BBC Radio 1, 12 augusti 2017)

第 299—305 页

Ted Mann, "Magnificent Visions" (*Vanity Fair*, 11 november 2011)

Christopher Friman, "I en annan del av Sverige" (*Filter*, 11 oktober 2012)

Lee Roden, "Avicii teases new album through mysterious 'magic' music boxes" (*The Local*, 2 augusti 2017)

第 306—311 页

South Park, "Hummels & Heroin" (Comedy Central, 18 oktober 2017)

Jeff Barnard, "Oregon's monster mushroom is world's biggest living thing" (*Independent*, 17 september 2011)

第 315—320 页

Ryan Mac, "The Fall Of SFX: From Billion-Dollar Company To Bankruptcy" (*Forbes*, 24 augusti 2015)

Robert Levine, "Former SFX CEO Robert Sillerman Speaks Out for the First Time About His Company's Implosion: I Don't Begrudge the Employees 'Anger'" (*Billboard Magazine*, 9 juni 2016)

Bradley Hope, "Key Figure in 1MDB Probe Is Arrested in Abu Dhabi" (*Wall Street Journal*, 18 augusti 2016)

Fredrik Eliasson, *Musikplats LA – en svensk framgångssaga* (Sveriges Radio P4, 29 maj 2017)

Rachael Revesz, "Marijuana legalisation is the biggest winner of the 2016 presidential election" (*Independent*, 9 november 2016)

Michael Pollan, "The Trip Treatment" (*New Yorker*, 2 februari 2015)

Erin Brodwin, "Peter Thiel is Betting on Magic Mushrooms to Treat

Depression – and He's Not the Only One" (*Business Insider*, 12 december 2017)

第 321—324 页

Johan Cullberg, Maria Skott, Pontus Strålin, *Att insjukna i psykos: förlopp, behandling, återhämtning* (Natur & Kultur Akademisk, 2020)

Marta Di Forti et al, "The contribution of cannabis use to variation in the incidence of psychotic disorder across Europe (EU-GEI): a multicentre case-control study" (*The Lancet Psychiatry*, 19 mars 2019)

第 331—339 页

Prudence Farrow Bruns, *Dear Prudence: The Story Behind the Song* (CreateSpace, 2015)

Maharashi Mahesh Yogi, *Vetenskapen om varandet och livets konst* (SRM International Publication, 1973)

Diana Darke, Tony Walsh, *Oman* (Bradt Travel Guides, 2017)

第 340—343 页

Charlotte Kjaer, "Hubble-teleskopet är jordens öga i rymden" (*Illustrerad Vetenskap*, 20 juli 2021)

第 344—347 页

Susan Shumsky, *Maharishi & Me: Seeking Enlightenment with the Beatles' Guru* (Skyhorse Publishing, 2018)

Matt Landing, *My Enlightenment Delusion: Experiences and Musings of a Former Transcendental Meditation Teacher* (2017)

第 361—368 页

Monica Holmgren, Clas Svahn, "Tim 'Avicii' Bergling är död – blev 28 år gammal" (*Dagens Nyheter*, 20 april 2018)

August Håkansson, "Fansen i tårar på Sergels torg: 'Avicii har förändrat mitt liv'" (*Aftonbladet*, 21 april 2018)

Rickard Holmberg, *Till minne av Tim Bergling/Avicii på Sergels torg* (Youtube, 13 februari 2021)

第 369—374 页

Jake Gable, "Breaking: Hardwell announces retirement from live shows" (*We Rave You*, 7 september 2018)

Emmanuel Acho, *Mental Health Doesn't Discriminate feat. Lil Wayne* (Youtube, 16 augusti 2021)

Steve Keating, "Many 'twisties' and turns, but Simone Biles exits Games a champion" (*Reuters*, 4 augusti 2021)

Gayle King, *The Gayle King's Grammy Special* (CBS News, 23 januari 2020)

Co-Op Think, *Michael Phelps Shares His Experiences and Struggles Achieving Excellence* (Youtube, 19 juni 2018)

Andre Agassi, *Open: An Autobiography* (Harper Collins, 2009)

Nancy Hass, "No Time For Secrets" (*InStyle*, december 2012)

OECD, *Addressing Problematic Opioid Use in OECD Countries* (OECD Publishing, 2019)

第 383—385 页

Socialstyrelsen, *Utvecklingen av psykisk ohälsa bland barn och unga vuxna.*

Till och med 2016 (Socialstyrelsen, 2017)

World Health Organization, *Injuries and violence: the facts* (WHO, 2014)

World Health Organization, *Suicide worldwide in 2019: global health estimates* (WHO, 2021) -

延伸阅读

Bill Brewster och Frank Broughton, *Last Night a DJ Saved My Life: The History of the Disc Jockey* (Grove Press, 2014)

Matthew Collin, *Rave On: Global Adventures in Electronic Dance Music* (The University of Chicago Press, 2018)

Calle Dernulf, *Swedish DJs – Intervjuer: Eric Prydz* (Telegram Förlag, 2013)

Matt Haig, *Reasons to Stay Alive* (Canongate Books, 2015)

Tommy Hellsten, *Flodhästen på arbetsplatsen* (Verbum AB, 2001)

Ullakarin Nyberg, *Konsten att rädda liv: om att förebygga självmord* (Natur & Kultur Läromedel, 2013)

Dom Phillips, *Superstar DJs Here We Go* (Ebury Press, 2009)

Simon Reynolds, *Energy Flash: A Journey Through Rave Music and Dance Culture* (Faber & Faber, 2013)

Alfred Skogberg, *När någon tar sitt liv: Tragedierna vi kan förhindra* (Ordfront, 2012)

Gert van Veen, *Release/Celebrate Life: The Story of ID&T* (Mary Go Wild, 2017)

Tobias Brandel, "Kungarna av Ibiza" (*Svenska Dagbladet*, 27 augusti 2009)

Jan Gradvall, "Swedish House Mafia: den sista intervjun" (*Café*, december 2012)

Jonas Grönlund, "Veni, vidi Avicii" (*Sydsvenskan*, 12 maj 2012)

Kerri Mason, "Avicii's Wake-Up Call" (*Billboard Magazine*, 13 september 2013)

Michaelangelo Matos, "The Mainstreaming Of EDM And The Precipitous Drop That Followed" (*NPR*, 13 november 2019)

Emil Persson, "Avicii till Café: 'Problemet är att varenda dag var en fest'" (*Café*, oktober 2013)

Jessica Pressler, "Avicii, the King of Oontz Oontz Oontz" (*GQ*, 29 mars 2013)

Fredrik Strage, "Sommaren med Avicii" (*Icon*, 2012)

Future Music Magazine, *Avicii in the studio – The Making of Dancing in My Head* (Youtube, 3 september 2012)

Dan Cutforth, Jane Lipsitz, *EDC 2013: Under The Electric Sky* (Haven Entertainment, Insomniac Events, 2014)

Carin Goeijers, *God is My DJ: The Story of Sensation* (Pieter van Huystee Film, 2006)

Kevin Kerslake, *Electric Daisy Carnival Experience* (Manifest, 2011)

Christian Larson, Henrik Hanson, *Take One: A Documentary Film About Swedish House Mafia* (EMI Films Ltd, 2010)

Bert Marcus, Cyrus Saidi, *What We Started* (Bert Marcus Productions, 2017)

引用歌曲

《剪影》

词曲：Ash Pournouri / Salem Al Fakir / Tim Bergling

© Ash Pournouri Publishing / Pompadore Publishing AB / EMI Music Publishing Scandinavia AB.

经 Sony Music Publishing Scandinavia / Notfabriken Music Publishing AB 许可印刷。

© Universal Music Publishing AB. 经 Gehrmans Musikförlag AB 许可印刷。

《唤醒我》

词曲：Tim Bergling / Aloe Blacc / Mike Einziger

© EMI Music Publishing Scandinavia AB.

经 Sony Music Publishing Scandinavia / Notfabriken Music Publishing AB 许可印刷。

© Elementary Particle Music / Universal Music Corporation. 对于北欧和波罗的海国家：MCA Music Publishing AB。经 Gehrmans Musikförlag AB 许可印刷。

《嘿，兄弟》

词曲：Ash Pournouri / Salem Al Fakir / Tim Bergling / Veronica Maggio / Vincent Pontare

《层次》

词曲：Ash Pounouri / Etta James / Leroy Kirkland / Pearl Woods / Tim Bergling

《你就是爱》

词曲：Tim Bergling / Billy Raffoul / Hillary Lindsey / Nathan Chapman

经 Sony Music Publishing Scandinavia / Notfabriken Music Publishing AB 许可印刷。

© Eighty Nine 89 Music / WC Music Corp / Warner-Tamerlane Publishing Co.

经 Warner Chappell Music Scandinavia AB / Notfabriken Music Publishing AB 许可印刷。

© 2017 Concord Sounds c/o Concord Music Publishing LLC.

经 Hal Leonard Europe Ltd. 许可印刷。

《怪胎》

词曲：Hachidai Nakamura / Jeff Lynne / Rokusuke Ei / Sam Smith / Tim Bergling / Albin Nedler / James Napier / Justin Vernon / Kristoffer Fogelmark / Tom Petty / William Phillips

© Sony Music Publishing (Japan) Inc. / EMI April Music Inc. / Stellar Songs Limited / EMI Music Publishing Scandinavia AB.

经 Sony Music Publishing Scandinavia / Notfabriken Music Publishing AB 许可印刷。

© Gone Gator Music / Wixen Music Publishing / Edition Björlund AB.

© Method Paperwork Ltd. 对于北欧和波罗的海国家：Universal Music Publishing AB。经 Gehrmans Musikförlag AB 许可印刷。

© 2019 Salli Isaak Songs Ltd. / April Base Publishing / Albion Productions AB / Birdground Productions AB.

Salli Isaak Songs Ltd. 由 Downtown Music Publishing LLC. 管理。

April Base Publishing / Albion Productions AB / Birdground Productions AB 由 Kobalt Music Group Ltd. 管理。

图片来源

下图：查利·阿尔维斯

第 18—19 页
莱万·齐库里什维利

第 20—21 页
上图：莱万·齐库里什维利
下图：私人收藏
插画：蒂姆·贝里林

第 22 页
上图：蒂姆·贝里林
下图：莱万·齐库里什维利

第 23 页
莱万·齐库里什维利

第 24—25 页
上图：私人收藏
下图：杰西·韦茨

第 26 页
特蕾莎·卡切罗娃

第 27 页
乔希·戈尔茨坦（Josh Goldstein）

第 28 页
阿尔宾·内德勒

第 29 页
蒂姆·贝里林

第 30 页
莱万·齐库里什维利

第 31 页
杰西·韦茨

第 32 页
上图：蒂姆·贝里林
下图：私人收藏

致　谢

　　要感谢的人太多了。两年来，我进行了数百次振奋人心且愉快的谈话，但对许多愿意花费他们的时间和分享回忆的人来说，这个过程当然也是很艰难的。

　　因此，非常感谢弗雷德里克·博贝里、约翰内斯·伦诺、雅各布·利耶马克、菲利普·奥克松、杰西·韦茨、塞勒姆·法基尔、文森特·庞塔雷、泰斯·费尔韦斯特、卢卡斯·范舍平根、菲利普·霍尔姆、马库斯·林德格伦、佩尔·松丁、尼尔·雅各布森、埃米莉·戈德伯格、哈里·伯德、罗布·哈克、查利·阿尔维斯、费利克斯·阿方索、马利克·阿杜尼、迈克·艾因齐格、尼莱·罗杰斯、大卫·库塔、克里斯·马丁、奥德拉·梅、卡尔·福尔克、亚历克斯·埃伯特、拉克尔·贝当古、芒努斯·吕格贝克、保罗·坦纳、约翰·麦基翁、特蕾莎·卡切罗娃、马克·苏达克、阿尔宾·内德勒和克里斯托弗·福格尔马克。

　　安息吧，马克·戴维斯，这位了不起的词曲作者在我们相遇后不久就去世了。

　　此外，还有许多人以其他方式为我理解蒂姆·贝里林的世界做出了贡献。他们是音乐人、蒂姆的同学和朋友，他们在唱片公司工作，推广各种活动。他们中的一些人与蒂姆关系密切，另一些人则以完全不同的方式给予我帮助——以马克斯·赖斯（Max Rice）为例，他是一位从事房地产业务的年轻人，他开车带我在伊维萨岛转了几天，这样我就可以亲眼看看蒂姆在岛上居住过的房子。

其他同样重要的人还包括尼克·格罗夫、若阿基姆·约翰松（Joakim Johansson）、戴维·布雷迪、乔希·戈尔茨坦、约翰尼·特南德（Johnny Tennander）、乔·加佐拉（Joe Gazzola）、奥斯汀·利兹（Austin Leeds）、安德斯·博斯特罗姆（Anders Boström）、林达·默里（Lynda Murray）、保罗·麦克林（Paul McClean）、亚里德·加西亚（Jared Garcia）、赛·韦茨（Cy Waits）、维尔松·内托伊（Wilson Naitoi）、戴维·科马尔（David Komar）、阿曼达·维尔松（Amanda Wilson）、约纳斯·阿尔特贝里（Jonas Altberg）、卡尔·德雷耶（Carl Dreyer）、汤姆·哈里森（Tom Harrison）、韦恩·萨金特（Wayne Sargeant）、安德鲁·麦基奥（Andrew McKeough）、莉莲·奥雷利亚纳（Lilian Orellana）、内森·查普曼、马蒂亚斯·比隆德（Mattias Bylund）和西蒙·奥尔德雷德。有一些专业人士向我传授了胰腺、成瘾性疾病和恐慌症的知识。那些选择匿名分享信息的人也提供了重要的观点和细节。

编辑伊丽莎白·沃森·斯塔鲁普（Elisabeth Watson Straarup）曾多次精练文本，促使我重新评估内容，使其更清晰易懂，然后进行纠正，反复阅读。出版人谢斯廷·阿尔梅高（Kerstin Almegård）和经纪人尼克拉斯·萨洛蒙松（Niclas Salomonsson）用他们的耐心和丰富的经验帮助这本书得以顺利出版。我在《每日新闻报》的睿智同事玛蒂尔达·E.汉松（Matilda E Hanson）和玛蒂尔达·福斯·古斯塔夫松

（Matilda Voss Gustavsson）对文本提出了宝贵意见，记者罗伯特·巴克曼（Robert Barkman）也是如此。特别要感谢的是埃巴·林德奎斯特（Ebba Lindqvist），她在这个项目的早期就很相信我，并在过程中解决了许多实际问题。我的家人一直在支持我：妈妈、爸爸，以及约纳斯和法蓓。奥利维娅·柳（Olivia Liu）仔细抄录了许多采访材料，设计师米罗斯拉夫·绍克契奇（Miroslav Šokčić）制作了精美的封面和图片页。

最重要的是，我要感谢克拉斯和安琪，以及蒂姆·贝里林其他最亲密的家人，他们如此慷慨地分享了自己快乐、自豪和痛苦的经历。你们经历了这么多，如果没有你们，这本书就不可能写出来。

我衷心地感谢。

蒙斯·莫塞松

2021 年 9 月

414